知识产权争议
ZHISHICHANQUAN ZHEN

U0518958

专利权诉讼
典型案例指引

中国知识产权培训中心　组织编写　　　　刘华俊　著

ZHUANLIQUAN SUSONG
DIANXING ANLI ZHIYIN

知识产权出版社
全国百佳图书出版单位

图书在版编目（CIP）数据

专利权诉讼典型案例指引 / 刘华俊著. —北京：知识产权出版社，2017.1
（知识产权争议处理典型案例指引丛书）
ISBN 978-7-5130-4549-0

Ⅰ.①专… Ⅱ.①刘… Ⅲ.①专利权法—民事诉讼—案例—中国 Ⅳ.① D923.425

中国版本图书馆 CIP 数据核字（2016）第 247981 号

责任编辑：孙　昕　　　　　　　　　　责任校对：谷　洋

文字编辑：姚文平　　　　　　　　　　责任出版：刘译文

知识产权争议处理典型案例指引丛书
专利权诉讼典型案例指引
中国知识产权培训中心　组织编写
刘华俊　著

出版发行：知识产权出版社有限责任公司		网　　址：http://www.ipph.cn	
社　　址：北京市海淀区西外太平庄 55 号		邮　　编：100081	
责编电话：010-82000860 转 8111		责编邮箱：sunxinmlxq@126.com	
发行电话：010-82000860 转 8101/8102		发行传真：010-82000893/82005070/82000270	
印　　刷：三河市国英印务有限公司		经　　销：各大网上书店、新华书店及相关专业书店	
开　　本：787mm×1092mm　　1/16		印　　张：21	
版　　次：2017 年 1 月第 1 版		印　　次：2017 年 1 月第 1 次印刷	
字　　数：363 千字		定　　价：49.00 元	

ISBN 978-7-5130-4549-0

《知识产权争议处理典型案例指引丛书》编委会

主　　编：马　放

副 主 编：孙　玮

执行主编：李　娜　高　强

编　　委：赵　辉　杨　璐　许彬彬

序 言

　　知识产权案件作为民事案件中一项专业性较强的诉讼领域，又为普通律师所不熟知，势必需要更多的探讨及研究。专利案件在知识产权类案件中有着较大的比重，相较于著作权或商标案件而言，其需要代理律师在技术层面上有更精湛的认知及专业研究。为将知识产权实践与高校科研机构的法学教育相结合，将知识产权人才培养前移化、实务化，培养专利纠纷解决实务人才，中国知识产权培训中心提供了资金支持，并将本书作为中国知识产权培训中心软科学计划项目的一部分，汇集来自复旦大学、中国科学院上海科技查新咨询中心、上海社科院的诸多专家学者以及知名律师事务所资深律师参与了本书的设计与讨论。

　　在广度上，本书通过选取专利案件中较为典型的案例，覆盖了外观设计、实用新型、发明这三种专利类型，对专利案件中的常见抗辩理由做了详细且深刻的分析建议，并从程序角度、法院判决角度分析了专利案件中的多种不确定因素。

　　在深度上，本书部分案例再现了案例的全过程，从起诉阶段起诉状、证据材料的准备，审理阶段答辩状、代理意见的书写，到二审阶段上诉状的书写，读者除了能够从判决书中了解法院法官作为中立裁判者对案件的看法，更能了解一名知识产权案件专业律师为一方当事人提供服务时，如何最大限度维护当事人合法权益的宝贵经验。

在体例上，本书通过案件介绍、相关法条解析、法院判决、相关问题分析、总结建议的模式由浅入深地为读者一一讲解。使读者从刚开始对法条的不解，对案件事实的不明，到能够领会其中精髓，最后运用于实践，以提高实务操作能力。

在案件内容上，本书的每一个案例均有据可查，且具为典型。虽然实践中我们接触的每一个案件都有其特殊性，往往因一项证据的变化而导致整个案件性质的改变，但在我国法律三段论逻辑推理的基础上，只要读者能够牢牢把握知识产权法律法规大前提，灵活运用于实践，那么本书即可发挥一定作用。

本书的特色在于，对每个知识产权典型案例中的疑难点、重要法条进行了抽丝剥茧般的精辟分析，并特别针对案件办理过程中的特点，增加了专门的启示部分，使得相关的实践技巧与理论思考得以自然引出，不会让人有生硬感，也有助于读者读有所获，学有所得。

可以说，本书集理论与实践于一体，为读者呈现真实的法律事实、案件审判的重点与全貌，对我国培养出更多具有体系性、全面性、实务性的知识产权人才具有重要价值。

刘华俊

2016 年 3 月

目 录

第一章

如何代理侵犯发明专利权纠纷案及发明专利的侵权判定方法

○ **主要原理**：以权利要求的内容为准，说明书及附图可以用于解释权利要求
○
○ **素材**：台州市珠叶机械科技有限公司与上海普丽盛包装股份有限公司侵害
○
○ 发明专利权纠纷案

第二章

如何代理侵犯实用新型专利权纠纷案及实用新型专利的侵权判定方法

○ **主要原理**：以权利要求的内容为准，说明书及附图可以用于解释权利要求
○
○ **素材**：郑国栋与苏州市宏采展览展示器材有限公司侵犯实用新型专利权纠
○
○ 纷案

第三章 如何代理侵犯外观设计专利权纠纷案及外观设计专利的侵权判定方法

○ **主要原理**：整体观察、综合判断

○ **素材**：泰克纳显示器有限公司与上海一胜百展示器材有限公司、温州一胜百展示器材有限公司外观设计专利权纠纷案

第四章 专利侵权案的合法来源抗辩问题

○ **主要原理**：能证明侵权产品合法来源的，不承担赔偿责任

○ **素材**：中山市威特电机有限公司与中山市天虹电机制造有限公司、刘桑梓、林桥赞侵害实用新型专利权纠纷案

第五章 侵犯发明专利权纠纷案的现有技术抗辩及抵触申请抗辩问题

○ **主要原理：** 实施的技术属于现有技术，不构成侵犯专利权

○ **素材：** 意大利马瑞克斯合资股份有限公司与上海依相燃气设备有限公司、

○ 上海依相动力系统有限公司侵害发明专利纠纷案

第六章 侵犯外观设计专利权纠纷案的现有设计抗辩问题

○ **主要原理：** 实施的设计属于现有设计，不构成侵犯专利权

○ **素材：** 李望星与浙江天猫网络有限公司、广州车特汽车配件有限公司侵犯

○ 外观设计专利权纠纷案

第七章 　新产品制造方法专利侵权诉讼的举证责任分配问题

○　**主要原理**：涉及新产品制造方法的发明专利的，制造同样产品的主体应当
○
○　提供其产品制造方法不同于专利方法的证明
○
○　**素材**：宜宾长毅浆粕有限责任公司与潍坊恒联浆纸有限公司、成都鑫瑞鑫
○
○　塑料有限公司侵害发明专利权纠纷案

第八章 　以本领域普通技术人员作为判断专利侵权标准的相关问题

○　**主要原理**：本领域普通技术人员对判断权利要求、等同特征的作用
○
○　**素材**：施特里克斯有限公司与北京苏宁电器有限公司、北京苏宁电器有限
○
○　公司联想桥店、佛山市富士宝电器科技股份有限公司、浙江家泰电器制造
○
○　有限公司侵犯发明专利权纠纷案

第九章　使用环境特征对权利要求保护范围的限定作用

○　**主要原理**：被诉侵权技术方案不能适用于权利要求中使用环境特征所限
○　定的使用环境的，人民法院应当认定被诉侵权技术方案未落入专利权的
○　保护范围
○　**素材**：株式会社岛野与宁波市日骋工贸有限公司侵犯发明专利权纠纷案
○

第十章　专利侵权案赔偿问题

○　**主要原理**：专利侵权案赔偿的实务研究及建议
○
○　**素材**：济南三星灯饰有限公司与江苏宝德照明器材有限公司、伊宁市新合
○　建设工程有限责任公司侵犯外观设计专利权纠纷
○

第十一章　专利权许可合同纠纷及专利权许可、转让注意事项

> **主要原理**：常见专利许可、转让合同纠纷及专利权许可、转让合同必备条款
> 等注意事项
>
> **素材**：上海多环油烟净化设备有限公司与广东万和新电气股份有限公司实
> 用新型专利实施许可合同纠纷案

第十二章　恶意提起知识产权诉讼的损害责任问题

> **主要原理**：企业在受到恶意诉讼后可以进行维权
>
> **素材**：浙江省永康市仕宇工贸有限公司与苏州帝宝商贸有限公司提起知识
> 产权诉讼损害责任纠纷案

第十三章 确认不侵权之诉纠纷问题

> **主要原理：** 通过确认不侵权之诉应对恶意诉讼
>
> **素材：** 赵一美与四川鸿昌塑胶工业有限公司确认不侵犯专用权及侵害实用新型专利权纠纷案

第一章

如何代理侵犯发明专利权纠纷案及
发明专利的侵权判定方法

主要原理： 以权利要求的内容为准，说明书及附图可以用于解释权利要求

素材： 台州市珠叶机械科技有限公司与上海普丽盛包装股份有限公司侵害发明专利权纠纷案

一、案情简介

台州市珠叶机械科技有限公司（以下简称珠叶公司）系名称为"一种链式输送机"、专利号为 ZL201110397843.6 的发明专利（以下简称涉案专利）的权利人，涉案专利申请日为 2011 年 12 月 5 日，授权日为 2013 年 10 月 2 日。2014 年，珠叶公司以上海普丽盛包装股份有限公司（以下简称普丽盛公司）展出的"无菌砖式包装机"（以下简称被诉侵权产品）落入了涉案专利的权利要求 1～7 和 9 的保护范围为由，向北京市第三中级人民法院提起侵害发明专利权诉讼。

普丽盛公司辩称，其在涉案专利申请日之前已经制造、销售了与被诉侵权产品相同的产品，并提交了其于 2011 年 3 月 7 日与漯河花花牛乳业有限公司（以下简称花花牛公司）签订的"无菌纸铝砖型包装机生产线"（包括两台"GC-Z-V1-6000 无菌砖式包装机"）销售合同书，以及 2014 年 2 月 25 日，在花花牛公司的灌装车间对花花牛公司正在使用的购自普丽盛公司的其中一台灌装机的相应部位进行了拍照、录像公证作为证明。

2014 年，北京市第三中级人民法院作出一审判决，认定普丽盛公司被诉侵权产品未落入涉案专利的权利要求 1～7 和 9 的保护范围，且普丽盛公司提出的现有技术抗辩成立，故驳回珠叶公司的诉讼请求。珠叶公司不服原审判决提起上诉，2015 年 11 月北京市高级人民法院作出二审判决，认定普丽盛公司被诉侵权产品落入涉案专利的权利要求 1～7 和 9 的保护范围，但普丽盛公司提出的现有技术抗辩成立，故驳回上诉，维持原判。

二、法学原理及分析

（一）认定是否落入专利权的保护范围

《中华人民共和国专利法》

第五十九条　发明或者实用新型专利权的保护范围以其权利要求的内容为准，说明书及附图可以用于解释权利要求的内容。

……

《最高人民法院关于审理侵犯专利权纠纷案件应用法律若干问题的解释》

第七条　人民法院判定被诉侵权技术方案是否落入专利权的保护范围，应当审查权利人主张的权利要求所记载的全部技术特征。

被诉侵权技术方案包含与权利要求记载的全部技术特征相同或者等同的技术特征

的，人民法院应当认定其落入专利权的保护范围；被诉侵权技术方案的技术特征与权利要求记载的全部技术特征相比，缺少权利要求记载的一个以上的技术特征，或者有一个以上技术特征不相同也不等同的，人民法院应当认定其没有落入专利权的保护范围。

因发明专利权的保护范围以权利要求内容为准，故认定是否落入专利权的保护范围即要以权利人主张的权利要求的全部技术特征为比对对象。

（二）现有技术抗辩

《中华人民共和国专利法》

第六十二条 在专利侵权纠纷中，被控侵权人有证据证明其实施的技术或者设计属于现有技术或者现有设计的，不构成侵犯专利权。

作为被诉侵权人，证明涉案专利为现有技术即是证明其不侵犯专利权的重要理由之一，本案被告普丽盛公司提供了其在涉案专利申请日之前生产、销售相同产品的证据，即是证明了其使用的为现有技术，不侵犯涉案专利权。

三、案件介绍

案由

案由：侵害发明专利权纠纷

案号

一审案号：（2014）三中民（知）初字第 9755 号

二审案号：（2014）高民（知）终字第 4950 号

案件当事人

一审原告、二审上诉人：台州市珠叶机械科技有限公司

一审被告、二审被上诉人：上海普丽盛包装股份有限公司

案件法律文书

北京市高级人民法院民事判决书

（2014）高民（知）终字第 4950 号

上诉人（原审原告）：台州市珠叶机械科技有限公司

被上诉人（原审被告）：上海普丽盛包装股份有限公司

上诉人台州市珠叶机械科技有限公司（以下简称珠叶公司）因侵害发明专利权纠纷一案，不服北京市第三中级人民法院（2014）三中民（知）初字第9755号民事判决，向本院提起上诉。本院于2014年12月11日受理后，依法组成合议庭进行了审理。2015年2月13日及7月2日，上诉人珠叶公司的委托代理人叶××，被上诉人上海普丽盛包装股份有限公司（以下简称普丽盛公司）的委托代理人任××、原委托代理人马××到本院接受询问。2015年10月15日，上诉人珠叶公司的委托代理人叶××，被上诉人普丽盛公司的委托代理人任××、张×到本院接受询问。本案现已审理终结。

北京市第三中级人民法院认定：珠叶公司系名称为"一种链式输送机"、专利号为ZL201110397843.6的发明专利（以下简称涉案专利）的权利人。2013年11月15日，朱××的代理人与北京市方圆公证处的公证人员来到位于北京市朝阳区北三环东路6号的中国国际展览中心1号馆A157号普丽盛公司的展台，对普丽盛公司在该展位上展出的"无菌砖式包装机"（以下简称被诉侵权产品）相应部位进行拍照。珠叶公司主张被诉侵权产品落入了涉案专利的权利要求1～7和9的保护范围。普丽盛公司为证明其在涉案专利申请日之前已经制造、销售了与被诉侵权产品相同的产品，提交了其于2011年3月7日与漯河花花牛乳业有限公司（以下简称花花牛公司）签订的"无菌纸铝砖型包装机生产线"（包括两台"GC-Z-V1-6000无菌砖式包装机"）销售合同书。2014年2月25日，普丽盛公司的代理人在河南省漯河市天汇公证处公证人员的监督下，在花花牛公司的灌装车间对花花牛公司正在使用的购自普丽盛公司的其中一台灌装机的相应部位进行了拍照、录像。其中，在上述灌装机的标牌上显示有"GC-Z-V2-6000""无菌砖式包装机"等字样，并显示重量为5000KG，出厂日期为2011年5月。珠叶公司主张公证书所附图片中的灌装机有拆卸痕迹。普丽盛公司还提交了销售明细表，用以说明其在2011年12月5日前还向山东华英食品有限公司等百余家客户销售了涉案无菌砖式包装机。

北京市第三中级人民法院认为：本案中，被诉侵权产品与涉案专利的权利要求1对比，存在以下区别技术特征：（1）涉案专利权利要求1中的叶片将站链节分成矩形的前支撑部和后支撑部，而被诉侵权产品的相应技术特征为叶片将站链节分成前、后两部分，前支撑部为矩形，后支撑部有倒角处理，为六边形；（2）涉案专利权利要求1中的后支撑部的后端面形成引导端部折片折叠的引导面，而被诉侵权产品叶片后支撑部的后端面上无引导折片折叠的引导面。珠叶公司主张被诉侵权产品中的上述特征为涉案专利权利要求 1 中的相应技术特征的等同特征。被诉侵权产品的后支撑部有倒角处理，具有防止包装件倾斜的技术功能和效果，涉案专利权利要求 1 并无该功能和效果，且被诉侵权产品缺少引导面这一技术特征。因此，珠叶公司认为上述特征属于等同特征没有依据，本院不予支持。综上，被诉侵权产品未落入涉案专利权利要求 1 的保护范围。由于涉案专利权利要求 2～7、权利要求 9 直接或者间接引用权利要求 1，在被诉侵权产品未落入涉案专利权利要求 1 的保护范围的前提下，被诉侵权产品也未落入权利要求 2～7、权利要求 9 的保护范围。普丽盛公司提供的证据虽然存在产品型号和名称上有不同表述、合同记载价格存在矛盾等形式上的问题，但是结合普丽盛公司提交的合同、花花牛公司出具的发票和证明以及第 356 号公证书，可以证明 2011 年普丽盛公司向花花牛公司销售过"GC-Z-V2-6000"型号的"无菌砖式包装机"。将被诉侵权产品与第 356 号公证书所附"GC-Z-V2-6000"型号的"无菌砖式包装机"进行对比，二者技术特征基本相同。被诉侵权产品系对现有技术的使用，普丽盛公司提出的现有技术抗辩成立。

综上，北京市第三中级人民法院依据《中华人民共和国专利法》（以下简称《专利法》）第 59 条第 1 款、第 62 条，《最高人民法院关于审理侵犯专利权纠纷案件应用法律若干问题的解释》第 7 条，判决：驳回珠叶公司的诉讼请求。

珠叶公司不服原审判决，向本院提起上诉，请求撤销原审判决，普丽盛公司停止生产、销售、许诺销售侵犯涉案专利权的产品，判令赔偿经济损失 100 万元并承担本案一、二审诉讼费用。其理由为：（1）被诉侵权产品落入涉案专利权利要求 1～7、9 的保护范围；（2）普丽盛公司所主张的现有技术抗辩不能成立。

普丽盛公司服从原审判决。

经审理查明：涉案专利系第 ZL201110397843.6 号名称为"一种链式输送机"的发明专利，专利权人为珠叶公司，申请日为 2011 年 12 月 5 日，授权日为 2013 年 10 月 2 日。该专利授权公告的权利要求 1 的内容如下：

1. 一种链式输送机，用于输送具有端部折片（14）的包装件（3）并将该端部折片（14）折叠到包装件端壁（9）上形成包装容器（2），包括多个铰接形成环形铰接链的站链节（35），该站链节（35）的支撑面上固定有用于夹持并推动包装件（3）的叶片（28），该叶片（28）将站链节（35）分成矩形的前支撑部（37）和后支撑部（36）；在直线段，两相邻站链节（35）的叶片（28）之间的距离等于包装件（3）

的宽度 L；其特征在于：所述前支撑部（37）的支撑面长度 L5 略小于所述端部折片
（14）到所述包装件（3）后侧面距离 L1，所述后支撑部（36）的后端面形成引导
端部折片（14）折叠的引导面，以使所述端部折片（14）在站链节（35）从 C 形部
（32）向直线状的顶部分支（30）运动过程中，被前一站链节（35）后支撑部（36）
的后端面阻挡而逐渐从间隙（43）内退出并向后折叠到端部部分（9）上。

2013 年 11 月 15 日，珠叶公司的代理人与北京市方圆公证处的公证人员来到
位于北京市朝阳区北三环东路 6 号的中国国际展览中心 1 号馆 A157 号普丽盛公司
的展台，对普丽盛公司在该展位上展出的被诉侵权产品相应部位进行拍照，并从该
展台取得了一份普丽盛公司的产品宣传册。北京市方圆公证处对上述过程进行了公
证，并出具了（2013）京方圆内民证字第 12736 号公证书（以下简称第 12736 号公
证书）。珠叶公司主张被诉侵权产品落入了涉案专利的权利要求 1 ~ 7 和 9 的保护
范围。

普丽盛公司为证明其在涉案专利申请日之前已经制造、销售了与被诉侵权产品
相同的产品，提交了其于 2011 年 3 月 7 日与花花牛公司签订的"无菌纸铝砖型包
装机生产线"（包括两台"GC-Z-V1-6000 无菌砖式包装机"）销售合同书；2011
年 4 月 1 日花花牛公司向普丽盛公司提出的将 PLS-PACK-V1-6000 型号无菌砖式
包装机 250ml（标准型）更改为 250ml（苗条型）的变更请求；2011 年 5 月 10 日
GC-Z-V2-6000 无菌砖式包装机送货单复印件；2011 年 5 月 11 日胡×× 签字的
无菌砖式包装机 GC-Z-V2-6000（250ml 苗条型）送货回单；花花牛公司开具的 GC-
Z-V2-6000 无菌砖式包装机增值税专用发票；花花牛公司盖章的设备无菌验收报告。
花花牛公司于 2014 年 2 月 25 日出具证明，称 2011 年 3 月 7 日从普丽盛公司购买
的无菌纸铝砖型包装机生产线，自安装使用至今，除易损件外，包括站链节在内的
其他部件一直没有更换。珠叶公司主张上述证据中的产品名称、型号等存在多种不
同的表述，合同中的产品单价和总价均为 490 万元，送货单系复印件、送货回单无
签收单位公章，因此上述证据的真实性不予认可。

2014 年 2 月 25 日，普丽盛公司的代理人在河南省漯河市天汇公证处公证人员
的监督下，在花花牛公司的灌装车间对花花牛公司正在使用的购自普丽盛公司的其
中一台包装机的相应部位进行了拍照、录像。就上述公证过程，河南省漯河市天汇
公证处出具了（2014）漯天证民字第 356 号公证书（以下简称第 356 号公证书）。
其中，在上述包装机的标牌上显示有"GC-Z-V2-6000""无菌砖式包装机"等字样，

并显示重量为 5000KG，出厂日期为 2011 年 5 月。珠叶公司主张公证书所附图片中的包装机有拆卸痕迹。

普丽盛公司还提交了销售明细表，用以说明其在 2011 年 12 月 5 日前还向山东华英食品有限公司等百余家客户销售了涉案无菌砖式包装机。

2015 年 4 月 29 日，本院组织双方当事人赴花花牛公司进行现场勘验。经勘验，花花牛公司的"GC-Z-V2-6000"型号的无菌砖式包装机的状态与原审判决附图内容一致。花花牛公司工作人员操作上述机器进行了手工运转。根据勘验结果，该设备在进给位置，站链节的两侧部位分别设有用于引导端部折片折叠的引导部件。当带有未折叠端部折片的包装件从进给位置进入两相邻站链节的叶片之间后，后一叶片推动包装件向前运动。包装件的端部折片被引导部件向下弯曲的起始段引导，随着包装件进一步被向前推动，包装件的端部折片从起始段向引导面进一步引导而向后折叠，同时，包装件被引导部件的引导面顶面抬升。最后，站链节两侧的压刀向下压包装件的折角。对此，双方当事人均予以认可。

2015 年 5 月 4 日，普丽盛公司向本院提交了两组证据，第一组分别为其生产的各种产品型号的产品，用于证明普丽盛公司产品都有左、右折叠的情况；第二组为销售给福建公元食品有限公司的被控侵权产品的相关销售合同、送货单等材料。珠叶公司对上述证据不予认可。

2015 年 6 月 1 日，普丽盛公司再次向本院提交了四组证据：

第一组证据为普丽盛公司向河南中沃饮料有限公司销售两台 PLS-PACK-V1-6000 型号无菌纸铝砖型包装机的销售合同、发票底联等材料，用于作为现有技术；第二组证据为被控侵权产品的相关材料，与 5 月 4 日提交的第二组证据基本相同；第三组证据为上海市企业标准（Q / TNTH01-2010 号），证明产品型号变更情况；第四组证据与 5 月 4 日提交的第一组证据相同。

珠叶公司认为上述证据不属于二审程序中的新证据，也不能证明待证事实。

2015 年 7 月 10 日，珠叶公司向本院申请调查令，请求向普丽盛公司的客户绵阳市涪泉乳业有限公司调查其所使用的设备情况。同日，珠叶公司向本院申请调取证据，包括普丽盛公司财务账册等材料、被控侵权产品的运输单等材料、北京市朝阳区人民法院（2014）朝民初字第 7663 号案卷材料。

2015 年 7 月 20 日，珠叶公司委托代理人刘××、叶××前往绵阳市涪泉乳业有限公司，对该公司两台普丽盛公司制造的"GC-Z-V5-6000"型号的无菌砖式包装机进行证据保全。四川省绵阳市国信公证处进行了公证，并出具（2015）绵国信证字第 5550 号公证书。普丽盛公司认可绵阳市涪泉乳业有限公司上述两台设备系其制造，但主张与本案涉案专利型号不同，不属于同一系列产品。

2015 年 8 月 11 日，珠叶公司工作人员朱 ×× 前往北京市朝阳区天辰东路 7 号的国家会议中心，将正在召开的"中国乳制品工业协会第二十一次年会第十五次乳制品技术精品展示会"的 E3、E4 展台内普丽盛公司宣传材料进行保全。北京市方圆公证处出具（2015）京方圆内经证字第 25105 号公证书。珠叶公司主张，根据这份证据，普丽盛公司在二审程序中提交的《证据说明》中认为"PLS-PACK-V1-6000 型与 GC-Z-V1-6000 型为同一型号"的观点是错误的。根据此份证据，PLS-PACK-V1-6000 型与 GC-Z-V1-6000 型产品在控制参数、总重量等方面存在差异。

以上事实有涉案专利证书、第 12736 号公证书、合同、销售发票、第 356 号公证书、二审勘验笔录、普丽盛公司和珠叶公司二审提交的证据及当事人陈述等证据在案佐证。

本院认为：本案的核心问题在于被控侵权产品是否落入涉案专利权利的要求 1 的保护范围以及普丽盛公司所主张的现有技术抗辩事实是否成立。

《专利法》第 59 条第 1 款规定，发明或者实用新型专利权的保护范围以其权利要求的内容为准，说明书及附图可以用于解释权利要求的内容。

本案中，原审法院认为，被诉侵权产品与涉案专利的权利要求 1 对比，存在以下区别技术特征：（1）涉案专利的权利要求 1 中的叶片将站链节分成矩形的前支撑部和后支撑部，而被诉侵权产品的相应技术特征为叶片将站链节分成前、后两部分，前支撑部为矩形，后支撑部有倒角处理，为六边形；（2）涉案专利的权利要求 1 中的后支撑部的后端面形成引导端部折片折叠的引导面，而被诉侵权产品叶片后支撑部的后端面上无引导折片折叠的引导面。原审法院认为，被诉侵权产品的后支撑部有倒角处理，具有防止包装件倾斜的技术功能和效果，涉案专利的权利要求 1 并无该功能和效果，且被诉侵权产品缺少引导面这一技术特征。因此，被诉侵权产品未落入涉案专利的权利要求 1 的保护范围。本院不同意原审法院的上述认定。

侵权比对过程中应当以涉案专利的权利要求 1 中的技术特征为比对的参照物，而不应以被诉侵权产品相应技术特征为参照物，在侵权比对中只要看被诉侵权产品是否具有涉案专利的权利要求 1 中的技术特征即可。本案中，涉案专利的权利要求 1 中的叶片将站链节分成矩形的前支撑部和后支撑部，而被诉侵权产品的叶片也将站链节分成前、后两部分,因此,被诉侵权产品具备上述技术特征。至于被诉侵权产品中站链节前支撑部为矩形,后支撑部有倒角处理,为六边形,属于被诉侵权产品在上述技术特征基础上附加的技术特征,对于上述侵权比对并无影响。原审判决对此认定错误,应予纠正。

关于被诉侵权产品叶片后支撑部的后端面上有无引导折片折叠的引导面一节,本专利说明书的记载并未对引导面进行进一步的描述,因此,对该引导面的理解应当基于本领域技术人员的通常理解。根据本专利的权利要求 1 的记载,该引导面的作用在于使所述端部折片(14)在站链节(35)从 C 形部(32)向直线状的顶部分支(30)运动过程中,被前一站链节(35)后支撑部(36)的后端面阻挡而逐渐从间隙(43)内退出并向后折叠到端部部分(9)上。由此可知,该引导面即指后支撑部的后端面。显然,被诉侵权产品的站链节后支撑部必然也存在引导面。据此,原审判决关于"被诉侵权产品叶片后支撑部的后端面上无引导折片折叠的引导面"的认定没有事实依据,本院应予纠正。

综上,被诉侵权产品已经落入涉案专利的权利要求 1 的保护范围。原审判决关于被诉侵权产品不构成侵权的认定错误,本院应予纠正。

《专利法》第 62 条规定,在专利侵权纠纷中,被诉侵权人有证据证明其实施的技术或者设计属于现有技术或者现有设计的,不构成侵犯专利权。普丽盛公司主张被诉侵权产品系使用在涉案专利申请日之前已经公开使用的现有技术。本案中,普丽盛公司提供的证据虽然存在产品型号和名称上有不同表述、合同记载价格存在矛盾等形式上的问题,但是结合普丽盛公司提交的合同、花花牛公司出具的发票和证明以及第 356 号公证书,可以证明 2011 年普丽盛公司向花花牛公司销售过"GC-Z-V2-6000"型号的"无菌砖式包装机"。根据第 356 号公证书所附"GC-Z-V2-6000"型号的"无菌砖式包装机"以及本院的勘验情况,将两者进行对比,两者在叶片、站链节的结构、相邻站链节的叶片之间的距离以及站链节前后距离等技术特征基本相同。因此,被诉侵权产品系对现有技术的使用,普丽盛公司提出的现有技术抗辩成立。原审判决对此认定正确,本院予以支持。珠叶公司关于原审判决对于现有技术抗辩成立认定错误的上诉主张没有事实与法律依据,本院不予支持。

据此,虽然原审判决对被诉侵权产品是否落入涉案专利保护范围的认定有误,但是对被诉侵权产品属于现有技术的认定正确。

综上,原审判决部分事实认定错误,但不影响本案的判决结论。虽然珠叶公司的部分上诉理由成立，但其他上诉理由不能成立，其上诉请求本院不予支持。依照《中华人民共和国民事诉讼法》第170条第1款第（1）项之规定，本院判决如下：

驳回上诉，维持原判。

一、二审案件受理费各13 800元，均由台州市珠叶机械科技有限公司负担（均已交纳）。

本判决为终审判决。

2015年11月20日

四、案件相关问题解析

（一）侵害发明专利权的管辖法院确定

鉴于发明专利的专业性与复杂性，一审管辖法院的级别为知识产权法院①、各省、自治区、直辖市人民政府所在地的中级人民法院和最高人民法院指定的中级人民法院。根据《最高人民法院关于审理专利纠纷案件适用法律问题的若干规定》第2条第1款规定："专利纠纷第一审案件，由各省、自治区、直辖市人民政府所在地的中级人民法院和最高人民法院指定的中级人民法院管辖"，虽然第2款规定最高人民法院根据实际情况，可以指定基层人民法院管辖第一审专利纠纷案件，但目前仅指定部分基层人民法院管辖外观设计与实用新型专利纠纷一审案件，并无对发明专利纠纷管辖的规定。

侵害发明专利权纠纷的地域管辖同一般侵权纠纷一致，由侵权行为地与被告住所地管辖，其中侵权行为地包括：被诉侵犯发明专利权产品的制造、使用、许诺销售、销售、进口等行为的实施地，以及上述侵权行为的侵权结果发生地。②

（二）如何认定是否落入专利权保护范围

本案中一审、二审认定是否落入专利权保护范围的方法不同导致结论不同，司

---

①《最高人民法院关于北京、上海、广州知识产权法院案件管辖的规定》第1条规定，知识产权法院管辖所在市辖区内的第一审案件为专利、植物新品种、集成电路布图设计、技术秘密、计算机软件民事和行政案件等。

②《最高人民法院关于审理专利纠纷案件适用法律问题的若干规定》第5条。

法实践中，应按照二审法院认定方法，即以权利人主张的权利要求所记载的全部技术特征为参照物，将被诉侵权技术方案所对应的全部技术特征与其逐一进行比较，而不是将被诉侵权技术方案作为参照物，或将专利产品与被诉侵权技术方案进行比较。

进行逐一比较后，若被诉侵权技术方案包含与权利要求记载的全部技术特征相同或者等同的技术特征的，应当认定其落入专利权保护范围；被诉侵权技术方案的技术特征与权利要求记载的全部技术特征相比，缺少权利要求记载的一个或多个技术特征，或者有一个或一个以上技术特征不相同也不等同的，应当认定其没有落入专利权保护范围。

相同技术特征比较容易认定。等同特征，是指与所记载的技术特征以基本相同的手段，实现基本相同的功能，达到基本相同的效果，并且本领域普通技术人员在被诉侵权行为发生时无需经过创造性劳动就能够联想到的特征。[1]《最高人民法院关于审理侵犯专利权纠纷案件应用法律若干问题的解释（二）》[2]第8条对等同特征认定做了进一步完善，"与说明书及附图记载的实现前款所称功能或者效果不可缺少的技术特征相比，被诉侵权技术方案的相应技术特征是以基本相同的手段，实现相同的功能，达到相同的效果，并且本领域普通技术人员在被诉侵权行为发生时无需经过创造性劳动就能够联想到的，人民法院应当认定该相应技术特征与功能性特征相同或者等同"。

（三）专利申请日后授权日前的实施行为如何定性

本案中，被告普丽盛公司举证证明了其在专利申请日之前的制造、销售行为，为现有技术抗辩。假如为专利申请日后、授权日前的实施发明专利行为如何认定？最高人民法院在"指导案例20号：深圳市斯瑞曼精细化工有限公司诉深圳市坑梓自来水有限公司、深圳市康泰蓝水处理设备有限公司侵害发明专利权纠纷案"中对此类情形

---

[1]《最高人民法院关于修改〈最高人民法院关于审理专利纠纷案件适用法律问题的若干规定〉的决定》（法释〔2015〕4号）第4条。

[2]《最高人民法院关于审理侵犯专利权纠纷案件应用法律若干问题的解释（二）》在2016年1月25日由最高人民法院审判委员会第1676次会议通过，自2016年4月1日起施行。该解释在案件发生时还未生效，因此在本案例及后文案例的分析中并不适用该解释的相关规定，仅供读者学习参考。

予以明确：

（1）发明专利申请公开前的行为不构成侵权。

（2）发明专利申请公开后至专利权授予之前（即专利临时保护期内）的实施行为不属于《专利法》禁止的行为，但专利权人有权要求实施人支付适当的使用费。

（3）在专利临时保护期内制造、销售、进口被诉侵权产品不为《专利法》禁止的情况下，其后续的使用、许诺销售、销售该产品的行为，即使未经专利权人许可，也应当得到允许。但专利权授权之后再实施前述行为构成侵权，应予禁止。

五、案件启示及建议

（一）证据的收集与保存

本案中一审法院认定被告普丽盛公司被诉侵权产品未落入涉案专利权保护范围，而二审法院认定落入，但最终的判决结果都认定了普丽盛公司不侵犯珠叶公司的专利权，即说明落入专利权保护范围并不是认定侵权的充要条件。

本案被告普丽盛公司提交了与第三方在专利申请日之前的被诉侵权产品销售合同及相关一系列单据，并至第三方现场对出售的被诉侵权产品进行了公证，法院正是在认可了上述证据的前提下，认定普丽盛公司现有技术抗辩成立，因此，证据的收集与保存至关重要。首先，对于书证、视听资料等存在有形载体的证据，需要保存原件、原物，案例中普丽盛公司提供的送货单等为复印件，珠叶公司即对证据的真实性不予认可，鉴于《最高人民法院关于民事诉讼证据的若干规定》第69条规定，无法与原件、原物核对的复印件、复制品，不能单独作为认定事实的依据。因此，证据保存的优先原则为原件、原物保留原则。其次，一些证据可能难以提供原件、原物，如本案中的被诉侵权产品，或一些过程需要证明，如销售过程，还有一些证据可能随时间流逝而毁损或消逝，发生这样的情况，需要进行证据保全，本案原、被告都进行了公证，这是证据保全的一种方法。除此之外，根据《中华人民共和国民事诉讼法》及相关规定，还可申请人民法院进行证据保全。人民法院进行证据保全，可以根据具体情况，采取查封、扣押、拍照、录音、录像、复制、鉴定、勘验、制作笔录等方法。

（二）现有技术的证明

本案中，法院因普丽盛公司现有技术抗辩成立而认定不侵权，那么如何证明涉案专利权为现有技术呢？根据《专利法》第 22 条对现有技术的定义可知[①]，现有技术具有三个特征：第一，涉案专利权申请日之前存在；第二，国内或国外现有技术；第三，公众可随时获知。据此，除本案普丽盛公司的做法外，还可通过检索申请日前国内外的专利技术进行证明，但因数据庞大复杂，故建议委托专业的检索机构进行检索。

当然，除本案提到的现有技术抗辩外，被诉侵权人还可通过其他抗辩驳倒原告的侵权请求，如专利权用尽、先用权、科学研究与实验性使用、具有合法来源、诉讼时效抗辩等，具体抗辩理由分析及建议见本书其他章节。

（三）侵犯发明专利权纠纷诉讼的准备工作

代理发明专利侵权案件与其他知识产权侵权案件略有不同，发明专利侵权诉讼的准备工作要做到以下三点：

第一，证明主体资格适格及专利权合法有效。因发明专利经过了实质审查，故提起侵害发明专利权诉讼不需要提交专利权评价报告，仅需提交专利证书及专利登记簿副本或当年缴纳专利年费的收据即可以作为证明专利权有效的证据，以证明专利权人的身份以及专利权仍合法有效。

第二，证明被告侵权。证明被告侵权即需要购买被告生产、销售的侵权产品，或搜集其使用、许诺销售、进口行为的证据。本案珠叶公司在展会进行购买公证，这即是搜集被告侵权证据的途径之一，鉴于公证的证明力大于一般证据，公证也是证明被告侵权的最好途径。

第三，权利要求的选择。判定专利侵权并不是以涉案专利的所有权利要求为基准，而是以权利人主张的权利要求为依据，故权利要求的选择尤为重要，在起诉之前应首先仔细对比被告的侵权产品侵犯了涉案专利的哪些权利要求，优先选择独立权利要求，然后以侵犯的权利要求为主张依据。

---

①《中华人民共和国专利法》第 22 条规定，本法所称现有技术，是指申请日以前在国内外为公众所熟知的技术。

　　而代理被诉侵权人，第一，要审核原告的主体资格是否具备、专利权是否合法有效；第二，审查原告取得被诉侵权产品的证据是否符合证据合法性、真实性、关联性；第三，针对原告主张的权利要求与被诉侵权产品进行逐一比较，分析确认是否落入专利权保护范围，尤其是针对独立权利要求；第四，审查被诉侵权人是否有合法抗辩理由；与此同时，还可考虑启动宣告专利权无效程序并请求法院中止审理。

第二章

如何代理侵犯实用新型专利权纠纷案及实用新型专利的侵权判定方法

主要原理：以权利要求的内容为准，说明书及附图可以用于解释权利要求

素材：郑国栋与苏州市宏采展览展示器材有限公司侵犯实用新型专利权纠纷案

一、案情简介

2013 年本案原告郑国栋向上海市第一中级人民法院（以下简称一审法院）提起诉讼，称其拥有名称为"广告展示后固定式挂画条"的实用新型专利权，该专利至今有效。被告苏州市宏采展览展示器材有限公司（以下简称宏采公司）未经其许可，为生产经营目的制造、销售、许诺销售了侵犯郑国栋前述实用新型专利权的产品，因此请求人民法院判令宏采公司停止侵权，赔偿其经济损失人民币 8 万元，并承担合理费用 40 170 元。

一审法院于 2013 年 9 月 9 日受理后，依法组成合议庭，于同年 10 月 31 日公开开庭进行了审理，并于 2014 年 1 月 2 日作出判决。

宏采公司不服一审判决，故向上海市高级人民法院（以下简称二审法院）提起上诉。二审法院于 2014 年 2 月 8 日受理后，依法组成合议庭，于同年 3 月 12 日公开开庭进行了审理。同年 3 月 24 日，二审法院作出终审判决，判决驳回上诉，维持原判。

本案的主要争议焦点在于：（1）被告有无实施制造、销售、许诺销售被诉侵权产品的行为；（2）被诉侵权产品是否落入原告专利权的保护范围；（3）原告主张的损害赔偿金额是否合理。

二、法学原理及分析

《中华人民共和国专利法》

第二条　本法所称的发明创造是指发明、实用新型和外观设计。

发明，是指对产品、方法或者其改进所提出的新的技术方案。

实用新型，是指对产品的形状、构造或者其结合所提出的适于实用的新的技术方案。

外观设计，是指对产品的形状、图案或者其结合以及色彩与形状、图案的结合所作出的富有美感并适于工业应用的新设计。

第十一条　发明和实用新型专利权被授予后，除本法另有规定的以外，任何单位或者个人未经专利权人许可，都不得实施其专利，即不得为生产经营目的制造、使用、许诺销售、销售、进口其专利产品，或者使用其专利方法以及使用、许诺销售、销售、进口依照该专利方法直接获得的产品。

外观设计专利权被授予后，任何单位或者个人未经专利权人许可，都不得实施其专利，即不得为生产经营目的制造、许诺销售、销售、进口其外观设计专利产品。

第五十九条　发明或者实用新型专利权的保护范围以其权利要求的内容为准，说明书及附图可以用于解释权利要求的内容。

外观设计专利权的保护范围以表示在图片或者照片中的该产品的外观设计为准，简要说明可以用于解释图片或者照片所表示的该产品的外观设计。

《最高人民法院关于审理侵犯专利权纠纷案件应用法律若干问题的解释》

第一条　人民法院应当根据权利人主张的权利要求，依据专利法第五十九条第一款的规定确定专利权的保护范围。权利人在一审法庭辩论终结前变更其主张的权利要求的，人民法院应当准许。

权利人主张以从属权利要求确定专利权保护范围的，人民法院应当以该从属权利要求记载的附加技术特征及其引用的权利要求记载的技术特征，确定专利权的保护范围。

第二条　人民法院应当根据权利要求的记载，结合本领域普通技术人员阅读说明书及附图后对权利要求的理解，确定专利法第五十九条第一款规定的权利要求的内容。

第三条　人民法院对于权利要求，可以运用说明书及附图、权利要求书中的相关权利要求、专利审查档案进行解释。说明书对权利要求用语有特别界定的，从其特别界定。

以上述方法仍不能明确权利要求含义的，可以结合工具书、教科书等公知文献以及本领域普通技术人员的通常理解进行解释。

第四条　对于权利要求中以功能或者效果表述的技术特征，人民法院应当结合说明书和附图描述的该功能或者效果的具体实施方式及其等同的实施方式，确定该技术特征的内容。

第七条　人民法院判定被诉侵权技术方案是否落入专利权的保护范围，应当审查权利人主张的权利要求所记载的全部技术特征。

被诉侵权技术方案包含与权利要求记载的全部技术特征相同或者等同的技术特征的，人民法院应当认定其落入专利权的保护范围；被诉侵权技术方案的技术特征与权利要求记载的全部技术特征相比，缺少权利要求记载的一个以上的技术特征，或者有一个以上技术特征不相同也不等同的，人民法院应当认定其没有落入专利权的保护范围。

《最高人民法院关于审理专利纠纷案件适用法律问题的若干规定》

第十七条 专利法第五十九条第一款所称的"发明或者实用新型专利权的保护范围以其权利要求的内容为准，说明书及附图可以用于解释权利要求的内容"，是指专利权的保护范围应当以权利要求记载的全部技术特征所确定的范围为准，也包括与该技术特征相等同的特征所确定的范围。

等同特征，是指与所记载的技术特征以基本相同的手段，实现基本相同的功能，达到基本相同的效果，并且本领域普通技术人员在被诉侵权行为发生时无需经过创造性劳动就能够联想到的特征。

实用新型是指对产品的形状、构造或者其结合所提出的适于实用的新的技术方案。判定产品是否侵犯实用新型专利权，即判定产品是否侵犯了专利权所保护的技术方案，通常分两步进行。

第一步，应当根据权利人在一审法庭辩论终结前所主张的权利要求，依据实用新型专利权的权利要求的内容确定其保护范围。需要注意的是，人民法院确定权利要求的内容时，首先应当根据权利要求的记载，结合本领域普通技术人员阅读说明书及附图后对权利要求的理解，确定权利要求的内容，同时可以参考专利审查档案。如果依据说明书及附图、权利要求书中的相关权利要求、专利审查档案不能明确权利要求含义的，可以结合工具书、教科书等公知文献以及本领域普通技术人员的通常理解进行解释。

第二步，判定被诉侵权技术方案是否落入前述的专利权的保护范围，即审查被诉侵权技术方案是否包括权利人主张的权利要求所记载的全部技术特征。具体来说，被诉侵权技术方案包括与权利要求记载的全部技术特征相同或等同的技术特征的，应当认定落入专利权的保护范围；被诉侵权技术方案的技术特征与权利要求记载的全部技术特征相比，缺少权利要求记载的一个以上技术特征，或者有一个以上技术特征不相同也不等同的，应当认定没有落入专利权的保护范围。需要注意的是，如果相比较的两个技术特征并不相同，则并非一定没有落入专利权的保护范围。如果被诉侵权技术方案的某个技术特征，与权利要求所记载的某个技术特征，以基本相同的手段，实现基本相同的功能，达到基本相同的效果，并且本领域普通技术人员在被诉侵权行为发生时无需经过创造性劳动就能够联想到的，则应被认定为等同特征，依然落入专利权的保护范围。

《最高人民法院关于审理侵犯专利权纠纷案件应用法律若干问题的解释（二）》[①]

第八条 功能性特征，是指对于结构、组分、步骤、条件或其之间的关系等，通过其在发明创造中所起的功能或者效果进行限定的技术特征，但本领域普通技术人员仅通过阅读权利要求即可直接、明确地确定实现上述功能或者效果的具体实施方式的除外。

与说明书及附图记载的实现前款所称功能或者效果不可缺少的技术特征相比，被诉侵权技术方案的相应技术特征是以基本相同的手段，实现相同的功能，达到相同的效果，且本领域普通技术人员在被诉侵权行为发生时无需经过创造性劳动就能够联想到的，人民法院应当认定该相应技术特征与功能性特征相同或者等同。

该条规定对专利功能性特征适用专利等同原则进行了补充，即被诉侵权技术方案与实现功能性特征的技术性特征相比，是以基本相同的手段，实现相同的功能，达到相同的效果并且本领域普通技术人员在被诉侵权行为发生时无需创造性劳动即可联想到的，那么被诉侵权的技术方案与功能性特征相同或等同。

三、案件全过程介绍[※]

案由

案由：侵害实用新型专利权纠纷

案号

一审案号：（2013）沪一中民五（知）初字第 152 号

二审案号：（2014）沪高民三（知）终字第 15 号

案件当事人

一审原告、二审被上诉人：郑国栋

[①]《最高人民法院关于审理侵犯专利权纠纷案件应用法律若干问题的解释（二）》在 2016 年 1 月 25 日由最高人民法院审判委员会第 1676 次会议通过，自 2016 年 4 月 1 日起施行。该解释在案件发生时还未生效，因此在本案例及后文案例的分析中并不适用该解释的相关规定，仅供读者学习参考。

[※] 案例介绍采用了"个案全过程方法"，参见章武生：《模拟法律诊所实验教程》，法律出版社 2013 年版。

一审被告、二审上诉人：苏州市宏采展览展示器材有限公司

案件法律文书

1. 一审阶段

（1）原告起诉材料

1）民事起诉状 [①]

民事起诉状

原告：郑国栋

被告：苏州市宏采展览展示器材有限公司

诉讼请求：

1. 判令被告立即停止对原告享有的名称为"广告展示后固定式挂画条"专利号
为 ZL201020114680.7 的实用新型专利权的侵权行为，即停止生产、销售侵犯原告
实用新型专利权的侵权产品（以下简称侵权产品）；

2. 判令被告赔偿原告经济损失人民币 8 万元，并承担原告为制止被告侵权行为
而支出的合理费用人民币 40 170 元；

3. 判令被告承担本案全部诉讼费用及保全费用。

事实与理由：

原告于 2010 年 11 月 17 日取得名称为"广告展示后固定式挂画条"、专利号
为 ZL201020114680.7 的实用新型专利权（以下简称该专利权），该专利权至今处
于有效状态。

被告是一家生产、销售展览展示器材的企业，与原告属于同行业，2012 年 7 月
13 日、14 日，案外人在被告于第二十届上海国际广告技术设备展览会设立的展台
处交涉、购买价值 500 元的器材一套，并取得收据、被告宣传资料，整个过程由上
海市长宁公证处公证员监督进行，并出具（2012）沪长证字第 3301 号、第 3334 号
公证书；2013 年 7 月 13 日，案外人在被告于第二十一届上海国际广告技术设备展
览会设立的展台处交涉、购买价值 570 元的器材一套，并取得收据、被告宣传资料，
整个过程由上海市长宁公证处公证员监督进行，并出具（2013）沪长证字第 4797
号公证书。经对比分析，被告出售的产品实物与原告实用新型专利一致，被告的生产、

---

① 此部分内容来源于案卷材料。

销售行为侵犯了原告的实用新型专利权。

原告认为，其依法获得实用新型专利权的设计方案应受法律保护。被告未经许可，为生产经营目的制造、销售了其实用新型专利产品，其行为构成对原告实用新型专利权的侵犯，应当依法承担民事责任。被告在上海实施了销售原告拥有专利权产品的侵权行为，贵院具有管辖权。

根据《中华人民共和国专利法》第11条、第60条之规定，被告未经专利权人许可，为生产经营目的制造、销售实用新型专利产品的行为构成侵犯专利权的行为，严重损害了原告的合法权益。又根据《中华人民共和国民法通则》第118条、第134条，《中华人民共和国专利法》第65条，原告请求人民法院支持原告的全部诉讼请求。

此致

上海市第一中级人民法院

具状人：郑国栋

日期：××××年××月××日

附：本诉状副本一份

2）证据目录[1]

证据目录

证据提交人：郑国栋（以下简称原告）

被告：苏州市宏采展览展示器材有限公司

序号	证据名称	证明目的	证据来源	页码
1-1	ZL 201020114680.7 号专利权证书	证明原告合法拥有该专利，且该专利持续有效	国家知识产权局	1 ~ 12
1-2	ZL 201020114680.7 号专利登记簿副本			13
1-3	ZL 201020114680.7 号实用新型专利评价报告			14 ~ 18

---

[1] 此部分内容来源于案卷材料。

续表

序号	证据名称	证明目的	证据来源	页码
2-1	(2012)沪长证字第3301号公证书	证明被告分别于2012年、2013年在上海浦东新区许诺销售、销售了侵权产品；原告购买侵权产品费合计1070元（公证书所附侵权产品实物在开庭时提交）	上海市长宁区公证处	19~26
2-2	(2012)沪长证字第3334号公证书			27~59
2-3	(2013)沪长证字第4797号公证书			60~67
2-4	被告宣传册			68~70
3-1	专项法律服务协议	证明原告维权的支出律师费3万元，调取工商信息费100元，公证费共9000元	上海××律师事务所	71~72
3-2	律师工作计时清单			73
3-3	律师费发票			74~75
3-4	江苏地税通用机打发票		苏州市工商行政管理部门	76
3-5	上海市公证费统一发票		上海市长宁区公证处	77~79
3-6	证明		上海秀意展览展示服务有限公司	80

注：所有证据均为复印件。

3）专利对比①

专利对比

被告侵权产品与原告专利对比如下。

原告权利要求为：

1.一种广告展示后固定式挂画条，包括本体（1）和"工"字形卡头（2），其特征在于所述"工"字形卡头（2）设于本体（1）的后部。

2.根据权利要求1所述的广告展示后固定式挂画条，其特征在于"工"字形卡头（2）通过螺钉固定在本体（1）后部。

———————————

① 此部分内容来源于案卷材料。

3.根据权利要求2所述的广告展示后固定式挂画条，其特征在于其所述条本体（1）两端设有封头（3），所述封头（3）上一体设有抵入凸起，而条本体（1）端设有供抵入凸起插入的安装孔。

4.根据权利要求1所述的广告展示后固定式挂画条，其特征在于所述"工"字形卡头（2）上一体设有"T"形滑块（4），而所述条本体（1）后部横向开有与"T"形滑块（4）相配合的"T"形滑槽（102）。

5.根据权利要求4所述的广告展示后固定式挂画条，其特征在于所述条本体（1）两端设有封头（3），所述封头（3）上一体设有"T"形连接凸起（302），所述"T"形连接凸起（302）对应插入所述"T"形滑槽（102）的端口内，使得封头（3）固定至条本体（1）上。

6.根据权利要求3或5所述的广告展示后固定式挂画条，其特征在于所述条本体（1）上开有供画轴嵌入的条开槽（101），而所述封头（3）上开有与条开槽（101）相连的封头开槽（301）。

7.根据权利要求3或5所述的广告展示后固定式挂画条，其特征在于所述封头（3）的端面是斜面（F）。

由于权利要求3未发现存在不符合授予专利权条件的缺陷，且权利要求3引用了权利要求2，权利要求2引用了权利要求1，应当将权利要求1～3结合起来比对。被告的产品为广告展示后固定式挂画条，后部有"工"字形卡头，且"工"字形卡头通过螺钉与挂画条进行连接，挂画条本体的两端有封头，且封头上存在抵入凸起，挂画条本体两端设有供封头插入的安装孔，与原告权利要求一致，落入被告专利的保护范围。

由于权利要求5未发现存在不符合授予专利权条件的缺陷，且权利要求5引用了权利要求4，权利要求4引用了权利要求1，应当将权利要求1、4、5结合起来比对。被告的产品为广告展示后固定式挂画条，后部有"工"字形卡头，且"工"字形卡头上设有"T"形滑块，挂画条本体后部有与"T"形滑块相配合的"T"形滑槽，本体两端有封头，且封头有供抵入的"T"形凸起，将该凸起插入本体与之相配合的"T"形滑槽，便可使封头固定在本体上。被告产品与原告权利要求一致，落入被告专利的保护范围。

由于权利要求6未发现存在不符合授予专利权条件的缺陷，且权利要求6引用了权利要求3、权利要求5，权利要求3、权利要求5分别引用了权利要求1、2和权利要求1、4，应当将权利要求1～6结合起来比对。被告的产品为广告展示后固定式挂画条，且本体上开有供画轴嵌入的条开槽，被告产品与原告权利要求一致，落入被告专利的保护范围。

（2）被告答辩材料 [①]

对于原告提交的证据，被告辩称，对证据材料 1 系公证处出具无异议，但是对其合法性有异议，因为公证申请人都是律师事务所，申请在先，接受委托在后，违反了我国《公证法》中关于公证相关事项应有利害关系的规定，故无法确认封存的是否为被告在参加两次展会时销售的产品和发放的宣传册。对证据材料 2 中证明的真实性有异议，对其余证据材料真实性无异议，但认为律师费收费过高；公证费系律师事务所垫付，故与本案无关，且第 3301 号公证中包括对案外人的公证保全，故该笔费用不应由被告全额承担。

此外，被告认为：第一，原告据以证实被告上述侵权行为的证据是公证书，而该等公证书因违反公证程序而应被撤销，故原告实际并无证据证明被告实施侵权行为。第二，即便被告实施了制造、销售、许诺销售被控侵权产品的行为，该行为也不是侵权行为，因为该产品并不落入专利权的保护范围。被告进一步主张，其使用的是现有技术，理由是原告自己提供的专利权评价报告称权利要求 1、2 所述技术特征是现有技术，而专利说明书中称权利要求 3 中的附加技术特征也是常规技术，故权利要求 3 属于现有技术。同样，权利要求 5 的技术方案是由权利要求 2、4 所述技术特征的简单组合，也是现有技术。第三，即便被告构成侵权，原告主张的损害赔偿金额也不尽合理，且相关费用过高。

（3）一审民事判决书

上海市第一中级人民法院民事判决书

（2013）沪一中民五（知）初字第 152 号

原告：郑国栋

被告：苏州市宏采展览展示器材有限公司

原告郑国栋诉被告苏州市宏采展览展示器材有限公司侵害实用新型专利权纠纷一案，本院于 2013 年 9 月 9 日受理后，依法组成合议庭，于同年 10 月 31 日公开开庭进行了审理，上列委托代理人均到庭参加了诉讼。本案现已审理终结。

原告诉称：原告拥有名称为"广告展示后固定式挂画条"的实用新型专利权，该专利权至今有效。被告与原告属同行业，其在 2012 年和 2013 年的展会上公开展示、

[①] 此部分内容系作者根据案卷材料整理。

销售了被诉侵权产品。经比对，该产品与原告实用新型专利的技术特征一致。被告未经原告许可，为生产经营目的制造、销售、许诺销售被诉侵权产品的行为侵犯了原告专利权（以权利要求3和5确定保护范围），故请求本法院判令被告停止侵权（即停止生产、销售、许诺销售侵权产品）；赔偿原告经济损失人民币（以下币种同）8万元，并承担合理费用40 170元。

被告辩称：第一，原告不能证明被告实施了制造、销售和许诺销售行为。原告提供的公证书违反法律强制性规定，应予撤销，被告已经向公证处申请撤销公证书。第二，被告制造、销售和许诺销售的产品并不落入原告专利权的保护范围，因为被告使用的是现有技术。第三，即便被告构成侵权，原告主张的赔偿金额也不合理。

经本院审理，双方当事人对以下事实无争议，本院予以确认：

2010年11月17日，国家知识产权局向原告授予名为"广告展示后固定式挂画条"的实用新型专利权，专利申请日为2010年2月10日，专利号为ZL201020114680.7，专利权人为原告。

该专利权利要求记载：

1. 一种广告展示后固定式挂画条，包括条本体和"工"字形卡头，其特征在于所述"工"字形卡头设于条本体的后部。

2. 根据权利要求1所述的广告展示后固定式挂画条，其特征在于所述"工"字形卡头通过螺钉固定在条本体后部。

3. 根据权利要求2所述的广告展示后固定式挂画条，其特征在于所述条本体两端设有封头，所述封头上一体设有抵入凸起，而条本体端部设有供抵入凸起插入的安装孔。

4. 根据权利要求1所述的广告展示后固定式挂画条，其特征在于所述"工"字形卡头上一体设有"T"形滑块，而所述条本体后部横向开有与"T"形滑块相配合的"T"形滑槽。

5. 根据权利要求4所述的广告展示后固定式挂画条，其特征在于所述条本体两端设有封头，所述封头上一体设有"T"形连接凸起，所述"T"形连接凸起对应插入所述"T"形滑槽的端口内，使得封头固定至条本体上。

该专利说明书记载："本实用新型的技术方案是：一种广告展示后固定式挂画条，包括条本体和'工'字形卡头，其特征在于所述'工'字形卡头设于条本体后部。""进一步的，本实用新型中所述条本体两端设有封头，同常规技术一样，所述封头上一体设有抵入凸起，而条本体端部设有供抵入凸起插入的安装孔。""本实用新型中所述条本体上同常规技术一样开有供画轴嵌入的条开槽，而更进一步的是，所述封头上开有与条开槽相连的封头开槽。所述封头上开设与条开槽相连的封头开槽，能够确保在不取下封头的前提下将画轴插入条开槽内，以此来加快安装速度。"

国家知识产权局出具的实用新型专利权评价报告对该专利的评价结论为：权利要求1～2、4不符合授予专利权条件，权利要求3、5～7未发现存在不符合授予专利权条件的缺陷。

以上事实由原告提供的实用新型专利证书、专利文件、专利登记簿副本、实用新型专利权评价报告等证据在案佐证。

原告还向本院提供了以下证据材料：（1）（2012）沪长证字第3301号、第3334号公证书，(2013)沪长证字第4797号公证书，以证明被告在两次展会上实施了侵权行为；（2）专项法律服务协议、律师工作计时清单、发票、证明，以证明原告为诉讼支出了合理费用。

被告质证认为：对证据材料1系公证处出具无异议，但是对其合法性有异议，因为公证申请人都是律师事务所，申请在先，接受委托在后，违反了我国《公证法》中关于公证相关事项应有利害关系的规定，故无法确认封存的是否为被告在参加两次展会时销售的产品和发放的宣传册。对证据材料2中证明的真实性有异议，对其余证据材料真实性无异议，但认为律师费收费过高；公证费系律师事务所垫付，故与本案无关，且第3301号公证书中包括对案外人的公证保全，故该笔费用不应由被告全额承担。

本院认为：被告虽然对证据材料1公证程序的合法性提出质疑，但这些公证书并未被撤销，故本院对公证书予以采信。被告对证据材料2中真实性无异议，本院予以确认；被告对证明的真实性有异议，认为出具证明的上海秀意展览展示服务有限公司（以下简称秀意公司）未必存在，本院认为，如果被告该主张成立，则原告主张以虚拟主体名义支出的维权费用即应获得支持。

根据前述确认的证据，本院进一步认定如下事实：

经上海××律师事务所（以下简称××事务所）申请，上海市长宁公证处公证员于2012年7月12日监督申请人的委托代理人到上海市龙阳路××××号举办的"第二十届上海国际广告技术设备展览会"，在展馆内标有"苏州市宏采展览展示器材有限公司"（E5-465）字样的展台，对展示物品拍照，其中包括被诉侵权产品。委托代理人还就案外人的8个展台进行了公证证据保全。上海市长宁公证处为此出具了(2012)沪长证字第3301号公证书（以下简称3301号公证书）。

经上述律师事务所申请，上海市长宁公证处公证员又于同月14日监督申请人的委托代理人在前述展台取得宣传资料，购得器材1套，并取得收据1张。收据显示该器材价格为500元。上海市长宁公证处为此出具了（2012）沪长证字第3334号公证书（以下简称3334号公证书）。经当庭比对，经公证处封存的该器材具备了原告专利权利要求3和5所记载的全部技术特征。

经上述律师事务所申请，上海市长宁公证处公证员又于2013年7月13日监督申请人的委托代理人到上海市龙阳路×××号举办的"第二十一届上海国际广告技术设备展览会"，在展馆内标有"苏州市宏采展览展示器材有限公司"字样的展台取得宣传资料，购得器材1套，并取得收据1张。收据显示该器材价格为570元。上海市长宁公证处为此出具了（2013）沪长证字第4797号公证书（以下简称4797号公证书）。经当庭比对，经公证处封存的该器材不具备原告专利权利要求3和5所记载的"工"字形卡头以及固定用螺钉的技术特征。

另查明：原告为本案支出工商查询费100元。秀意公司为3301号公证支出公证费5000元，为3334号公证支出公证费2000元，并称原告已将上述代垫费用支付给其。××事务所为4797号公证支出公证费2000元。

2013年7月8日，原告与××事务所签订专项法律服务协议，约定原告委托该所律师为原告诉苏州市宏采展览展示器材有限公司等专利侵权案提供代理服务，收费采用计时收费，每小时3000元，实际应付律师费以律师工作计时清单为准。同年8月1日，原告与该所确认了律师工作计时清单，工作小时合计11.5小时，金额总计33 500元（其中，律师于2013年7月13日赴展会购买侵权产品并公证，计时2小时，计费6000元）。原告支付律师费3万元。

本院认为：原告系"广告展示后固定式挂画条"实用新型专利权人，其权利受法律保护。《中华人民共和国专利法》第11条第1款规定，任何单位或者个人未经专利权人许可，都不得实施其专利，即不得为生产经营目的制造、销售专利产品，否则应承担相应的法律责任。

本案争议焦点在于被告有没有实施制造、销售、许诺销售被诉侵权产品的行为；该被诉侵权产品是否落入原告专利权的保护范围；原告主张的损害赔偿金额是否合理。

一、被告有没有实施制造、销售、许诺销售被诉侵权产品的行为

被告认为，原告据以证实被告上述侵权行为的证据是公证书，而该等公证书因违反公证程序而应被撤销，故原告实际并无证据证明被告实施侵权行为。本院

认为，《中华人民共和国公证法》第 39 条规定："当事人、公证事项的利害关系人认为公证书有错误的，可以向出具该公证书的公证机构提出复查。公证书的内容违法或者与事实不符的，公证机构应当撤销该公证书并予以公告，该公证书自始无效……"根据该规定，公证书被公证机构撤销的，自始无效。本案被告虽然申请撤销公证书，但公证机构至今并未撤销，故该等公证书仍属有效。《最高人民法院关于民事诉讼证据的若干规定》第 9 条规定，已为有效公证文书所证明的事实，当事人无需举证证明，当事人有相反证据足以推翻的除外。据此，有效公证书所证明的事实属于免证事实，原告无需再为此举证证明公证的内容属实，除非被告能提供足以推翻公证书所记录事实的反驳证据。本案中，被告提出的撤销理由是申请人为律师事务所，申请公证时未经原告授权的公证程序问题，无论该理由是否成立，均不代表公证处公证失实。关于公证处是否存在公证失实的问题，被告并未举证，甚至并未明确主张。综合上述情况，本院认定，被告的抗辩理由不能成立，其未经原告许可，实施了制造、销售以及许诺销售被诉侵权产品的行为。

二、该被诉侵权产品是否落入原告专利权的保护范围

被告主张，即便其实施了制造、销售、许诺销售被诉侵权产品的行为，该等行为也不是侵权行为，因为该产品并未落入专利权保护范围。为此，本院组织双方当事人进行了技术比对，双方确认 2012 年被诉侵权产品的技术特征与原告专利权利要求 3 和 5 的技术特征一致，故该产品已经全面覆盖了专利必要技术特征，落入了专利权的保护范围。尽管原告另主张 2013 年被诉侵权产品的技术特征亦相同，但经比对，缺少必要的技术特征，而原告也无证据证明该产品具备该特征，故对原告该节主张，本院不予确认。

被告进一步主张，其使用的是现有技术，理由是原告自己提供的专利权评价报告称权利要求 1、2 所述技术特征是现有技术，而专利说明书中称权利要求 3 中的附加技术特征也是常规技术，故权利要求 3 属于现有技术。同样，权利要求 5 的技术方案由权利要求 2、4 所述技术特征简单组合，也是现有技术。本院认为，被告提出现有技术抗辩，其依据是原告的专利本身是现有技术。诚然，原告提供的专利权评价报告的初步结论认为原告专利权利要求 1 不具备新颖性；权利要求 2 不具备创造性，但是这只是初步结论，在缺乏现有技术方案的情况下，仅凭该初步结论不足以认定专利相应的技术特征属于现有技术。至于被告主张专利说明书中提到权利要求 3 所述技术特征是常规技术的问题，该段文字的表述是"本实用新型中所述条本体两端设有封头，同常规技术一样，所述封头上一体设有抵入凸起，而条本体端部设有

供抵入凸起插入的安装孔"。从该段行文来看，条本体两端设封头的技术是常规技术，但在用逗号间隔后，并不能确认封头与条本体相互配合关系所涉具体技术特征是常规技术。更重要的是，《最高人民法院关于审理侵犯专利权纠纷案件应用法律若干问题的解释》第14条规定，"被诉落入专利权保护范围的全部技术特征，与一项现有技术方案中的相应技术特征相同或者无实质性差异的，人民法院应当认定被诉侵权人实施的技术属于《专利法》第62条规定的现有技术"。换句话说，被告主张现有技术抗辩，需要依据一份完整的技术方案，该技术方案应该包含被诉侵权产品被诉落入专利权保护范围的全部技术特征或其等同特征。本案中，专利权利要求3所述技术方案是以权利要求1、2和3所有技术特征共同构成的技术方案，这些特征在被诉侵权产品上均有体现，被告仅以一个具有参考价值的初步结论加上专利说明书来主张该技术方案为现有技术，并未提供一份完整的技术方案，故该抗辩尚缺乏事实依据。被告还主张权利要求5所记载的技术方案也是现有技术，该主张更是以权利要求2、4为现有技术且权利要求5为前述技术特征的简单组合来推论，该主张同样缺乏一份完整技术方案的支撑，更缺乏事实依据，故本院亦不予采信。

综上所述，被告的产品落入了原告专利权的保护范围。被告的现有技术抗辩不能成立，其未经授权实施专利技术方案的行为属于侵害专利权的行为。根据《中华人民共和国民法通则》第118条的规定，原告的专利权受到侵害，有权要求停止侵害、赔偿损失。

三、原告主张的损害赔偿金额是否合理

被告认为，即便其构成侵权，原告主张的损害赔偿金额也不尽合理，且相关费用也过高。本院认为，《中华人民共和国专利法》第65条规定，侵犯专利权的赔偿数额按照权利人因被侵权所受到的实际损失确定；实际损失难以确定的，可以按照侵权人因侵权所获得的利益确定。权利人的损失或者侵权人获得的利益难以确定的，参照该专利许可使用费的倍数合理确定。赔偿数额还应当包括权利人为制止侵权行为所支付的合理开支。权利人的损失、侵权人获得的利益和专利许可使用费均难以确定的，人民法院可以根据专利权的类型、侵权行为的性质和情节等因素，确定给予一万元以上一百万元以下的赔偿。本案中，鉴于原告没有证据证明其实际损失或者被告获利的数额，故本院综合考虑专利权的类别、被告参加展会的规模、侵权期间、被诉侵权产品的销售价格、专利技术所对应部件在被诉侵权产品中所占比重、原告为维权所支出的合理费用等因素，酌情确定赔偿数额。

就原告主张维权合理开支部分而言，公证费部分，尽管并非以原告名义支出，但支出者确认系原告实际支出，故可以作为原告的合理支出，但 3301 号公证书涉及 9 个展台的证据保全，仅 1 个展台的保全与被告有关，故仅有关部分 556 元可予支持；3334 号公证费亦予支持；4797 号公证费因未能证明被告实施侵权行为，故不属于为制止侵权的开支，本院不予支持。相应地，2012 年购买被诉侵权产品的费用可以支持，但 2013 年购买费用不予支持。律师费采用计时收费方式，工作时间有明确记载，收费标准也在上海市律师收费的合理范围内，但考虑到购买被诉侵权产品并公证的计时费用应予扣除、原告实际支付的律师费数额以及双方确认的律师费高于实际支付金额等因素，本院对律师费酌情扣减。工商查询费用可予支持。

据此，依照《中华人民共和国民法通则》第 118 条、《中华人民共和国专利法》第 11 条第 1 款、第 65 条之规定，判决如下：

（1）被告苏州市宏采展览展示器材有限公司立即停止侵害原告郑国栋享有的"广告展示后固定式挂画条"实用新型专利权（专利号为 ZL201020114680.7）；

（2）被告苏州市宏采展览展示器材有限公司于判决生效之日起 10 日内赔偿原告郑国栋经济损失人民币 8 万元及合理费用人民币 3 万元；

（3）驳回原告郑国栋的其余诉讼请求。

被告苏州市宏采展览展示器材有限公司如果未按本判决指定的期间履行给付金钱义务，应当按照《中华人民共和国民事诉讼法》第 253 条之规定，加倍支付迟延履行期间的债务利息。

本案案件受理费人民币 2703 元，由原告郑国栋负担 114 元，由被告苏州市宏采展览展示器材有限公司负担 2589 元。

如不服本判决，可在判决书送达之日起 15 日内，向本院递交上诉状，并按对方当事人的人数提出副本，上诉于上海市高级人民法院。

2014 年 1 月 2 日

2. 二审阶段

（1）上诉请求及理由 [①]

判决后，苏州市宏采展览展示器材有限公司不服，向二审法院提起上诉，要求撤销原判，依法改判驳回郑国栋诉请或发回重审；本案一、二审诉讼费用由郑国栋负担。

---

① 此部分内容系作者根据案卷材料整理。

其主要上诉理由为：第一，原判无证据证明上诉人存在生产和许诺销售行为；第二，上诉人所销售的产品并未侵害被上诉人的实用新型专利，涉案专利权利要求3、5之技术特征为现有技术；第三，原审没有认定上诉人2013年的产品侵权，不应判令上诉人停止侵权；第四，原审判决赔偿费用没有事实依据。

（2）被上诉人答辩理由①

被上诉人郑国栋答辩认为：第一，2012年公证的展会行为和宣传册能够证明原判对上诉人存在生产和许诺销售行为的认定无误。上诉人也未能提供任何依据反驳上述证据。第二，通过专利比对，上诉人确认2012年涉案侵权产品落入涉案专利权利要求3、5的保护范围，侵犯了涉案专利权。第三，2013年被控侵权产品不构成侵权不等于原审判决错误。第四，原判认定的损失和合理费用正确合理。

（3）二审民事判决书

上海市高级人民法院民事判决书

（2014）沪高民三（知）终字第15号

上诉人（原审被告）：苏州市宏采展览展示器材有限公司

被上诉人（原审原告）：郑国栋

上诉人苏州市宏采展览展示器材有限公司因侵害实用新型专利权纠纷一案，不服上海市第一中级人民法院（2013）沪一中民五（知）初字第152号民事判决，向本院提起上诉。本院于2014年2月8日受理后，依法组成合议庭，于同年3月12日公开开庭进行了审理。上诉人苏州市宏采展览展示器材有限公司的委托代理人张×，被上诉人郑国栋的委托代理人赵××、顾××均到庭参加了诉讼。本案现已审理终结。

原告诉称：原告拥有名称为"广告展示后固定式挂画条"的实用新型专利权，该专利权至今有效。被告与原告属同行业，其在2012年和2013年的展会上公开展示、销售了被诉侵权产品。经比对，该产品与原告实用新型专利的技术特征一致。被告未经原告许可，为生产经营目的制造、销售、许诺销售被诉侵权产品的行为侵犯了原告专利权（以权利要求3和5确定保护范围），故请求原审法院判令被告停止侵权（即停止生产、销售、许诺销售侵权产品）；赔偿原告经济损失人民币（以下币种同）8万元，并承担合理费用40 170元。

---

① 此部分内容系作者根据案卷材料整理。

被告辩称：第一，原告不能证明被告实施了制造、销售和许诺销售行为。原告提供的公证书违反法律强制性规定，应予撤销，被告已经向公证处申请撤销公证书。第二，被告制造、销售和许诺销售的产品并不落入原告专利权的保护范围，因为被告使用的是现有技术。第三，即便被告构成侵权，原告主张的赔偿金额也不合理。

经原审法院审理，双方当事人对以下事实无争议，原审法院予以确认：

2010 年 11 月 17 日，国家知识产权局向原告授予名为"广告展示后固定式挂画条"的实用新型专利权，专利申请日为 2010 年 2 月 10 日，专利号为 ZL××××××××××××.7，专利权人为原告。

该专利权利要求记载：1.一种广告展示后固定式挂画条，包括条本体和"工"字形卡头，其特征在于所述"工"字形卡头设于条本体的后部。2.根据权利要求 1 所述的广告展示后固定式挂画条，其特征在于所述"工"字形卡头通过螺钉固定在条本体后部。3.根据权利要求 2 所述的广告展示后固定式挂画条，其特征在于所述条本体两端设有封头，所述封头上一体设有抵入凸起，而条本体端部设有供抵入凸起插入的安装孔。4.根据权利要求 1 所述的广告展示后固定式挂画条，其特征在于所述"工"字形卡头上一体设有"T"形滑块，而所述条本体后部横向开有与"T"形滑块相配合的"T"形滑槽。5.根据权利要求 4 所述的广告展示后固定式挂画条，其特征在于所述条本体两端设有封头，所述封头上一体设有"T"形连接凸起，所述"T"形连接凸起对应插入所述"T"形滑槽的端口内，使得封头固定至条本体上。

该专利说明书记载："本实用新型的技术方案是：一种广告展示后固定式挂画条，包括条本体和'工'字形卡头，其特征在于所述'工'字形卡头设于条本体后部。""进一步的，本实用新型中所述条本体两端设有封头，同常规技术一样，所述封头上一体设有抵入凸起，而条本体端部设有供抵入凸起插入的安装孔。""本实用新型中所述条本体上同常规技术一样开有供画轴嵌入的条开槽，而更进一步的是，所述封头上开有与条开槽相连的封头开槽。所述封头上开设与条开槽相连的封头开槽，能够确保在不取下封头的前提下将画轴插入条开槽内，以此来加快安装速度。"

国家知识产权局出具的实用新型专利权评价报告对该专利的评价结论为：权利要求 1 ～ 2、4 不符合授予专利权条件，权利要求 3、5 ～ 7 未发现存在不符合授予专利权条件的缺陷。

经上海 ×× 律师事务所（以下简称 ×× 事务所）申请，上海市长宁公证处公证员于 2012 年 7 月 12 日监督申请人的委托代理人到上海市龙阳路 ××× 号举办的"第二十届上海国际广告技术设备展览会"，在展馆内标有"苏州市宏采展览展示器材有限公司"（E5-465）字样的展台，对展示物品拍照，其中包括被诉侵权产品。委托代理人还就案外人的8个展台进行了公证证据保全。上海市长宁公证处为此出具了（2012）沪长证字第3301号公证书（以下简称3301号公证书）。

经上述律师事务所申请，上海市长宁公证处公证员又于同月14日监督申请人的委托代理人在前述展台取得宣传资料，购得器材1套，并取得收据1张。收据显示该器材价格为500元。上海市长宁公证处为此出具了（2012）沪长证字第3334号公证书（以下简称3334号公证书）。经当庭比对，经公证处封存的该器材具备了原告专利权利要求3和5所记载的全部技术特征。

经上述律师事务所申请，上海市长宁公证处公证员又于2013年7月13日监督申请人的委托代理人到上海市龙阳路×××号举办的"第二十一届上海国际广告技术设备展览会"，在展馆内标有"苏州市宏采展览展示器材有限公司"字样的展台取得宣传资料，购得器材1套，并取得收据1张。收据显示该器材价格为570元。上海市长宁公证处为此出具了（2013）沪长证字第4797号公证书（以下简称4797号公证书）。经当庭比对，经公证处封存的该器材不具备原告专利权利要求3和5所记载的"工"字形卡头以及固定用螺钉的技术特征。

另查明：原告为本案支出工商查询费100元。秀意公司为3301号公证支出公证费5000元，为3334号公证支出公证费2000元，并称原告已将上述代垫费用支付给其。××事务所为4797号公证支出公证费2000元。

2013年7月8日，原告与××事务所签订专项法律服务协议，约定原告委托该所律师为原告诉苏州市宏采展览展示器材有限公司等专利侵权案提供代理服务，收费采用计时收费，每小时3000元，实际应付律师费以律师工作计时清单为准。同年8月1日，原告与该所确认了律师工作计时清单，工作小时合计11.5小时，金额总计33 500元（其中，律师于2013年7月13日赴展会购买侵权产品并公证，计时2小时，计费6000元）。原告支付律师费3万元。

原审法院认为：原告系"广告展示后固定式挂画条"实用新型专利权人，其权利受法律保护。《中华人民共和国专利法》第11条第1款规定，任何单位或者个人未经专利权人许可，都不得实施其专利，即不得为生产经营目的制造、销售专利产品，否则应承担相应的法律责任。

本案争议焦点在于被告有没有实施制造、销售、许诺销售被诉侵权产品的行为；

该被诉侵权产品是否落入原告专利权的保护范围；原告主张的损害赔偿金额是否合理。

一、被告有没有实施制造、销售、许诺销售被诉侵权产品的行为

被告认为，原告据以证实被告上述侵权行为的证据是公证书，而该等公证书因违反公证程序而应被撤销，故原告实际并无证据证明被告实施侵权行为。原审法院认为，《中华人民共和国公证法》第39条规定："当事人、公证事项的利害关系人认为公证书有错误的，可以向出具该公证书的公证机构提出复查。公证书的内容违法或者与事实不符的，公证机构应当撤销该公证书并予以公告，该公证书自始无效……"根据该规定，公证书被公证机构撤销的，自始无效。本案被告虽然申请撤销公证书，但公证机构至今并未撤销，故该等公证书仍属有效。《最高人民法院关于民事诉讼证据的若干规定》第9条规定，已为有效公证文书所证明的事实，当事人无需举证证明，当事人有相反证据足以推翻的除外。据此，有效公证书所证明的事实属于免证事实，原告无需再为此举证证明公证的内容属实，除非被告能提供足以推翻公证书所记录事实的反驳证据。本案中，被告提出的撤销理由是申请人为律师事务所，申请公证时未经原告授权的公证程序问题，无论该理由是否成立，均不代表公证处公证失实。关于公证处是否存在公证失实的问题，被告并未举证，甚至并未明确主张。综合上述情况，原审法院认定，被告的抗辩理由不能成立，其未经原告许可，实施了制造、销售以及许诺销售被诉侵权产品的行为。

二、该被诉侵权产品是否落入原告专利权的保护范围

被告主张，即便其实施了制造、销售、许诺销售被诉侵权产品的行为，该等行为也不是侵权行为，因为该产品并未落入专利权保护范围。为此，原审法院组织双方当事人进行了技术比对，双方确认2012年被诉侵权产品的技术特征与原告专利权利要求3和5的技术特征一致，故该产品已经全面覆盖了专利必要技术特征，落入了专利权的保护范围。尽管原告另主张2013年被诉侵权产品的技术特征亦相同，但经比对，缺少必要的技术特征，而原告也无证据证明该产品具备该特征，故对原告该节主张，原审法院不予确认。

被告进一步主张，其使用的是现有技术，理由是原告自己提供的专利权评价报告称权利要求1、2所述技术特征是现有技术，而专利说明书中称权利要求3中的附加技术特征也是常规技术，故权利要求3属于现有技术。同样，权利要求5的技术方案由权利要求2、4所述技术特征简单组合，也是现有技术。原审法院认为，被告提出现有技术抗辩，其依据是原告的专利本身是现有技术。诚然，原告提供的专利

权评价报告的初步结论认为原告专利权利要求 1 不具备新颖性，权利要求 2 不具备创造性，但是这只是初步结论，在缺乏现有技术方案的情况下，仅凭该初步结论不足以认定专利相应的技术特征属于现有技术。至于被告主张专利说明书中提到权利要求 3 所述技术特征是常规技术的问题，该段文字的表述是"本实用新型中所述条本体两端设有封头，同常规技术一样，所述封头上一体设有抵入凸起，而条本体端部设有供抵入凸起插入的安装孔"。从该段行文来看，条本体两端设封头的技术是常规技术，但在用逗号间隔后，并不能确认封头与条本体相互配合关系所涉具体技术特征是常规技术。更重要的是，《最高人民法院关于审理侵犯专利权纠纷案件应用法律若干问题的解释》第 14 条规定，"被诉落入专利权保护范围的全部技术特征，与一项现有技术方案中的相应技术特征相同或者无实质性差异的，人民法院应当认定被诉侵权人实施的技术属于《专利法》第 62 条规定的现有技术"。换句话说，被告主张现有技术抗辩，需要依据一份完整的技术方案，该技术方案应该包含被诉侵权产品被诉落入专利权保护范围的全部技术特征或其等同特征。本案中，专利权利要求 3 所述技术方案是以权利要求 1、2 和 3 所有技术特征共同构成的技术方案，这些特征在被诉侵权产品上均有体现，被告仅以一个具有参考价值的初步结论加上专利说明书来主张该技术方案为现有技术，并未提供一份完整的技术方案，故该抗辩尚缺乏事实依据。被告还主张权利要求 5 所记载的技术方案也是现有技术，该主张更是以权利要求 2、4 为现有技术且权利要求 5 为前述技术特征的简单组合来推论，该主张同样缺乏一份完整技术方案的支撑，更缺乏事实依据，故原审法院亦不予采信。

综上所述，被告的产品落入了原告专利权的保护范围。被告的现有技术抗辩不能成立，其未经授权实施专利技术方案的行为属于侵害专利权的行为。根据《中华人民共和国民法通则》第 118 条的规定，原告的专利权受到侵害，有权要求停止侵害、赔偿损失。

三、原告主张的损害赔偿金额是否合理

被告认为，即便其构成侵权，原告主张的损害赔偿金额也不尽合理，且相关费用也过高。原审法院认为，《中华人民共和国专利法》第 65 条规定，侵犯专利权的赔偿数额按照权利人因被侵权所受到的实际损失确定；实际损失难以确定的，可以按照侵权人因侵权所获得的利益确定。权利人的损失或者侵权人获得的利益难以确定的，参照该专利许可使用费的倍数合理确定。赔偿数额还应当包括权利人为制止侵权行为所支付的合理开支。权利人的损失、侵权人获得的利益和专利许可使用费均难以确定的，人民法院可以根据专利权的类型、侵权行为的性质和情节等因素，确定给予 1 万元以上 100 万元以下的赔偿。本案中，鉴于原告没有证据证明其实际损失或者被告获利的数额，故原审法院综合考虑专利权的类别、被告参加展会的规模、侵权期间、被诉侵权产品的销售价格、专利技术所对应部件在被诉侵权产品中所占比重、原告为维权所支出的合理费用等因素，酌情确定赔偿数额。

就原告主张维权合理开支部分而言，公证费部分，尽管并非以原告名义支出，但支出者确认系原告实际支出，故可以作为原告的合理支出，但 3301 号公证书涉及 9 个展台的证据保全，仅 1 个展台的保全与被告有关，故仅有关部分 556 元可予支持；3334 号公证费亦予支持；4797 号公证费因未能证明被告实施侵权行为，故不属于为制止侵权的开支，原审法院不予支持。相应地，2012 年购买被诉侵权产品的费用可以支持，但 2013 年购买费用不予支持。律师费采用计时收费方式，工作时间有明确记载，收费标准也在上海市律师收费的合理范围内，但考虑到购买被诉侵权产品并公证的计时费用应予扣除、原告实际支付的律师费数额以及双方确认的律师费高于实际支付金额等因素，原审法院对律师费酌情扣减。工商查询费用可予支持。

据此，依照《中华人民共和国民法通则》第 118 条、《中华人民共和国专利法》第 11 条第 1 款、第 65 条之规定，判决：（1）被告苏州市宏采展览展示器材有限公司立即停止侵害原告郑国栋享有的"广告展示后固定式挂画条"实用新型专利权（专利号为 ZL××××××××××××.7）；（2）被告苏州市宏采展览展示器材有限公司于判决生效之日起 10 日内赔偿原告郑国栋经济损失人民币 8 万元及合理费用人民币 3 万元；（3）驳回原告郑国栋的其余诉讼请求。本案一审案件受理费人民币 2703 元，由原告郑国栋负担 114 元，由被告苏州市宏采展览展示器材有限公司负担 2589 元。

判决后，苏州市宏采展览展示器材有限公司不服，向本院提起上诉，要求撤销原判，依法改判驳回郑国栋诉请或发回重审；本案一、二审诉讼费用由郑国栋负担。其主要上诉理由为：（1）原判无证据证明上诉人存在生产和许诺销售行为；（2）上诉人所销售的产品并未侵害被上诉人的实用新型专利，涉案专利权利要求 3、5 之技术特征为现有技术；（3）原审没有认定上诉人 2013 年的产品侵权，不应判令上诉人停止侵权；（4）原审判决赔偿费用没有事实依据。

被上诉人郑国栋答辩认为：（1）2012 年公证的展会行为和宣传册能够证明原判对上诉人存在生产和许诺销售行为的认定无误。上诉人也未能提供任何依据反驳上述证据。（2）通过专利比对，上诉人确认 2012 年涉案侵权产品落入涉案专利权利要求 3、5 的保护范围，侵犯了涉案专利权。（3）2013 年被诉侵权产品不构成侵权不等于原审判决错误。（4）原判认定的损失和合理费用正确合理。

二审中，双方当事人均未向本院提交新的证据。

经审理查明，原审法院查明的事实属实。

本院认为，被诉侵权技术方案包含与权利要求记载的全部技术特征相同或者等同的技术特征的，人民法院应当认定其落入专利权的保护范围。

上诉人认为，原判无证据证明上诉人存在生产和许诺销售行为。本院认为，根据3301号、3334号公证书，上诉人在"第二十届上海国际广告技术设备展览会"上展出、销售被诉侵权产品并散发了相关宣传资料，因此，原审法院认定上诉人实施了生产并许诺销售被诉侵权产品的行为，具有事实依据。

上诉人认为，其所销售的产品并未侵害被上诉人的实用新型专利权，涉案专利权利要求3、5之技术特征为现有技术。本院认为，涉案专利目前尚处在专利保护期内，在其专利的有效性未被否定的情况下，依法应予保护。根据一、二审庭审比对结果，双方当事人对3301号、3334号公证书保全的被诉侵权实物具备涉案专利权利要求3、5的技术特征，均无异议，故原判认定被诉侵权产品对涉案专利构成侵权，并无不当。至于上诉人主张涉案专利权利要求3、5之技术特征为现有技术的主张，因其在本案中未能提供一项完整的现有技术方案或者一项现有技术方案与简单常识的组合以供比对，故原判对其现有技术抗辩未予支持，亦无不当。

上诉人认为，原判没有认定上诉人2013年的产品侵权，不应判令上诉人停止侵权。本院认为，虽然4797号公证书所保全的实物并未被认定对涉案专利构成侵权，但由于3301号、3334号公证书所载明的上诉人之行为构成侵权，故原判依法责令上诉人停止该侵权行为，具有事实和法律依据。

上诉人认为，原判确定的赔偿费用没有事实依据。本院认为，本案中，被上诉人因被侵权所受损失以及上诉人因侵权所获得的利益均难以确定，也无合理的专利实施许可费可以参照，故原审法院依照上诉人侵权行为的性质和情节、侵权持续时间、规模、售价、专利技术所占产品比重等因素，酌情确定上诉人赔偿被上诉人经济损失8万元，并无不当。至于被上诉人因本案维权所支出的合理费用，原判已经对其判决理由进行了详尽的阐述，本院在此不再赘述。在上诉人无证据否定原判确定的经济损失和合理费用金额的情况下，本院对其主张原判确定的赔偿费用无事实依据的理由，不予支持。

综上所述，上诉人苏州市宏采展览展示器材有限公司的上诉请求应予驳回。依照《中华人民共和国民事诉讼法》第170条第1款第（1）项之规定，判决如下：

驳回上诉，维持原判。

本案二审案件受理费人民币 2500 元，由上诉人苏州市宏采展览展示器材有限公司负担。

本判决为终审判决。

2014 年 3 月 24 日

四、案件相关问题解析

（一）实用新型专利权的侵权判定

实用新型专利权保护的对象本质上是技术方案。判断被诉侵权技术方案是否落入实用新型专利权的保护范围，应当审查被诉侵权技术方案是否包括权利人所主张的权利要求所记载技术方案的全部技术特征。技术特征是指，在权利要求所限定的技术方案中，能够相对独立地执行一定的技术功能、并能产生相对独立的技术效果的最小技术单元或者单元组合。[①]

在对实用新型专利权进行侵权判定时，应当遵循"全面覆盖原则"。具体来说，应当以权利要求中记载的全部技术特征与被诉侵权技术方案所对应的全部技术特征逐一进行比较。被诉侵权技术方案包括与权利要求记载的全部技术特征相同或等同的技术特征的，应当认定落入专利权的保护范围；被诉侵权技术方案的技术特征与权利要求记载的全部技术特征相比，缺少权利要求记载的一个以上技术特征，或者有一个以上技术特征不相同也不等同的，应当认定没有落入专利权的保护范围。

（二）相同侵权与等同侵权

实用新型专利权的侵权分为相同侵权与等同侵权两种类型。相同侵权，是指被诉侵权技术方案包含了与权利要求记载的全部技术特征相同的对应技术特征。如果被诉侵权技术方案的相应技术特征是权利要求记载的技术特征的相应下位概念，依然仍被认定落入专利权的保护范围。

等同侵权，是指被诉侵权技术方案有一个或一个以上技术特征，与权利要求所

[①]《北京市高级人民法院专利侵权判定指南》第 5 条。

记载的相应技术特征，从字面上看并不相同，但以基本相同的手段，实现基本相同的功能，达到基本相同的效果，并且本领域普通技术人员（本领域普通技术人员是指一种假设的"人"，他知晓申请日之前该技术领域所有的普通技术知识，能够获知该领域中所有的现有技术，并且具有运用该申请日之前常规实验手段的能力。他不是指具体的某一个人或某一类人，不宜用文化程度、职称、级别等具体标准来参照套用。当事人对所属技术领域的普通技术人员是否知晓某项普通技术知识以及运用某种常规实验手段的能力有争议的，应当举证证明①）在被诉侵权行为发生时无需经过创造性劳动就能够联想到的，则应被认定为等同特征，依然落入专利权的保护范围。基本相同的手段，一般是指在被诉侵权行为发生日前专利所属技术领域惯常替换的技术特征以及工作原理基本相同的技术特征。申请日后出现的、工作原理与专利技术特征不同的技术特征，属于被诉侵权行为发生日所属技术领域普通技术人员容易想到的替换特征，可以认定为基本相同的手段。基本相同的功能，是指被诉侵权技术方案中的替换手段所起的作用与权利要求对应技术特征在专利技术方案中所起的作用基本上是相同的。基本相同的效果，一般是指被诉侵权技术方案中的替换手段所达到的效果与权利要求对应技术特征的技术效果无实质性差异。被诉侵权技术方案中的替换手段相对于权利要求对应技术特征在技术效果上不属于明显提高或者降低的，应当认为属于无实质性差异。无需经过创造性劳动就能够想到，即对所属技术领域的普通技术人员而言，被诉侵权技术方案中替换手段与权利要求对应技术特征相互替换是显而易见的。②等同侵权的常见表现有，产品部件位置的简单移动或简单替换，技术特征的分解或合并等。

需要注意的是，权利要求与被诉侵权技术方案存在多个等同特征的，如果该多个等同特征的叠加导致被诉侵权技术方案形成了与权利要求技术构思不同的技术方案，或者被诉侵权技术方案取得了预料不到的技术效果的，则一般不宜认定构成等同侵权。③

---

① 《北京市高级人民法院专利侵权判定指南》第10条。
② 《北京市高级人民法院专利侵权判定指南》第41～47条。
③ 《北京市高级人民法院专利侵权判定指南》第53条。

《最高人民法院关于审理侵犯专利权纠纷案件应用法律若干问题的解释（二）》①
第8条对等同特征认定做了进一步完善："与说明书及附图记载的实现前款所称功
能或者效果不可缺少的技术特征相比，被诉侵权技术方案的相应技术特征是以基本
相同的手段，实现相同的功能，达到相同的效果，且本领域普通技术人员在被诉侵
权行为发生时无需经过创造性劳动就能够联想到的，人民法院应当认定该相应技术
特征与功能性特征相同或者等同。"

（三）本案中被诉侵权产品是否落入原告专利权的保护范围

本案中原告权利要求为：

1. 一种广告展示后固定式挂画条，包括本体（1）和"工"字形卡头（2），其
特征在于所述"工"字形卡头（2）设于本体（1）的后部。

2. 根据权利要求1所述的广告展示后固定式挂画条，其特征在于"工"字形卡
头（2）通过螺钉固定在条本体（1）后部。

3. 根据权利要求2所述的广告展示后固定式挂画条，其特征在于其所述条本体
（1）两端设有封头（3），所述封头（3）上一体设有抵入凸起，而条本体（1）端
设有供抵入凸起插入的安装孔。

4. 根据权利要求1所述的广告展示后固定式挂画条，其特征在于所述"工"字
形卡头（2）上一体设有"T"形滑块（4），而所述条本体（1）后部横向开有与"T"
形滑块（4）相配合的"T"形滑槽（102）。

5. 根据权利要求4所述的广告展示后固定式挂画条，其特征在于所述条本体（1）
两端设有封头（3），所述封头（3）上一体设有"T"形连接凸起（302），所述"T"
形连接凸起（302）对应插入所述"T"形滑槽（102）的端口内，使得封头（3）固
定至条本体（1）上。

6. 根据权利要求3或5所述的广告展示后固定式挂画条，其特征在于所述条本
体（1）上开有供画轴嵌入的条开槽（101），而所述封头（3）上开有与条开槽（101）

---

①《最高人民法院关于审理侵犯专利权纠纷案件应用法律若干问题的解释（二）》在2016
年1月25日由最高人民法院审判委员会第1676次会议通过，自2016年4月1日起施行。该解
释在案件发生时还未生效，因此在本案例及后文案例的分析中并不适用该解释的相关规定，仅供
读者学习参考。

相连的封头开槽（301）。

7. 根据权利要求 3 或 5 所述的广告展示后固定式挂画条，其特征在于所述封头（3）的端面是斜面（F）。

本案中原告说明书附图如下所示。

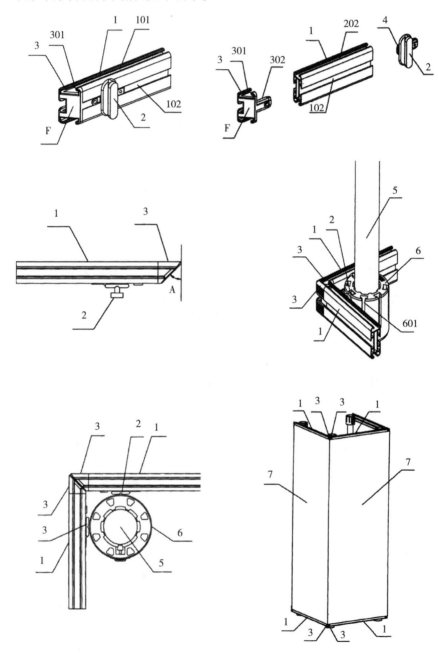

被告侵权产品主要照片如下（图 2-1 ~ 图 2-4）：

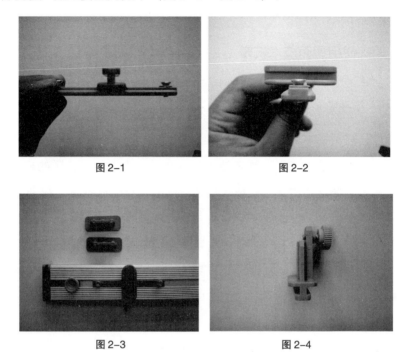

图 2-1　　　　　　　　　　　　图 2-2

图 2-3　　　　　　　　　　　　图 2-4

本案原告主张被诉侵权产品包括了原告专利要求 3 和 5 所记载的全部技术特征。首先，比对权利要求 3。由于权利要求 3 引用了权利要求 2，权利要求 2 引用了权利要求 1，应当将权利要求 1 ~ 3 结合起来比对。被告的产品为广告展示后固定式挂画条，后部有"工"字形卡头（图 2-1 ~ 图 2-3），且"工"字形卡头通过螺钉与挂画条进行连接（图 2-3），挂画条本体的两端有封头（图 2-3），且封头上存在抵入凸起（图 2-4），挂画条本体两端设有供封头插入的安装孔，与原告权利要求一致，落入被告专利的保护范围。

其次，对比权利要求 5。由于权利要求 5 引用了权利要求 4，权利要求 4 引用了权利要求 1，应当将权利要求 1、4、5 结合起来比对，被告的产品为广告展示后固定式一挂画条，后部有"工"字形卡头，且"工"字形卡头上设有"T"形滑块（图 2-2），挂画条本体后部有与"T"形滑块相配合的"T"形滑槽（图 2-3），本体两端有封头，且封头有供抵入的"T"形凸起（图 2-4），将该凸起插入本体与之相配合的"T"形滑槽（图 2-4），便可使封头固定在本体上。被告产品与原告权利要求一致，落入被告专利的保护范围。

五、案件启示及建议

（一）如何使用现有技术抗辩

本案中被告主张，其使用的是现有技术。首先，对于原告所主张的权利要求 3，由于其引用了权利要求 1 和 2，而原告专利权评价报告的初步结论认为权利要求 1 不具备新颖性，权利要求 2 不具备创造性，并且权利要求 3 中的附加技术特征也是常规技术，所以权利要求 3 属于现有技术。其次，对于原告所主张的权利要求 5，其技术方案是权利要求 2 和 4 所述技术特征的简单组合，同理由于权利要求 2 不具备创造性，所以权利要求 5 也是常规技术。

然而一审法院认为，专利权评价报告所作出的仅为初步结论，仅凭该初步结论不足以认定专利相应的技术特征属于现有技术。而依据《最高人民法院关于审理侵犯专利权纠纷案件应用法律若干问题的解释》第 14 条的规定，被诉落入专利权保护范围的全部技术特征，与一项现有技术方案中的相应技术特征相同或者无实质性差异的，人民法院应当认定被诉侵权人实施的技术属于《专利法》第 62 条规定的现有技术。也就是说，被告主张现有技术抗辩，需要依据一份完整的技术方案，该技术方案应该包含被诉侵权产品被诉落入专利权保护范围的全部技术特征或其等同特征。而本案中被告苏州市宏采展览展示器材有限公司并未提供一份完整的技术方案，仅以专利权评价报告的初步结论和专利说明书主张技术方案为现有技术，缺乏事实依据。

因此，对于被诉侵权一方，进行有效的现有技术抗辩，必须提供一份完整的现有技术方案，该技术方案包括原告所主张的专利权所包含的全部技术特征，或者提供一份完整的现有技术方案，该技术方案包括原告所主张的专利权所包含的部分技术特征，而其余部分的技术特征均为简单常识。

（二）原告现有权利要求的缺陷分析及建议

根据国家知识产权局对原告专利作出的实用新型专利权评价报告，其初步结论是权利要求 1～2、4 不符合授予专利权条件，权利要求 3、5～7 未发现存在不符合授予专利权条件的缺陷。

具体来说，权利要求 1、4 不具备《专利法》第 22 条第 2 款规定的新颖性。

权利要求 1 保护一种广告展示后固定式挂画条，其技术方案不具有新颖性。该权利要求的全部技术特征已被对比文件（KR10-0736439B1）公开，该权利要求的技术方案与对比文件公开的技术方案相同，属于相同的技术领域，能够解决相同的技术问题，产生相同的技术效果，因此该权利要求保护的技术方案不具备《专利法》第 22 条第 2 款规定的新颖性。

权利要求 4 引用权利要求 1，其技术方案不具有新颖性。对比文件公开了如下内容：所述"工"字形固定条（16）上一体设有"T"形支撑板（163）（相当于"T"形滑块），而所述条状主框架（12）后部横向开有与所述"T"形支撑板（163）滑动配合的"T"形凹槽（124a）（相当于"T"形滑槽）。由此可见，该权利要求的全部附加技术特征已被对比文件公开。因此，在其所引用的权利要求 1 不具有新颖性的情况下，该权利要求保护的技术方案也不具备《专利法》第 22 条第 2 款规定的新颖性。

权利要求 2 引用权利要求 1，其技术方案具有新颖性，但不具有创造性。对比文件中未公开权利要求 2 的附加技术特征——所述"工"字形卡头（2）通过螺钉固定在条本体（1）后部。但是权利要求 2 附加技术特征所限定的螺钉固定手段属于本领域的常规设计，因此在其所引用的权利要求 1 不具有新颖性的情况下，该权利要求保护的技术方案不具有《专利法》第 22 条第 3 款规定的创造性。

可以看出，原告专利的缺陷主要体现在权利要求 1 不具备新颖性，直接导致引用了权利要求 1 的权利要求 4 和权利要求 2 分别不具有新颖性和创造性。因此，专利发明人和撰写人员一定要认真对待权利要求 1，提高其质量。

（三）企业技术开发的重要性

实用新型专利较之于发明专利而言，较为简单，因此若企业在经营过程中发现某实用新型专利可供借鉴，则可以对其进行技术开发重新申请自己的专利，避免直接使用该专利，在避免侵权的基础上推动科技进步。必要时可以聘请专业技术开发人员进行创新开发，并在获得专业人员评估鉴定认为不侵犯他人专利后再进行生产。

第三章

如何代理侵犯外观设计专利权纠纷案及外观设计专利的侵权判定方法

主要原理：整体观察、综合判断

素材：泰克纳显示器有限公司与上海一胜百展示器材有限公司、温州一胜百展示器材有限公司外观设计专利权纠纷案

一、案情简介

2012 年 5 月 25 日，案外人在上海一胜百展示器材有限公司（以下简称上海一胜百）的淘宝网店购买可组装的展示架一套，并于同月 28 日收到邮寄的产品。同年 9 月 4 日，案外人在温州一胜百展示器材有限公司（以下简称温州一胜百）的淘宝网店购买可组装的展示架一套，并于同月 11 日收到邮寄的产品、上海一胜百开具的发票和收据各一张。公证员对上述购买过程进行了公证。英国泰克纳显示器有限公司（以下简称泰克纳）认为上海一胜百、温州一胜百所生产、销售的展示架中的连接组件侵犯了其享有的名称为"连接器（标志牌载体用）"的外观设计专利权。2012 年 9 月泰克纳起诉上海一胜百、温州一胜百至上海市第一中级人民法院（以下简称一审法院），请求判令两被告停止生产、销售、许诺销售被诉侵权产品，销毁生产被诉侵权产品的设备以及被诉侵权成品、半成品，两被告在《文汇报》上发表道歉声明，消除侵权影响，连带赔偿原告经济损失人民币 15 万元，并承担原告为制止侵权行为而支出的合理费用 3 万元。

一审法院于 2012 年 10 月 9 日受理后依法组成了合议庭，于 2013 年 7 月 4 日公开开庭进行了审理，并于 2013 年 7 月 9 日判决两被告自判决生效之日起立即停止侵犯原告的名称为"连接器（标志牌载体用）"的外观设计专利权，两被告自判决生效之日起 10 日内连带赔偿原告经济损失人民币 5 万元及合理费用 3 万元，驳回原告的其余诉讼请求。

上海一胜百不服一审判决向上海市高级人民法院（以下简称二审法院）提起上诉。其后，上海一胜百又于 2013 年 9 月 3 日就本案专利向国家知识产权局专利复审委员会提交了专利权无效宣告请求书。二审法院于 2013 年 11 月 14 日公开开庭进行了审理，原审被告温州一胜百经传唤无正当理由未到庭，二审法院依法进行了缺席审理。同年 11 月 21 日，二审法院作出终审判决，判令驳回上诉，维持原判。

本案将以全过程展示的形式向读者展示如何代理侵犯外观设计专利权纠纷案件及外观设计专利的侵权判定方法。

二、法学原理及分析

《中华人民共和国专利法》

第十一条　外观设计专利权被授予后，任何单位或者个人未经专利权人许可，都不得实施其专利，即不得为生产经营目的制造、许诺销售、销售、进口其外观设计专利产品。

第五十九条　外观设计专利权的保护范围以表示在图片或者照片中的该产品的外观设计为准，简要说明可以用于解释图片或者照片所表示的该产品的外观设计。

外观设计专利权是一项独占性的权利，具有排他性，本质上是专利权人的私权和绝对权，任何单位或个人未经专利权人许可又无法律依据而擅自实施的，均构成对外观设计专利权的侵犯。外观设计专利权的具体受保护时间自"被授予"之时开始。

与发明专利、实用新型专利主要以权利要求确定专利保护范围不同，外观设计专利权的保护范围以表示在图片或者照片中的该产品的外观设计为准，因此在侵犯外观设计专利权纠纷案件中，权利人主张的权利应当以外观设计专利权证书所记载的外观设计为准。通常情况下，外观设计专利权证书会从主视图、俯视图、后视图、仰视图、左视图、右视图、立体图详细记载该外观设计的具体样式。

《最高人民法院关于审理侵犯专利权纠纷案件应用法律若干问题的解释》

第八条　在与外观设计专利产品相同或者相近种类产品上，采用与授权外观设计相同或者近似的外观设计的，人民法院应当认定被诉侵权设计落入专利法第五十九条第二款规定的外观设计专利权的保护范围。

第九条　人民法院应当根据外观设计产品的用途，认定产品种类是否相同或者相近。确定产品的用途，可以参考外观设计的简要说明、国际外观设计分类表、产品的功能以及产品销售、实际使用的情况等因素。

第十条　人民法院应当以外观设计专利产品的一般消费者的知识水平和认知能力，判断外观设计是否相同或者近似。

第十一条　人民法院认定外观设计是否相同或者近似时，应当根据授权外观设计、被诉侵权设计的设计特征，以外观设计的整体视觉效果进行综合判断；对于主要由技术功能决定的设计特征以及对整体视觉效果不产生影响的产品的材料、内部结构等特征，应当不予考虑。

下列情形，通常对外观设计的整体视觉效果更具有影响：

（一）产品正常使用时容易被直接观察到的部位相对于其他部位；

（二）授权外观设计区别于现有设计的设计特征相对于授权外观设计的其他设计特征。

被诉侵权设计与授权外观设计在整体视觉效果上无差异的，人民法院应当认定两者相同；在整体视觉效果上无实质性差异的，应当认定两者近似。

第十二条　将侵犯外观设计专利权的产品作为零部件，制造另一产品并销售的，人民法院应当认定属于专利法第十一条规定的销售行为，但侵犯外观设计专利权的产品在该另一产品中仅具有技术功能的除外。

认定是否侵犯外观设计专利，需要从两个方面进行判断，首先，侵权产品是否与外观设计专利产品属于相同或相近似种类产品；其次，侵权产品与授权外观设计是否相同或者近似。其中判断侵权产品与授权外观设计是否相同或者近似常常是案件的主要争议焦点。《最高人民法院关于审理侵犯专利权纠纷案件应用法律若干问题的解释》确立了判断外观设计相同或近似的标准即以外观设计专利产品的一般消费者的知识水平和认知能力为标准，以外观设计的整体视觉效果进行综合判断。

《最高人民法院关于审理侵犯专利权纠纷案件应用法律若干问题的解释（二）》

第十四条　人民法院在认定一般消费者对于外观设计所具有的知识水平和认知能力时，一般应当考虑被诉侵权行为发生时授权外观设计所属相同或者相近种类产品的设计空间。设计空间较大的，人民法院可以认定一般消费者通常不容易注意到不同设计之间的较小区别；设计空间较小的，人民法院可以认定一般消费者通常更容易注意到不同设计之间的较小区别。

第十五条　对于成套产品的外观设计专利，被诉侵权设计与其一项外观设计相同或者近似的，人民法院应当认定被诉侵权设计落入专利权的保护范围。

第十六条　对于组装关系唯一的组件产品的外观设计专利，被诉侵权设计与其组合状态下的外观设计相同或者近似的，人民法院应当认定被诉侵权设计落入专利权的保护范围。

对于各构件之间无组装关系或者组装关系不唯一的组件产品的外观设计专利，被诉侵权设计与其全部单个构件的外观设计均相同或者近似的，人民法院应当认定被诉侵权设计落入专利权的保护范围；被诉侵权设计缺少其单个构件的外观设计或者与之不相同也不近似的，人民法院应当认定被诉侵权设计未落入专利权的保护范围。

上述司法解释对相关设计是否落入外观设计专利权保护范围作出了相关解释：

（1）被诉侵权设计与成套产品的外观设计专利中一项外观设计相同或近似即落入保护范围；（2）组装关系唯一的组件产品的外观设计，只要被诉侵权设计与组合状态下的外观设计相同或近似即落入保护范围；（3）无组装关系或组装关系不唯一的外观设计，只有被诉侵权设计与全部单个构件的外观设计都相同或近似，才落入保护范围，否则未落入保护范围。

此外，在一般消费者对外观设计所具知识水平及认知能力的认定上，设计空间大的，不同设计的辨别能力弱；设计空间小的，不同设计的辨别能力强。

三、案件全过程介绍

案由

案由：侵害外观设计专利权纠纷

案号

一审案号：（2012）沪一中民五（知）初字第 197 号

二审案号：（2013）沪高民三（知）终字第 97 号

案件当事人

一审原告、二审被上诉人：泰克纳显示器有限公司（TECNA DISPLAY LTMITED）

一审被告、二审上诉人：上海一胜百展示器材有限公司

一审被告：温州一胜百展示器材有限公司

案件法律文书

1. 一审阶段

（1）原告起诉材料

1）民事起诉书 ①

民事起诉书

原告：TECNA DISPLAY LTMITED（中文译名"泰科纳显示器有限公司"或"泰克纳显示器有限公司"）

---

① 此部分内容来源于案卷材料。

被告一：上海一胜百展示器材有限公司

被告二：温州一胜百展示器材有限公司

诉讼请求：

（1）判令被告一、被告二停止对名称为"连接器（标志牌载体用）"专利号为 ZL200730006801.X 的外观设计专利权的侵权行为，即停止生产、销售、许诺销售侵犯原告外观设计专利权的侵权产品（以下简称侵权产品），销毁生产侵权产品的相关设备，并将已经生产的全部侵权产品（包括成品、半成品）予以销毁；

（2）判令被告一、被告二在《文汇报》上发表公开道歉声明，消除其侵权影响，并承担相关费用；

（3）判令被告一、被告二赔偿原告经济损失人民币 15 万元，并承担原告为制止被告侵权行为而支出的合理费用 3 万元；

（4）判令被告一、被告二共同承担本案全部诉讼费用和保全费用。

事实与理由：

原告于 2008 年 2 月 13 日获得名称为"连接器（标志牌载体用）"、专利号为 ZL200730006801.X 的外观设计的专利权，且该专利权至今处于有效状态。

2012 年 5 月 25 日，案外人在被告一的淘宝网店购买了价值 318 元的侵权产品。经公证员公证，案外人于 2012 年 5 月 28 日收到被告一邮寄的上述侵权产品。上述事实有（2012）沪普证经字第 3043 号公证书为证。

2012 年 9 月 4 日，案外人在被告二的淘宝网店购买了价值 760 元的侵权产品，被告二通过申通 E 物流发货，快递单号为 568018901244，2012 年 9 月 11 日，案外人收到上述快递包裹，包裹中除案外人购买的侵权产品外，还附有被告一开具的发票和收据各一张。因此被告一、被告二共同侵犯了原告的专利权。上述事实有（2012）沪长证字第 4472 号公证书为证。

根据《中华人民共和国专利法》第 11 条第 2 款之规定，被告一、被告二未经专利权人的原告许可，为生产经营目的制造、销售、许诺销售与原告外观设计专利产品相同产品的行为侵犯了原告的外观设计专利权。根据《中华人民共和国民法通则》第 118 条、第 134 条，《中华人民共和国专利法》第 65 条及其他相关法律规定，被告一、被告二应共同承担停止侵害、消除影响、赔偿损失等民事责任，因此恳请贵院支持原告的诉请。

此致

上海市第一中级人民法院

具状人：泰克纳显示器有限公司

日期：××××年××月××日

2）证据目录①

证据目录

证据提交人：泰克纳显示器有限公司（以下简称原告）

序号	证据名称	来源	证明对象和内容	页数
1	外观设计专利权证书（专利号为ZL200730006801.X）及其年费发票、专利登记副本	国家知识产权局	原告为前述专利的权利人，且该专利有效	6
2	（2012）沪普证经字第3043号公证书	上海市普陀公证处	证明被告一实施了侵权行为	15
3	淘宝网订单详情	原告	证明被告二通过申通E物流发货，快递单号为568018901244	1
4	（2012）沪长证字第4472号公证书	上海市长宁公证处	证明被告一、被告二共同实施了侵权行为	43
5	上海市公证费统一发票	上海××律师事务所	原告维权支出公证费1600元	1

注：所有证据均为复印件。

3）代理意见②

代理词

尊敬的审判长、审判员：

上海××律师事务所接受本案原告 TECNA DISPLAY LTMITED（中文译名"泰科纳显示器有限公司"或"泰克纳显示器有限公司"）（以下简称原告）的委托，指派赵××律师担任原告与上海一胜百展示器材有限公司（以下简称被告上海一胜

---

① ② 此部分内容来源于案卷材料。

百）、温州一胜百展示器材有限公司（以下简称被告温州一胜百）侵害外观设计专
利权纠纷一案的诉讼代理人，案号为（2012）沪一中民五（知）初字第197号。接
受委托后，原告代理人阅览了原、被告双方提交的证据材料且进行了必要的调查，
并参加了2013年7月4日的庭审。现根据2013年7月4日的庭审情况，发表如下
代理意见：

（1）原告于2008年2月13日获得名称为"连接器（标志牌载体用）"、专
利号为ZL200730006801.X的外观设计专利处于合法有效状态。

原告代理人于2013年6月17日从国家知识产权局获得的专利登记簿副本证明，
该外观设计专利权合法有效，且年费已缴纳至2014年2月27日。

（2）案外人在被告温州一胜百的淘宝网店下单购买的涉案产品，由被告上海
一胜百发货及开具相应的发票，两被告构成共同侵权。

根据证据第38页证明，案外人聂××是在被告温州一胜百的淘宝网店下单购
买的侵权产品，该侵权产品由被告上海一胜百通过申通E物流快递发货，该快递包
裹中除侵权产品外，还附有被告上海一胜百开具的发票和收据。因此两被告系共同
实施了侵权行为。

（3）两被告生产销售的连接器的外观设计与原告连接器的外观设计相同，该
行为构成侵权。

根据《最高人民法院关于审理侵犯专利权纠纷案件应用法律若干问题的解释》第
11条，人民法院认定外观设计是否相同或者近似时，应当根据授权外观设计、被诉
侵权设计的设计特征，以外观设计的整体视觉效果进行综合判断；对于主要由技术
功能决定的设计特征以及对整体视觉效果不产生影响的产品材料、内部结构等特征，
应当不予考虑。下列情形，通常对外观设计的整体视觉效果更具有影响：（1）产
品正常使用时容易被直接观察到的部位相对于其他部位；（2）授权外观设计区别
于现有设计的设计特征相对于授权外观设计的其他设计特征。被诉侵权设计与授权
外观设计在整体视觉效果上无差异的，人民法院应当认定两者相同；在整体视觉效
果上无实质性差异的，应当认定两者近似。

涉案产品与原告外观设计对应的产品用途相同，均为连接器，用于展览、展示以
及陈列架体的连接安装结构件，因此侵权产品与原告外观设计产品种类相同。

外观设计专利附图：

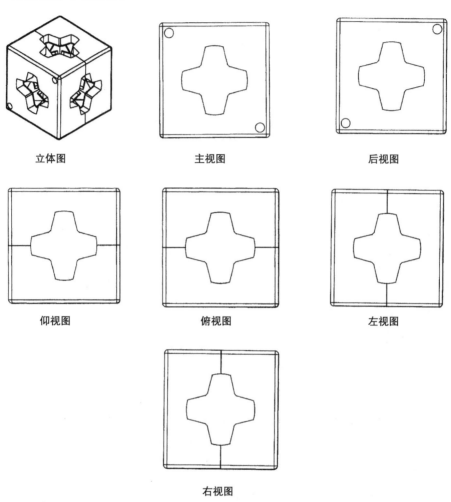

通过将原告外观设计专利与涉案产品进行比对，被诉侵权产品的外观设计与原告连接器的外观设计整体视觉效果基本一致，无实质性差异。具体表现在以下几个方面：

侵权产品图样：

第一，从整体外观看，两者均呈现为中心镂空的立方体，由六面带类似十字形凹槽的正方形组成。

第二，从主视角观察，两者均为带十字形凹槽的正方形，上下对称，左右对称。唯一有细微差别的是被告生产销售的连接器产品主视图平面4个角上各有1个小圆孔，原告生产销售的连接器产品主视图平面仅是对角各有1个小圆孔。

第三，从俯、仰视角观察，两者均为带十字形凹槽的正方形，并在正方形中间的十字形凹槽左右两边各有一短横线连至边长，上下对称，左右对称。

第四，从左、右视角观察，两者均为带十字形凹槽的正方形，并在正方形中间的十字形凹槽上下两边各有一短竖线连至边长，上下对称，左右对称。

原告外观设计专利对应的产品与被诉侵权产品均是由前后两个对称模块拼接而成，只不过原告外观设计专利对应的产品是分别在正、后两面斜对角上用两个螺丝予以固定，而被诉侵权产品是在正面4个角上用4个螺丝予以固定。因此在主视图上呈现出了细微差别，但是以一般消费者的注意程度不会注意到这些外观设计的细微差别，这些细微差别也不足以构成两者在整体视觉效果上的实质性差异。所以两被告生产销售的连接器的外观设计与原告的连接器的外观设计专利整体视觉效果无实质性差异，两者构成近似，被诉侵权产品落入了涉案外观设计专利权的保护范围。

根据《中华人民共和国专利法》第11条、第60条之规定，两被告为生产经营目的实施了原告外观设计专利产品，即制造、许诺销售、销售了原告外观设计专利产品，该行为侵犯了原告的外观设计专利权。

（4）被告上海一胜百虽提供了其生产销售连接器产品的外观设计专利权证书，但因其外观设计与原告的外观设计相同，且实施在后，仍构成侵权。

北京市高级人民法院关于《专利侵权判定若干问题的意见（试行）》的通知（京高法发〔2001〕229号）第68条规定，在原告和被告均获得并实施了外观设计专利权的情况下，如果两个外观设计构成相同或近似，则可以认定实施在后获得的外观设计专利权的行为，侵犯了在先获得的外观设计专利权。

被告上海一胜百提供了连接器（十字形）的外观设计专利权证书，从外观设计专利权证书上的7个视图来看，并无实质性差异。而且其取得授权时间为2011年3月9日，原告连接器的外观设计专利的取得授权时间为2008年2月13日。因此被告上海一胜百实施在后获得外观设计专利权的行为，仍然侵犯了原告在先获得的外观设计专利权。

（5）被告上海一胜百提供的连接器（菱形、球形）的外观设计专利证书和锁紧件的实用新型专利证书与本案无关，并不影响其生产销售的产品侵犯原告的外观设计专利权。

（6）两被告侵权故意明显，持续时间长，情节恶劣，影响重大，给原告造成了巨大的经济损失，应当依法承担赔偿责任。

根据（2011）沪一中民五（知）初字第223号案中的证据上海市东方公证处（2011）沪东证经字第10964号公证书证明，2011年10月14日，被告上海一胜百向案外人销售价值2740元的侵权产品。

根据证据（2012）沪普证经字第3043号公证书证明，2012年5月28日，两被告共同向案外人销售价值318元的侵权产品。

根据证据（2012）沪长证字第4472号公证书证明，2012年9月11日，两被告共同向案外人销售价值760元的侵权产品。

证据第19页证明两被告自2009年即开始实施侵权行为，其自行宣传参加2009年深圳展会、2010年上海展会、2011年广州展会，两被告的侵权行为给原告造成了巨大的经济损失，应当依法承担赔偿责任。

基于上述事实和理由，恳请审判长、审判员支持原告的诉请。

上海××律师事务所

日期：××××年××月××日

（2）被告答辩材料①

1）被告提交的证据

两被告提交的证据包括：连接器模具图纸、设计图纸，展架模具图纸，连接器及展架照片，另3份外观设计专利证书，一份实用新型专利证书及相关专利收费收据。

2）被告代理意见

两被告共同辩称：第一，被告上海一胜百拥有名称为"连接器（十字形）"（专利号ZL201030277373.6）的外观设计专利，故两被告系依照该专利生产、销售、许诺销售被诉侵权产品，未侵害原告享有的专利权；第二，被告上海一胜百认为其仅实施了销售行为，被告温州一胜百认为其仅实施了制造行为；第三，由于被诉侵权产品连接器系展架的零部件，仅具有连接功能，销售过程中亦是与连接杆一同销售，

---

① 此部分内容系作者根据案卷材料整理。

不存在单独销售的情况，故根据相关司法解释的规定，被诉侵权产品作为零部件制造另一产品并销售，在另一产品中仅具有技术功能，不属于《中华人民共和国专利法》第 11 条规定的销售行为。

（3）一审民事判决书

上海市第一中级人民法院民事判决书

（2012）沪一中民五（知）初字第 197 号

原告：泰克纳显示器有限公司（TECNA DISPLAY LTMITED）

被告：上海一胜百展示器材有限公司

被告：温州一胜百展示器材有限公司

原告泰克纳显示器有限公司诉被告上海一胜百展示器材有限公司（以下简称上海一胜百）、温州一胜百展示器材有限公司（以下简称温州一胜百）侵害外观设计专利权纠纷一案，本院于 2012 年 10 月 9 日受理后，依法组成合议庭。本院于 2013 年 1 月 9 日裁定中止审理，于同年 7 月 4 日恢复审理并公开开庭进行了审理，原告的委托代理人赵××、两被告共同委托代理人韦××均到庭参加了诉讼。本案现已审理终结。

原告诉称：其于 2008 年 2 月 13 日获得名称为"连接器（标志牌载体用）"的外观设计专利权（专利号为 ZL200730006801.X），至今处于有效状态。2012 年 5 月 25 日，案外人从被告上海一胜百处购买了被诉侵权产品，并经公证于同年 5 月 28 日收到上述侵权产品。2012 年 9 月 4 日，案外人通过公证购买，从被告温州一胜百的淘宝网店购买了被诉侵权产品，并于同年 9 月 11 日收到上述购买的侵权产品。原告认为，两被告未经其许可，为生产经营目的制造、销售、许诺销售与原告外观设计专利相同的产品的行为侵犯了原告享有的外观设计专利权。据此，原告诉至本院，请求判令：（1）两被告停止对名称为"连接器（标志牌载体用）"专利号为 ZL200730006801.X 的外观设计专利权的侵权行为，即停止生产、销售、许诺销售侵犯原告外观设计专利权的侵权产品，销毁生产侵权产品的相关设备，并将已经生产的全部侵权产品（包括成品、半成品）予以销毁；（2）两被告在《文汇报》上发表公开道歉声明，消除其侵权影响，并承担相关费用；（3）两被告连带赔偿原告经济损失人民币 15 万元（以下币种相同），并承担原告为制止侵权行为而支出的合理费用 3 万元。

两被告共同辩称：其未侵犯原告的专利权，使用的系自己的外观设计专利，无需承担侵权责任，且被告上海一胜百仅实施了销售行为，被告温州一胜百仅实施了生产行为。

经审理查明：原告于2007年2月28日向国家知识产权局就名称为"连接器（标志牌载体用）"的外观设计申请专利，并于2008年2月13日被授予专利权，专利号为ZL200730006801.X，优先权日为2006年11月24日。原告按期缴纳专利年费，目前该专利仍在保护期内。

2012年5月28日，申请人梁××与上海市普陀公证处公证员前往上海市军工路1300号，进入外墙悬挂有"申通快递五角场服务站"字样标牌的办公区域，领取收件人为"梁××"的包裹。随后，梁××在公证处将包裹拆封，查验全部附随物品（包括带有"一胜百展示器材"字样的印刷品一份、展示架零部件若干，"上海增值税普通发票"一张），并予以封存。公证员对上述过程进行现场拍摄，并对封存后的包裹加贴公证处标贴。上海市普陀公证处对此出具了（2012）沪普证经字第3043号公证书。

经当庭对上述公证所得包裹进行拆封查验，该包裹表面所贴"申通快递详情单"记载：寄件人姓名为李小姐，单位名称为一胜百，寄件地址为松江区中德路225号。包裹内有长、短连接杆若干，底座卡件若干，被诉侵权产品连接器8个，产品宣传册一份，"上海增值税普通发票"一张。其中，宣传册首页下方记载：一胜百展示器材有限公司，温州（电话、网址），上海（电话、邮箱）等信息；内页展示有被诉侵权产品图样、使用效果图及相关案例等。"上海增值税普通发票"记载：价税合计为318元，销货单位名称为上海一胜百展示器材有限公司，地址为松江科技园区中德路225号，电话为57858508，并加盖上海一胜百展示器材有限公司发票专用章。

2012年9月4日，申请人的委托代理人向上海市长宁公证处申请证据保全公证。在公证员的现场监督下，申请人的委托代理人在公证处计算机上进行操作。进入"工业和信息化部"官网，查询被告温州一胜百网站首页网址为www.assab.cn；进入该网址，选择"电子商务"项下"淘宝网店"项下"温州"进入"一胜百展示器材"淘宝店铺，选择"店铺介绍"，显示：温州一胜百展示器材有限公司是致力于展览展示器材开发、设计、生产和安装的专业厂家，公司拥有雄厚的技术力量和产品开发能力，先进的生产设备，等等；以"joanne67"用户名登录后返回淘宝店铺首页，单击"方正系列""方正系列组合应对展会空间搭建，室内外广告展示器材《厂家直销》一口价 760.00 元"的图文链接，显示：配件明细为连接件 12 个，725mm 直杆 20 根，单价为 760.00 元；点击所售物品图片，显示被诉侵权产品图样等；返回购物页面，单击"立即购买"，提交订单，完成付款，显示申请人的委托代理人以 760 元的价格购买包含被诉侵权产品在内的"方正系列组合应对展会空间搭建，室内外广告展示器材《厂家直销》"一套，收货地址为上海市长宁区长宁路 1055 号 7 楼。2012 年 9 月 11 日，在上海市长宁公证处公证员的现场监督下，申请人的委托代理人在该公证处（上海市长宁路 1055 号 7 楼）收取了通过申通快递送达的邮包，并当场对邮包内物品进行拍照后，公证员将邮包密封并加贴公证处封签条予以固定。上海市长宁公证处对上述购买、收货过程出具了（2012）沪长证字第 4472 号公证书。

经当庭对上述公证所得邮包拆封查验，该邮包表面所贴"申通快递详情单"记载：寄件人姓名为佟长明，单位名称为上海一胜百展示器材有限公司，寄件地址为松江区中德路 225 号，内件品名为连接件 12 个，725mm 直杆 20 根。邮包内有被诉侵权产品连接器 13 个，直杆若干以及"上海增值税普通发票"一张。其中，"上海增值税普通发票"记载：价税合计 760 元，销货单位名称为上海一胜百展示器材有限公司，地址为松江科技园区中德路 225 号，电话为 57858508，并加盖上海一胜百展示器材有限公司发票专用章。

本法院组织原、被告对前述两次购买所得被诉侵权产品的外观设计与涉案专利的各视图进行了当庭比对。两者均为中心镂空的立方体，由六面带类似十字形凹槽的正方形组成。两者的区别在于：原告专利主视图、后视图中正方形的左下角及右上角有两个小螺丝孔，而被诉侵权产品相应面四角上均有小螺丝孔。原、被告均当庭陈述，上述螺丝孔系物理连接所需。

另查明，被告上海一胜百成立于 2003 年 6 月 5 日，注册资本 580 万元，经营范围包括展览展示器材、发光标志牌、户外帐篷、家具、人体模型、灯具、铝合金制品、塑料制品生产销售；金属材料、建材、化工原料及产品（除危险化学品、监控化学品、烟花爆竹、民用爆炸物品、易制毒化学品）、电工材料的批发及零售；展台搭建服务；设计、制作各类广告；自有房屋租赁。

2010 年 8 月 18 日，被告上海一胜百向国家知识产权局就名称为"连接器（十字形）"的外观设计申请专利，并于 2011 年 3 月 9 日被授予专利权，专利号为 ZL201030277373.6。

被告温州一胜百成立于 2001 年 3 月 24 日，注册资本 60 万元，经营范围包括展示器材、灯具、信号器具、服装、箱包、五金制品的制造、销售。

再查明，本案中原告支付购买费 1078 元，公证费 3300 元，翻译费 320 元，律师费 25 580 元，共计 30 278 元。

以上事实，有原告提供的《外观设计专利证书》《专利登记簿副本》、（2012）沪普证经字第 3043 号公证书、（2012）沪长证字第 4472 号公证书、公证费、翻译费、律师费发票、被诉侵权产品实物以及被告提供的《外观设计专利证书》等证据，并经庭审质证，予以证实。

原告提交的淘宝网订单详情，因系网页打印件，且两被告对其真实性提出异议，本院不予采信。两被告提交的连接器模具图纸、设计图纸、展架模具图纸，因系打印件，且原告对其真实性提出异议，本院不予采信；两被告提交的连接器及展架照片、另 3 份外观设计专利证书、一份实用新型专利证书及相关专利收费收据，因与本案不具有关联性，本院不予采信。

本院认为，原告系名称为"连接器（标志牌载体用）"（专利号为ZL200730006801.X）的外观设计专利权人，根据《专利法》第 11 条第 2 款之规定，任何单位或者个人未经专利权人许可，都不得实施其专利，即不得为生产经营目的制造、许诺销售、销售、进口其外观设计专利产品，否则应当承担相应的法律责任。

本案的争议焦点在于：（1）两被告按照自己拥有的外观设计专利制造、销售、许诺销售被诉侵权产品是否不构成侵权；（2）被诉侵权产品的外观设计与原告的专利设计是否近似；（3）两被告是否未经许可，擅自实施了制造、销售、许诺销售被诉侵权产品的行为；（4）原告主张的赔偿数额是否应当予以支持。

一、两被告按照自己拥有的外观设计专利制造、销售、许诺销售被诉侵权产品是否不构成侵权

两被告主张，上海一胜百拥有名称为"连接器（十字形）"（专利号为ZL201030277373.6）的外观设计专利，故两被告系依照该专利制造、销售、许诺销售被诉侵权产品，未侵害原告享有的专利权。

本院认为，最高人民法院曾经在《关于在专利侵权诉讼中当事人均拥有专利权应如何处理问题的批复》中明确指出：人民法院在审理专利侵权纠纷案件时，根据《专利法》规定的先申请原则，只要原告先于被告提出专利申请，就应当依据原告的专利权保护范围，审查被告产品的技术特征是否完全覆盖原告的专利保护范围，不应当仅以被告拥有专利权为由，不进行是否构成专利侵权的分析判断即驳回原告

的诉讼请求，应当分析被告拥有专利权的具体情况以及与原告专利权的关系，从而判定是否构成侵权。因此，只要原告先于被告提出专利申请，就应当依据原告的专利权保护范围，审查被诉侵权产品是否落入原告的专利保护范围。由于原告申请"连接器（标志牌载体用）"外观设计专利权及其获得授权的时间均早于被告上海一胜百申请"连接器（十字形）"外观设计专利权的时间，且原告外观设计专利目前仍为有效专利，故根据前述批复的规定，本院仍需对两被告制造、销售、许诺销售的连接器的技术特征是否落入原告"连接器（标志牌载体用）"外观设计专利权的保护范围进行判断，这一点不因被告就相同产品申请过另一专利权而有所影响。

二、被诉侵权产品的外观设计与原告的专利设计是否近似

被诉侵权产品为正方体连接器，其六面正方形中间均有一个十字形镂空。将该连接器与原告专利设计比对，两者在主视图、后视图、左视图、右视图、俯视图、仰视图以及立体图上基本一致。存在的差异仅是主视图、后视图及立体图上显示的螺丝孔数量不一致，即原告专利设计的主视图、后视图及立体图上正方形的左下角及右上角各有一个螺丝孔，而被诉侵权产品的相关视图上正方形的四角均各有一个螺丝孔。本院认为，根据原、被告的当庭陈述，上述螺丝孔系物理连接所需，故螺丝孔的存在属于技术功能的设计特征，根据《最高人民法院关于审理侵犯专利权纠纷案件应用法律若干问题的解释》第 11 条第 1 款的规定，"人民法院认定外观设计是否相同或者近似时，应当根据授权外观设计、被诉侵权设计的设计特征，以外观设计的整体视觉效果进行综合判断；对于主要由技术功能决定的设计特征以及对整体视觉效果不产生影响的产品的材料、内部结构等特征，应当不予考虑"。因此，本案中，在判断被诉侵权产品的设计与授权外观设计是否相同或者近似时，对螺丝孔的数量不应予以考虑，且该螺丝孔数量的区别属于细微差别，对连接器产品的整体视觉效果没有影响。综上所述，根据《最高人民法院关于审理侵犯专利权纠纷案件应用法律若干问题的解释》第 11 条第 3 款的规定，被诉侵权产品的设计与原告的授权外观设计在整体视觉效果上无实质性差异，应当认定两者近似，故制造、销售、许诺销售该产品即属于对原告外观设计专利的实施。

三、两被告是否未经许可，擅自实施了制造、销售、许诺销售被诉侵权产品的行为

原告主张两被告均实施了制造、销售、许诺销售被诉侵权产品的行为。被告上海一胜百认为其仅实施了销售行为，被告温州一胜百认为其仅实施了制造行为。本

院认为，根据（2012）沪长证字第 4472 号公证书的记载，被告温州一胜百在其淘宝网店的店铺介绍中称其是"展览展示器材开发、设计、生产和安装的专业厂家"，且其在该淘宝店铺对外销售被诉侵权产品。尽管被告温州一胜百接受买家付款后，最终向买家发货并出具发票的系被告上海一胜百，但两被告分别实施了接受付款、对外发货、出具发票的行为，上述行为均属于销售过程中的不同环节，案外人亦系通过温州一胜百网店购买、付款并获得被诉侵权产品的，故可以认定被告温州一胜百与上海一胜百共同实施了销售被诉侵权产品的行为。

两被告还认为，由于被诉侵权产品连接器系展架的零部件，仅具有连接功能，销售过程中亦是与连接杆一同销售，不存在单独销售的情况，故根据相关司法解释的规定，被诉侵权产品作为零部件制造另一产品并销售，在另一产品中仅具有技术功能，不属于《专利法》第 11 条规定的销售行为。

本院认为，《最高人民法院关于审理侵犯专利权纠纷案件应用法律若干问题的解释》第 12 条第 2 款关于零部件专利侵权的规定，其适用的情形是将侵犯外观设计专利权的产品作为零部件制造另一产品并销售，而本案中被诉侵权产品连接器虽然是展架的一部分，但该产品并非展架产品上的零部件，而是展架的一个必不可少的组件，与直杆等其他组件一并销售给客户，并由客户自行组装，故该司法解释的前述规定并不适用于本案的情形。两被告据此主张销售被诉侵权产品的行为不属于《专利法》第 11 条规定的销售行为，于法无据，本院不予支持。

此外，根据（2012）沪普证经字第 3043 号公证书的记载，由被告上海一胜百发货的被诉侵权产品包裹中所附的产品宣传册上展示有被诉侵权产品图样等信息；根据（2012）沪长证字第 4472 号公证书的记载，被告温州一胜百在淘宝网店中亦展示有被诉侵权产品图样。根据《最高人民法院关于审理专利纠纷案件适用法律问题的若干规定》第 24 条的规定，被告上海一胜百、温州一胜百均实施了许诺销售被诉侵权产品的行为。

综上所述，两被告未经许可，擅自共同销售、许诺销售被诉侵权产品，被告温州一胜百未经许可，擅自制造被诉侵权产品均侵犯了原告的外观设计专利权，理应共同承担停止侵害、赔偿损失的侵权责任。

原告还要求两被告销毁生产侵权产品的相关设备及已生产的全部侵权产品（包括成品、半成品），但未能就此提供相关证据，故对原告关于销毁上述设备及侵权产品的诉讼请求，本院不予支持。

另外，原告还主张两被告的侵权行为给其造成了不良影响，要求两被告登报道歉、消除影响。本院认为，专利权是一项财产权，原告也未能提供证据证明被告的侵权行为已经给其造成了不良影响，故本院对该诉讼请求亦不予支持。

四、原告主张的赔偿数额是否应当予以支持

鉴于原告未能举证证明其因被侵权所受到的损失或者两被告由此所获得的利益，且无专利实施许可费可以参照，本院综合考虑本案专利类型系外观设计专利、两被告对外宣传在 2009 年起被诉侵权产品即在市场上销售以及两被告实施侵权行为的性质、情节等因素，酌情确定两被告应当承担连带赔偿的数额。此外，原告为本案诉讼还支付了包括购买费、公证费、翻译费、律师费在内的合理费用，共计 30 278 元，其在本案中主张 30 000 元。两被告认为上述费用中两张公证费发票记录的公证书字号有误；涉及原告诉讼主体资格的公证费、翻译费不属于本案合理费用；律师费金额不真实。本院认为，两张公证费发票与公证书所记录的编号相符，可以认定为本案的合理费用；涉及原告诉讼主体资格的公证费、翻译费亦是原告为制止侵权，提起诉讼所支付的合理费用；原告律师参与本次诉讼，其所在事务所派员参与公证证据保全和调查，该律师费不违反相关律师收费标准。故此，本院对原告关于合理费用的诉讼请求予以支持，对被告的相关辩解，不予采信。

据此，依照《中华人民共和国民法通则》第 118 条，《中华人民共和国专利法》第 11 条第 2 款、第 59 条第 2 款、第 65 条，《最高人民法院关于审理专利纠纷案件适用法律问题的若干规定》第 24 条，《最高人民法院关于审理侵犯专利权纠纷案件应用法律若干问题的解释》第 10 条、第 11 条第 1 款、第 3 款的规定，判决如下：

（1）被告上海一胜百展示器材有限公司、温州一胜百展示器材有限公司应于本判决生效之日起立即停止侵犯原告泰克纳显示器有限公司享有的名称为"连接器（标志牌载体用）"的外观设计专利权（专利号为 ZL200730006801.X）；

（2）被告上海一胜百展示器材有限公司、温州一胜百展示器材有限公司应于本判决生效之日起 10 日内连带赔偿原告泰克纳显示器有限公司经济损失人民币50 000 元及合理费用人民币 30 000 元；

（3）驳回原告泰克纳显示器有限公司的其余诉讼请求。

被告上海一胜百展示器材有限公司、温州一胜百展示器材有限公司如果未按本判决指定的期间履行给付金钱义务，应当依照《中华人民共和国民事诉讼法》第253 条之规定，加倍支付迟延履行期间的债务利息。

本案案件受理费人民币 3900 元，由原告泰克纳显示器有限公司负担 1083 元，被告上海一胜百展示器材有限公司、温州一胜百展示器材有限公司共同负担 2817 元。

如不服本判决，原告泰克纳显示器有限公司可在判决书送达之日起 30 日内，被告上海一胜百展示器材有限公司、温州一胜百展示器材有限公司可在判决书送达之日起 15 日内，向本院递交上诉状，并按对方当事人的人数提出副本，上诉于上海市高级人民法院。

2013 年 7 月 9 日

2. 二审阶段

(1) 上诉材料①

判决后，上海一胜百不服，向上海市高级人民法院（以下简称二审法院）提起上诉，请求撤销一审判决第一项、第二项，改判其不构成侵权、不承担赔偿责任，一审、二审诉讼费用由被上诉人承担。

其主要上诉理由为：第一，一审判决认定事实不清。（1）上诉人拥有名称为"连接器"的外观设计专利，其依据该专利制造、销售、许诺销售被诉侵权产品，未侵害被上诉人的专利权。（2）被上诉人的部分合理费用缺乏依据，被上诉人未举证其经济损失，一审认定的合理费用、经济损失属于事实认定不清。第二，一审判决适用法律错误，被上诉人作为专利权人，在其完全能够证明经济损失的情况下并未举证证明，因此本案不属于适用法定赔偿的情形，一审判决系适用法律错误。

此外，上诉人于 2013 年 9 月 3 日向国家知识产权局专利复审委员会对涉案专利提出无效宣告请求。之后上诉人向二审法院提交了《中止诉讼申请书》。

(2) 被上诉人答辩材料

1) 民事上诉答辩书②

民事上诉答辩书

答辩人：泰克纳显示器有限公司（TECNA DISPLAY LTMITED）

因上诉人上海一胜百展示器材有限公司不服上海市第一中级人民法院作出的（2012）沪一中民五（知）初字第 197 号民事判决书提出上诉一案，现提出答辩意

---

① 此部分内容系作者根据案卷材料整理。

② 此部分内容来源于案卷材料。

见如下。

一、一审判决认定上诉人侵权及合理费用事实清楚，证据充分

（1）一审判决对于上诉人构成侵权的事实认定清楚，证据确实充分，论理清晰。

被上诉人于 2008 年 2 月 13 日获得名称为"连接器（标志牌载体用）"、专利号为 ZL200730006801.X 的外观设计专利处于合法有效状态；上诉人于 2011 年 3 月 9 日被授予名称为"连接器（十字形）"、专利号为 ZL201030277373.6 的外观设计专利。将上诉人与被上诉人的外观设计进行对比，可发现两专利在主视图、后视图、左视图、右视图、俯视图、仰视图以及立体图上外形基本一致。差异仅存在于主视图、后视图以及立体图上显示的螺丝孔数量不一样，但这一细微差别并不对两专利的整体视觉效果造成影响。

根据《最高人民法院关于审理侵犯专利权纠纷案件应用法律若干问题的解释》（以下简称《若干问题解释》）第 11 条规定，"人民法院认定外观设计是否相同或者近似时，应当根据授权外观设计、被诉侵权设计的设计特征，以外观设计的整体视觉效果进行综合判断；对于主要由技术功能决定的设计特征以及对整体视觉效果不产生影响的产品的材料、内部结构等特征，应当不予考虑"。"下列情形，通常对外观设计的整体视觉效果更具有影响：（一）产品正常使用时容易被直接观察到的部位相对于其他部位；（二）授权外观设计区别于现有设计的设计特征相对于授权外观设计的其他设计特征。"两专利之间的差异主要体现在：被上诉人的专利设计在主视图、后视图及立体图上仅正方形的左下角及右上角各有一个螺丝孔，而上诉人的专利设计在以上各视图上正方形的四角都各有一个螺丝孔。两专利的这一细微差异并不符合《若干问题解释》第 11 条第 2 款列举的对外观设计整体视觉效果更具影响的情形，因此应当不予考虑这一微小差别。由于被上诉人申请以及被授予外观设计专利的时间均早于上诉人，因此一审法院根据《若干问题解释》第 11 条第 3 款的规定，认定上诉人与被上诉人的外观设计在整体视觉效果上无实质性差异，应当认定两者近似的判决正确。

（2）一审判决认定被上诉人的合理费用事实清楚，证据充足。

首先，上诉人认为一审判决认可被上诉人主张的 25 580 元律师费用属于事实认定不清，且认为根据《上海市律师服务收费政府指导价标准》（以下简称《指导价标准》），按照比例分段累计收费，律师费用仅 15 500 元。但是根据《指导价标准》的规定，代理民事案件的计时收费标准为 200 ～ 3000 元 / 小时。由于本案案情复杂，

律师事务所还派员参与了证据的公证与调查等事宜，并且案件的耗费时间长，因此25 580元的律师费用合理，并未超过《指导价标准》。

其次，上诉人认为公证和调查等费用，没有提供相应的票据作为证据的说法毫无根据。在一审中，被上诉人已提供了公证费、翻译费等合理费用的发票，证据确凿充分。

二、一审判决上诉人赔偿经济损失5万元认定事实清楚，适用法律正确

上诉人认为"一审判决认定被上诉人经济损失人民币50 000元亦属于事实认定不清"且认为"被上诉人在经济损失完全能够证明的情况下并未举证证明，应该承担举证不能或没有经济损失"，同时认为"本案不属于适用法定赔偿的情形"的观点错误，本案上诉人侵权情节严重，一审法院判决上诉人赔偿经济损失50 000元已属轻判。

根据《专利法》第65条规定，"侵犯专利权的赔偿数额按照权利人因被侵权所受到的实际损失确定；实际损失难以确定的，可以按照侵权人因侵权所获得的利益确定。权利人的损失或者侵权人获得的利益难以确定的，参照该专利许可使用费的倍数合理确定。赔偿数额还应当包括权利人为制止侵权行为所支付的合理开支"。"权利人的损失、侵权人获得的利益和专利许可使用费均难以确定的，人民法院可以根据专利权的类型、侵权行为的性质和情节等因素，确定给予一万元以上一百万元以下的赔偿。"由于上诉人侵犯被上诉人外观设计专利的事实已经很清楚，因此根据《专利法》第65条的规定，上诉人应当赔偿被上诉人因侵权所受到的损失。由于上诉人从2009年开始在市场上宣传、销售被上诉人的专利产品，长达4年之久，对被上诉人的专利产品销售造成了不良影响，根据《专利法》第65条第2款的规定，上诉人的侵权行为情节严重，判决上诉人50 000元的经济损失赔偿正确合理，适用法律正确，并无不妥。

综上所述，一审法院的判决认定事实清楚，适用法律准确，上诉人的诉讼请求没有新的证据予以证明，纯属无理之诉，所以请二审法院查清事实，驳回上诉，维持原判，以维护答辩人的合法权益。

此致

上海市高级人民法院

答辩人：泰克纳显示器有限公司

日期：××××年××月××日

2）质证意见 ①

质证意见

致：上海市高级人民法院

关于（2013）沪高民三（知）终字第 97 号案，被上诉人（原审原告）发表如下质证意见。

第一，对于上诉人提交的"中止诉讼申请书"的关联性有异议，真实性、合法性不认可。

虽然上诉人（原审被告）已向国家知识产权局专利复审委员会提出专利无效宣告请求，但法院并非"应当中止诉讼"，根据《最高人民法院关于审理专利纠纷案件适用法律问题的若干规定》第 9 条的规定，"被告请求宣告该项专利权无效所提供的证据或者依据的理由明显不充分的"或者有"人民法院认为不应当中止诉讼的其他情形"的，人民法院可以不中止诉讼。本案中，上诉人（原审被告）请求宣告该项专利权无效所提供的证据或者依据的理由明显不充分，所以法院可以不中止诉讼。

第二，对于上诉人提交的"专利权无效宣告请求书及其附件"的关联性有异议，真实性、合法性不认可。

上诉人提交的证据并不能证明被上诉人的专利"同申请人以前的外观设计相近似"，理由如下：

（1）被上诉人拥有的外观设计专利（ZL200730006801.X）与对比文件 1（CN1112952C）既不相同也不相近似。

首先，被上诉人拥有的外观设计专利与对比文件 1 的产品类别不相同。

被上诉人的外观设计为"标志牌载体用"，即用于展览展示器材等行业，用于安装标志牌等；但根据对比文件 1 的摘要说明，对比文件 1"用于教学目的或用作玩具"，因此被上诉人的外观设计专利与对比文件 1 的产品类别明显不相同。

其次，被上诉人的专利与对比文件 1 的设计内容不相同也不相近似。

《最高人民法院办公厅关于印发〈最高人民法院知识产权案件年度报告（2010）〉的通知》（法办〔2011〕81 号）指出：判断外观设计是否相同或者相近似的基本方法是，基于被比设计产品的一般消费者的知识水平和认知能力，对被比设计与在先设计进行

---

① 此部分内容来源于案卷材料。

整体观察，综合判断两者的差别对于产品外观设计的视觉效果是否具有显著影响。

但综合比较被上诉人的外观设计专利（图 3-1 和图 3-2）与对比文件 1 的外观设计专利（图 3-3），无论是从整体上还是细节上，以一般消费者的知识水平和认知能力，均可以判断出二者存在显著差别。所以，被上诉人的专利与对比文件 1 的设计内容不相同也不相近似。

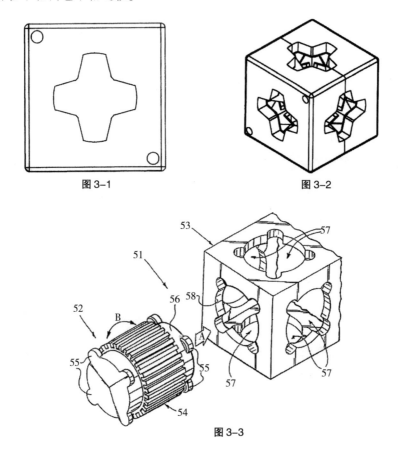

图 3-1   图 3-2

图 3-3

（2）被上诉人拥有的外观设计专利（ZL200730006801.X）与对比文件 2（US4646503）既不相同也不相近似。

因对比文件 2 未经有资质的翻译机构进行翻译，所以原告对其真实性、合法性、关联性不予认可。若上诉人提供了相应翻译件，我们也对其关联性有异议。

综合比较被上诉人的外观设计专利（图 3-1 和图 3-2）与对比文件 2 的外观设计专利（图 3-4），无论是从整体上或是细节上，以一般消费者的知识水平和认知能力，均可以判断出二者存在显著差别。被上诉人的专利与对比文件 2 的设计内容不相同也不相近似。

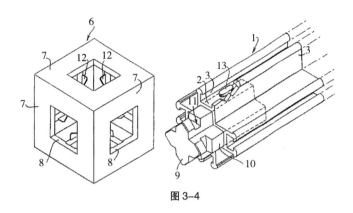

图 3-4

（3）被上诉人的专利"十"字形凹槽具有美感。

上诉人提供 CN101563543A 的专利申请文件，拟证明被上诉人外观专利的"十"字形凹槽系功能需求决定的，不应当作为外观设计是否相同或相似的考虑因素。但是被上诉人专利中的"十"字形凹槽不仅具有技术功能，也具有美感，是可以适于工业上应用的新设计，符合授予专利的条件，这一点恰恰可以从上诉人提供的对比文件 1 中体现出。连接件的技术功能是"连接"，但是以何种方式制造、设计连接器能够使之更为美观、使消费者与一般的连接器区分开来，就不仅仅是技术功能能够直接影响的；凹槽既可以是弧形的、三角形的，也可以是方形的，既可以是六个角、八个角，也可以是四个角等，所以被上诉人专利"十"字形凹槽具有美感，应当受到法律的保护。

且被上诉人的外观设计专利连接器在使用过程中将始终有部分面处于外部，容易被消费者直接注意到，对于整体效果有很大影响。

﹑ 第三，对于上诉人提交的"专利权无效宣告程序授权委托书"的关联性有异议，真实性、合法性不认可。

质证人：泰克纳显示器有限公司

日期：××××年××月××日

（3）二审判决

上海市高级人民法院民事判决书

（2013）沪高民三（知）终字第 97 号

上诉人（原审被告）：上海一胜百展示器材有限公司

被上诉人（原审原告）：泰克纳显示器有限公司（TECNA DISPLAY LTMITED）

原审被告：温州一胜百展示器材有限公司

上诉人上海一胜百展示器材有限公司（以下简称上海一胜百）因侵害外观设计专利权纠纷一案，不服上海市第一中级人民法院（2012）沪一中民五（知）初字第197号民事判决，向本院提起上诉。本院受理后，依法组成合议庭，于2013年11月14日公开开庭进行了审理，上诉人上海一胜百的委托代理人谢××、被上诉人泰克纳显示器有限公司的委托代理人赵××到庭参加了诉讼。原审被告温州一胜百展示器材有限公司（以下简称温州一胜百）经本院传唤无正当理由未到庭，本院依法缺席审理。本案现已审理终结。

原审法院经审理查明：

原告于2007年2月28日向国家知识产权局就名称为"连接器（标志牌载体用）"的外观设计申请专利，并于2008年2月13日被授予专利权，专利号为ZL200730006801.X，优先权日为2006年11月24日。原告按期缴纳专利年费，目前该专利仍在保护期内。

2012年5月28日，申请人梁××与上海市普陀公证处公证员前往上海市军工路1300号，进入外墙悬挂有"申通快递五角场服务站"字样标牌的办公区域，领取收件人为"梁××"的包裹。随后，梁××在公证处将包裹拆封，查验全部附随物品（包括带有"一胜百展示器材"字样的印刷品一份、展示架零部件若干，"上海增值税普通发票"一张），并予以封存。公证员对上述过程进行现场拍摄，并对封存后的包裹加贴公证处标贴。上海市普陀公证处对此出具了（2012）沪普证经字第3043号公证书。

经原审法院当庭对上述公证所得包裹进行拆封查验，该包裹表面所贴"申通快递详情单"记载：寄件人姓名为李小姐，单位名称为一胜百，寄件地址为松江区中德路225号。包裹内有长、短连接杆若干，底座卡件若干，被诉侵权产品连接器8个，产品宣传册一份，"上海增值税普通发票"一张。其中，宣传册首页下方记载：一胜百展示器材有限公司，温州（电话、网址），上海（电话、邮箱）等信息；内页展示有被诉侵权产品图样、使用效果图及相关案例等。"上海增值税普通发票"记载：价税合计为318元，销货单位名称为上海一胜百展示器材有限公司，地址为松江科技园区中德路225号，电话为57858508，并加盖上海一胜百展示器材有限公司发票专用章。

2012年9月4日，申请人的委托代理人向上海市长宁公证处申请证据保全公证。

在公证员的现场监督下，申请人的委托代理人在公证处计算机上进行操作。进入"工业和信息化部"官网，查询被告温州一胜百网站首页网址为 www.assab.cn；进入该网址，选择"电子商务"项下"淘宝网店"项下"温州"进入"一胜百展示器材"淘宝店铺，选择"店铺介绍"，显示：温州一胜百展示器材有限公司是致力于展览展示器材开发、设计、生产和安装的专业厂家，公司拥有雄厚的技术力量和产品开发能力，先进的生产设备，等等；以"joanne67"用户名登录后返回淘宝店铺首页，单击"方正系列""方正系列组合应对展会空间搭建，室内外广告展示器材《厂家直销》一口价760.00元"的图文链接，显示：配件明细为连接件12个，725mm直杆20根，单价为760.00元；点击所售物品图片，显示被诉侵权产品图样等；返回购物页面，单击"立即购买"，提交订单，完成付款，显示申请人的委托代理人以760元的价格购买包含被诉侵权产品在内的"方正系列组合应对展会空间搭建，室内外广告展示器材《厂家直销》"一套，收货地址为上海市长宁区长宁路1055号7楼。2012年9月11日，在上海市长宁公证处公证员的现场监督下，申请人的委托代理人在该公证处（上海市长宁路1055号7楼）收取了通过申通快递送达的邮包，并当场对邮包内物品进行拍照后，公证员将邮包密封并加贴公证处封签条予以固定。上海市长宁公证处对上述购买、收货过程出具了（2012）沪长证字第4472号公证书。

经原审法院当庭对上述公证所得邮包拆封查验，该邮包表面所贴"申通快递详情单"记载：寄件人姓名为佟长明，单位名称为上海一胜百展示器材有限公司，寄件地址为松江区中德路225号，内件品名为连接件12个，725mm直杆20根。邮包内有被诉侵权产品连接器13个，直杆若干以及"上海增值税普通发票"一张。其中，"上海增值税普通发票"记载：价税合计760元，销货单位名称为上海一胜百展示器材有限公司，地址为松江科技园区中德路225号，电话为57858508，并加盖上海一胜百展示器材有限公司发票专用章。

原审法院组织原、被告对前述两次购买所得被诉侵权产品的外观设计与涉案专利的各视图进行了当庭比对。两者均为中心镂空的立方体，由六面带类似十字形凹槽的正方形组成。两者的区别在于：原告专利主视图、后视图中正方形的左下角及右上角有两个小螺丝孔，而被诉侵权产品相应面上四角上均有小螺丝孔。原、被告均当庭陈述，上述螺丝孔系物理连接所需。

原审法院另查明：被告上海一胜百成立于2003年6月5日，注册资本580万元，经营范围包括展览展示器材、发光标志牌、户外帐篷、家具、人体模型、灯具、铝合金制品、塑料制品生产销售；金属材料、建材、化工原料及产品（除危险化学品、监控化学品、烟花爆竹、民用爆炸物品、易制毒化学品）、电工材料的批发及零售；展台搭建服务；设计、制作各类广告；自有房屋租赁。

2010 年 8 月 18 日，被告上海一胜百向国家知识产权局就名称为"连接器（十字形）"的外观设计申请专利，并于 2011 年 3 月 9 日被授予专利权，专利号为 ZL201030277373.6。

被告温州一胜百成立于 2001 年 3 月 24 日，注册资本 60 万元，经营范围包括展示器材、灯具、信号器具、服装、箱包、五金制品的制造、销售。

原审法院再查明，本案中原告支付购买费 1078 元，公证费 3300 元，翻译费 320 元，律师费 25 580 元，共计 30 278 元。

以上事实，有原告提供的《外观设计专利证书》《专利登记簿副本》、（2012）沪普证经字第 3043 号公证书、（2012）沪长证字第 4472 号公证书、公证费、翻译费、律师费发票、被诉侵权产品实物以及被告提供的《外观设计专利证书》等证据，并经原审法院庭审质证，予以证实。

原告提交的淘宝网订单详情，因系网页打印件，且两被告对其真实性提出异议，原审法院不予采信。两被告提交的连接器模具图纸、设计图纸、展架模具图纸，因系打印件，且原告对其真实性提出异议，原审法院不予采信；两被告提交的连接器及展架照片、另 3 份外观设计专利证书、一份实用新型专利证书及相关专利收费收据，因与本案不具有关联性，原审法院不予采信。

原审法院认为，原告系名称为"连接器（标志牌载体用）"（专利号为 ZL200730006801.X）的外观设计专利权人，根据《专利法》第 11 条第 2 款之规定，任何单位或者个人未经专利权人许可，都不得实施其专利，即不得为生产经营目的制造、许诺销售、销售、进口其外观设计专利产品，否则应当承担相应的法律责任。

本案的争议焦点在于：（1）两被告按照自己拥有的外观设计专利制造、销售、许诺销售被诉侵权产品是否不构成侵权；（2）被诉侵权产品的外观设计与原告的专利设计是否近似；（3）两被告是否未经许可，擅自实施了制造、销售、许诺销售被诉侵权产品的行为；（4）原告主张的赔偿数额是否应当予以支持。

一、两被告按照自己拥有的外观设计专利制造、销售、许诺销售被诉侵权产品是否不构成侵权

两被告主张，上海一胜百拥有名称为"连接器（十字形）"（专利号为

ZL201030277373.6）的外观设计专利，故两被告系依照该专利制造、销售、许诺销售被诉侵权产品，未侵害原告享有的专利权。

原审法院认为，最高人民法院曾经在《关于在专利侵权诉讼中当事人均拥有专利权应如何处理问题的批复》中明确指出：人民法院在审理专利侵权纠纷案件时，根据《专利法》规定的先申请原则，只要原告先于被告提出专利申请，就应当依据原告的专利权保护范围，审查被告产品的技术特征是否完全覆盖原告的专利保护范围，不应当仅以被告拥有专利权为由，不进行是否构成专利侵权的分析判断即驳回原告的诉讼请求，应当分析被告拥有专利权的具体情况以及与原告专利权的关系，从而判定是否构成侵权。因此，只要原告先于被告提出专利申请，就应当依据原告的专利权保护范围，审查被诉侵权产品是否落入原告的专利保护范围。由于原告申请"连接器（标志牌载体用）"外观设计专利权及其获得授权的时间均早于被告上海一胜百申请"连接器（十字形）"外观设计专利权的时间，且原告外观设计专利目前仍为有效专利，故根据前述批复的规定，原审法院仍需对两被告制造、销售、许诺销售的连接器的技术特征是否落入原告"连接器（标志牌载体用）"外观设计专利权的保护范围进行判断，这一点不因被告就相同产品申请过另一专利权而有所影响。

二、被诉侵权产品的外观设计与原告的专利设计是否近似

被诉侵权产品为正方体连接器，其六面正方形中间均有一个十字形镂空。将该连接器与原告专利设计比对，两者在主视图、后视图、左视图、右视图、俯视图、仰视图以及立体图上基本一致。存在的差异仅是主视图、后视图及立体图上显示的螺丝孔数量不一致，即原告专利设计的主视图、后视图及立体图上正方形的左下角及右上角各有一个螺丝孔，而被诉侵权产品的相关视图上正方形的四角均各有一个螺丝孔。原审法院认为，根据原、被告的当庭陈述，上述螺丝孔系物理连接所需，故螺丝孔的存在属于技术功能的设计特征，根据《最高人民法院关于审理侵犯专利权纠纷案件应用法律若干问题的解释》第11条第1款的规定，"人民法院认定外观设计是否相同或者近似时，应当根据授权外观设计、被诉侵权设计的设计特征，以外观设计的整体视觉效果进行综合判断；对于主要由技术功能决定的设计特征以及对整体视觉效果不产生影响的产品的材料、内部结构等特征，应当不予考虑"。因此，本案中，在判断被诉侵权产品的设计与授权外观设计是否相同或者近似时，对螺丝孔的数量不应予以考虑，且该螺丝孔数量的区别属于细微差别，对连接器产

品的整体视觉效果没有影响。综上所述，根据《最高人民法院关于审理侵犯专利权纠纷案件应用法律若干问题的解释》第11条第3款的规定，被诉侵权产品的设计与原告的授权外观设计在整体视觉效果上无实质性差异，应当认定两者近似，故制造、销售、许诺销售该产品即属于对原告外观设计专利的实施。

三、两被告是否未经许可，擅自实施了制造、销售、许诺销售被诉侵权产品的行为

原告主张两被告均实施了制造、销售、许诺销售被诉侵权产品的行为。被告上海一胜百认为其仅实施了销售行为，被告温州一胜百认为其仅实施了制造行为。原审法院认为，根据（2012）沪长证字第4472号公证书的记载，被告温州一胜百在其淘宝网店的店铺介绍中称其是"展览展示器材开发、设计、生产和安装的专业厂家"，且其在该淘宝店铺对外销售被诉侵权产品。尽管被告温州一胜百接受买家付款后，最终向买家发货并出具发票的系被告上海一胜百，但两被告分别实施了接受付款、对外发货、出具发票的行为，上述行为均属于销售过程中的不同环节，案外人亦系通过温州一胜百网店购买、付款并获得被诉侵权产品的，故可以认定被告温州一胜百与上海一胜百共同实施了销售被诉侵权产品的行为。

两被告还认为，由于被诉侵权产品连接器系展架的零部件，仅具有连接功能，销售过程中亦是与连接杆一同销售，不存在单独销售的情况，故根据相关司法解释的规定，被诉侵权产品作为零部件制造另一产品并销售，在另一产品中仅具有技术功能，不属于《专利法》第11条规定的销售行为。

原审法院认为，《最高人民法院关于审理侵犯专利权纠纷案件应用法律若干问题的解释》第12条第2款关于零部件专利侵权的规定，其适用的情形是将侵犯外观设计专利权的产品作为零部件制造另一产品并销售，而本案中被诉侵权产品连接器虽然是展架的一部分，但该产品并非展架产品上的零部件，而是展架的一个必不可少的组件，与直杆等其他组件一并销售给客户，并由客户自行组装，故该司法解释的前述规定并不适用于本案的情形。两被告据此主张销售被诉侵权产品的行为不属于《专利法》第11条规定的销售行为，于法无据，原审法院不予支持。

此外，根据（2012）沪普证经字第3043号公证书的记载，由被告上海一胜百发货的被诉侵权产品包裹中所附的产品宣传册上展示有被诉侵权产品图样等信息；根据（2012）沪长证字第4472号公证书的记载，被告温州一胜百在淘宝网店中亦展示有被诉侵权产品图样。根据《最高人民法院关于审理专利纠纷案件适用法律问

题的若干规定》第 24 条的规定，被告上海一胜百、温州一胜百均实施了许诺销售被诉侵权产品的行为。

综上所述，两被告未经许可，擅自共同销售、许诺销售被诉侵权产品，被告温州一胜百未经许可，擅自制造被诉侵权产品均侵犯了原告的外观设计专利权，理应共同承担停止侵害、赔偿损失的侵权责任。

原告还要求两被告销毁生产侵权产品的相关设备及已生产的全部侵权产品（包括成品、半成品），但未能就此提供相关证据，故对原告关于销毁上述设备及侵权产品的诉讼请求，原审法院不予支持。

另外，原告还主张两被告的侵权行为给其造成了不良影响，要求两被告登报道歉、消除影响。原审法院认为，专利权是一项财产权，原告也未能提供证据证明被告的侵权行为已经给其造成了不良影响，故原审法院对该诉讼请求亦不予支持。

四、原告主张的赔偿数额是否应当予以支持

鉴于原告未能举证证明其因被侵权所受到的损失或者两被告由此所获得的利益，且无专利实施许可费可以参照，原审法院综合考虑本案专利类型系外观设计专利、两被告对外宣传在 2009 年起被诉侵权产品即在市场上销售以及两被告实施侵权行为的性质、情节等因素，酌情确定两被告应当承担连带赔偿的数额。此外，原告为本案诉讼还支付了包括购买费、公证费、翻译费、律师费在内的合理费用，共计 30 278 元，其在本案中主张 30 000 元。两被告认为上述费用中两张公证费发票记录的公证书字号有误；涉及原告诉讼主体资格的公证费、翻译费不属于本案合理费用；律师费金额不真实。原审法院认为，两张公证费发票与公证书所记录的编号相符，可以认定为本案的合理费用；涉及原告诉讼主体资格的公证费、翻译费亦是原告为制止侵权，提起诉讼所支付的合理费用；原告律师参与本次诉讼，其所在事务所派员参与公证证据保全和调查，该律师费不违反相关律师收费标准。故此，原审法院对原告关于合理费用的诉讼请求予以支持，对被告的相关辩解，不予采信。

据此，依照《中华人民共和国民法通则》第 118 条，《中华人民共和国专利法》第 11 条第 2 款、第 59 条第 2 款、第 65 条，《最高人民法院关于审理专利纠纷案件适用法律问题的若干规定》第 24 条，《最高人民法院关于审理侵犯专利权纠纷案件应用法律若干问题的解释》第 10 条、第 11 条第 1 款、第 3 款的规定，原审法院判决：（1）被告上海一胜百展示器材有限公司、温州一胜百展示器材有限公司应于本判决生效之日起立即停止侵犯原告泰克纳显示器有限公司享有的名称为"连接器（标志牌载体用）"的外观设计专利权（专利号为 ZL200730006801.X）；（2）被告上海一胜百展示器材有限公司、温州一胜百展示器材有限公司应于本判决生效之日起 10 日内连带赔偿原告泰克纳显示器有限公司经济损失人民币 50 000 元及合理费用人民币 30 000 元；（3）驳回原告泰克纳显示器有限公司的其余诉讼请求。本案案件受理费人民币 3900 元，由原告泰克纳显示器有限公司负担 1083 元，被告上海一胜百展示器材有限公司、温州一胜百展示器材有限公司共同负担 2817 元。

判决后，上海一胜百不服，向本院提起上诉，请求撤销一审判决第一项、第二项，改判其不构成侵权、不承担赔偿责任，一审、二审诉讼费用由被上诉人承担。其主要上诉理由为：（1）上诉人拥有名称为"连接器"的外观设计专利，其依据该专利制造、销售、许诺销售被诉侵权产品，未侵害被上诉人的专利权；（2）被上诉人的部分合理费用缺乏依据，被上诉人未举证其经济损失，一审认定的合理费用、经济损失属于事实认定不清；（3）本案适用法定赔偿，属于法律适用错误。

被上诉人答辩认为，一审认定事实清楚，证据充分，适用法律正确。

二审审理过程中，上诉人上海一胜百于 2013 年 9 月 3 日向国家知识产权局专利复审委员会对涉案专利提出无效宣告请求，上诉人据此向本院申请中止审理。双方当事人在二审程序中未向本院提交其他新的证据材料。

经审理查明，原审判决认定的事实属实。

本院认为，对于上诉人提出的中止本案审理的申请，依据本案事实，根据《最高人民法院关于审理专利纠纷案件适用法律问题的若干规定》第 10 条"被告在答辩期届满后请求宣告该项专利权无效的，人民法院不应当中止诉讼，但经审查认为有必要中止诉讼的除外"的规定，本案上诉人在一审答辩期届满之后请求宣告该项专利权无效，人民法院即不应当中止诉讼，现上诉人在二审中提出无效宣告请求，本院认为亦不应中止诉讼，本院可以在涉案专利目前有效的前提下继续审理。被上诉人系涉案外观设计专利（专利号为 ZL200730006801.X）的专利权人，在国家知识产权局专利复审委员会作出专利权无效宣告决定之前，该专利权仍然合法有效，被上诉人仍是涉案专利合法的专利权人，任何单位或者个人未经专利权人许可，不得实施其专利，即不得为生产经营目的制造、销售、许诺销售、进口其外观设计专利产品，否则应承担相应法律责任。

关于上诉人所称其拥有名称为"连接器"的外观设计专利，其依据该专利制造、销售、许诺销售被诉侵权产品，未侵害被上诉人的专利权。本院认为，上诉人拥有的外观设计专利（专利号 ZL201030277373.6）的申请日为 2010 年 8 月 18 日、授权日为 2011 年 3 月 9 日，而被上诉人外观设计专利（专利号 ZL200730006801.X）的申请日为 2007 年 2 月 28 日、授权日为 2008 年 2 月 13 日，均早于上诉人，且被上诉人涉案专利仍有效，法院仍需对被控侵权产品外观设计是否落入被上诉人外观设计专利权保护范围进行认定，上诉人依据其拥有的专利生产、销售、许诺销售被控侵权产品未侵害被上诉人的专利权的上诉理由，本院难以支持。

关于经济损失以及合理费用的问题。本院认为，根据《专利法》第 65 条的规定，侵犯专利权的赔偿数额按照权利人因被侵权所受到的实际损失确定；实际损失难以确定的，可以按照侵权人因侵权所获得的利益确定。权利人的损失或者侵权人获得的利益难以确定的，参照该专利许可使用费的倍数合理确定。赔偿数额还应当包括权利人为制止侵权行为所支付的合理开支。权利人的损失、侵权人获得的利益和专利许可使用费均难以确定的，人民法院可以根据专利权的类型、侵权行为的性质和情节等因素，确定给予 1 万元以上 100 万元以下的赔偿。本案中，被上诉人未能举证其实际损失和上诉人的侵权获利，亦无专利许可使用费可以参照，一审法院根据涉案专利权的类型、侵权行为的性质和情节等因素确定赔偿经济损失人民币 5 万元并无不当。关于合理费用，被上诉人亦有相应证据支持。因此，上诉人关于适用法定赔偿属法律适用错误、确定经济损失与合理费用时认定事实不清的上诉理由，本院不予支持。

综上所述，上诉人上海一胜百的上诉请求没有事实和法律依据，应予驳回。依照《中华人民共和国民事诉讼法》第 170 条第 1 款第（1）项之规定，判决如下：

驳回上诉，维持原判。

本案二审案件受理费人民币 1800 元，由上诉人上海一胜百负担。

本判决为终审判决。

2013 年 11 月 21 日

四、案件相关问题解析

（一）专利侵权纠纷案件起诉前的证据保全工作

对原告而言，专利侵权案件的诉前准备工作具有特殊性。与债权债务纠纷、所有权纠纷等民事案件不同的是，被告的侵权行为往往难以固定，其销售行为、特别是许诺销售行为容易及时停止，而非始终处于持续状态，而其生产行为则往往较为隐蔽，难以为外人所知，一旦侵权人收到法院传票，往往会在第一时间隐藏、消灭有关生产制造侵权产品的证据，停止销售侵权产品，在网站、广告栏删除、撤下宣传资料和信息，进而对专利权人主张侵权事实造成极大的困难。因此，权利人根据案件情况在诉前积极主动地采取证据搜集和保全工作对于能否获得合理的赔偿、甚至能否胜诉至关重要。

原告可以自行或委托专业律师调查取证。鉴于专利案件专业性较强，而且侵权人在多年的经营中往往受到过行政处罚或者经历过诉讼，因此往往具有一定的"反侦察"能力，并且对于一些竞争者不多的行业，原、被告双方很有可能相互认识，因此选择具有丰富办案经验和灵活诉讼技巧的专业律师通常是更佳的选择。此外，鉴于个人调查取证获取的证据证明力不高，而《中华人民共和国民事诉讼法》第69条规定，经过法定程序公证证明的法律事实和文书，人民法院应当作为认定事实的根据，但有相反证据足以推翻公证证明的除外。因此最好是原告及原告代理人首先搜集侵权行为的证据，然后申请公证机关进行证据保全。实践中，具体的侵权行为搜集工作通常包括侵权人的网站上的销售信息、侵权人对外发放的宣传单、在报纸电视上投放的广告，并应尽可能在公证员的监督下从侵权方处实际购买一定数量的侵权产品，并索要加盖公章的发票或收据。

（二）申请诉前或诉中财产保全

为了防止被告在第一时间采取转移、隐匿、出卖或损毁财产的行为，原告最好在人民法院受理案件后提出财产保全，及时要求人民法院裁定冻结或查封与原告主张赔偿金额相同的银行存款或房产、车辆、股权等。情况紧急的，如发现侵权人正在采取财产转移等行为，权利人还可以立即向被保全财产所在地、被申请人住所地或对案件有管辖权的人民法院申请采取诉前保全，一旦人民法院采取诉前保全措施，权利人必须在30日内依法提起诉讼。此外，通常情况下法院会要求原告提供担保。根据《最高人民法院关于适用〈中华人民共和国民事诉讼法〉的解释》第152条的规定，诉前财产保全的担保数额应相当于请求保全的数额，诉中财产保全的担保数额没有统一规定，不同地市法院依据当地的财产保全细则和案件的具体情况，通常会要求原告提供相当于请求保全数额一部分的担保数额。实践中，北京、上海一些法院通常会要求提供相当于请求保全数额 30% 的现金担保或专业担保公司出具的等额保函。

（三）专利侵权案件的管辖法院

专利侵权案件的管辖法院与一般民事案件略有差别，权利人或其代理人在提起诉讼前应根据所掌握的证据及相关法律规定，正确选择管辖法院，在第一时间提起诉讼，已达到尽快制止侵权行为的继续进行，避免浪费宝贵的时间。根据 2015 年施行的《最高人民法院关于审理专利纠纷案件适用法律问题的若干规定》的规定，因侵犯专利权行为提起的诉讼，由侵权行为地或者被告住所地人民法院管辖。侵权行为地包括：被诉侵犯发明、实用新型专利权的产品的制造、使用、许诺销售、销售、进口等行为的实施地；专利方法使用行为的实施地，依照该专利方法直接获得的产品的使用、许诺销售、销售、进口等行为的实施地；外观设计专利产品的制造、许诺销售、销售、进口等行为的实施地；假冒他人专利的行为实施地。上述侵权行为的侵权结果发生地。

需要注意的是，虽然最新的司法解释规定了侵权行为的侵权结果发生地也属于侵权行为地，但是对于专利侵权纠纷案件诉讼实践中通常采用的通过电话或信息网络购买侵权产品后，以侵权产品收货地作为侵权行为的侵权结果发生地亦即侵权行为地，故向收货地人民法院提起诉讼的行为，不同地区法院的理解和适用不尽相同，有些法院认为收货地法院拥有管辖权，有些法院例如广州知识产权法院则认为不拥有，在不能证明产品生产地的情况下，此类案件应交由被告住所地人民法院管辖。因此，建议原告在提起诉讼前首先电话或现场咨询法院立案庭法官，确定其是否会受理案件。

（四）外观设计专利侵权判断的方法

认定是否侵犯外观设计专利，需要从两个方面进行判断：首先，侵权产品是否与外观设计专利产品属于相同或相近似种类产品；其次，侵权产品与授权外观设计是否相同或者相近似。

关于判断侵权产品是否与外观设计专利产品属于相同或相近似种类产品，由于专利类侵权案件与商标类案件存在不同，通常只涉及产品而不涉及服务，因此在判断是否属于同类或近似产品较为容易，一般不会成为案件的主要争议焦点。

关于认定外观设计是否相同或相近似，《专利法》第 59 条规定，外观设计专利权的保护范围以表示在图片或者照片中的该产品的外观设计为准。《最高人民法院关于审理侵犯专利权纠纷案件应用法律若干问题的解释》则更为具体地陈述了如何进行判断。

首先，人民法院应当以外观设计专利产品的一般消费者的知识水平和认知能力，判断外观设计是否相同或者相近似。其次，人民法院认定外观设计是否相同或者相近似时，应当根据授权外观设计、被诉侵权设计的设计特征，以外观设计的整体视觉效果进行综合判断；对于主要由技术功能决定的设计特征以及对整体视觉效果不产生影响的产品的材料、内部结构等特征，应当不予考虑。下列情形，通常对外观设计的整体视觉效果更具有影响：（1）产品正常使用时容易被直接观察到的部位相对于其他部位；（2）授权外观设计区别于现有设计的设计特征相对于授权外观设计的其他设计特征。被诉侵权设计与授权外观设计在整体视觉效果上无差异的，人民法院应当认定两者相同；在整体视觉效果上无实质性差异的，人民法院应当认定两者相近似。

本案中，被诉侵权产品为正方体连接器，因此其主视图、后视图、左视图、右视图、俯视图、仰视图六个视图恰好一一对应正方体的六个面，其中仅主视图和后视图对应的两个面与原告专利设计存在差异，原告专利设计两个面的两个角各有一个螺丝孔，被诉侵权产品两个面的四个角各有一个螺丝孔。首先，被诉侵权产品的六个面中的四个面与专利设计的对应四个面完全一致，每个面的正方形中间均有一个"十"字形镂空，剩下的两个面每个面上也只有两个细小的螺丝孔存在差异，因此以一般消费者的知识水平和认知能力可以认为两者的整体视觉效果是相近似的；其次，存在差异的两个面上的螺丝孔的作用纯粹为连接其他组件，仅具有技术功能而不属于"富有美感"的工业设计，因此可以认定被诉侵权产品与原告外观设计相同或相近似。

（五）被告以自己所拥有的外观设计专利制造、销售、许诺销售被诉侵权产品是否不构成侵权

专利权是一项独占性的权利，具有排他性，任何单位或个人未经专利权人许可

又无法律依据而擅自实施的，均构成对专利权的侵犯。本案中，被告以根据自己所拥有的外观设计专利制造、销售、许诺销售被诉侵权产品为由，认为不构成侵犯原告外观设计专利权。而依据《最高人民法院关于在专利侵权诉讼中当事人均拥有专利权应如何处理问题的批复》，人民法院在审理专利侵权纠纷案件时，根据《专利法》规定的先申请原则，只要原告先于被告提出专利申请，则应当依据原告的专利权保护范围，审查被告制造的产品主要技术特征是否完全覆盖原告的专利保护范围。人民法院不应当仅以被告拥有专利权为由，不进行是否构成专利侵权的分析判断即驳回原告的诉讼请示，而应当分析被告拥有专利权的具体情况以及与原告专利权的关系，从而判定是否构成侵权。此外，《最高人民法院关于审理专利纠纷案件适用法律问题的若干规定（2015 年修正）》第 15 条亦规定，人民法院受理的侵犯专利权纠纷案件，涉及权利冲突的，应当保护在先依法享有权利的当事人的合法权益。本案原告专利的申请时间和授权时间均早于被告申请专利的时间，而笔者认为，实际上只要原告专利的申请时间早于被告专利的申请时间就足以排除被告以其所拥有的专利为由实施与原告专利相同的设计方案。归根到底，该问题还是要回归到判断被告产品的技术特征是否完全覆盖了原告合法有效的专利权保护范围，如是，则侵权。

五、案件启示及建议

（一）申请专利时应当突出设计特征

如前所述，判断外观设计专利侵权，需要以外观设计的整体视觉效果进行综合判断，而非对设计特征进行单独比对，因此在专利申请时就需要考虑如何进行申请能最大限度有利于侵权认定、防止外观设计专利被他人改动而难以被认定为侵权。

例如，某款童车其设计特征在于用球体代替常用的车轮，使外形更具有童趣，更具有美感。专利权人称该设计是其自行研发所得，在全世界范围内应属首创，其产品在国内销售后果然获得不俗反响。伴随着销量的不断攀升，其他厂商的侵权产品也接踵而至，侵权商品无一例外均采用了球体车轮。专利权人认为认定侵权产品的侵权行为十分容易，但是经过查询比对该权利人的专利后，却发现维权之路或许并不是那么简单。该专利权人在申请专利时并未将球体车轮的设计特征单独作为专利申请，而是将含有球体车轮的童车作为整体申请了外观专利。对比市场上销售的侵权产品，虽然都采用了球体车轮，但大多对童车的整体造型进行了改造，如车把手、车架。按照"以整体视觉效果进行综合判断"的标准进行比对，确实存在被认定为不侵权的可能性，给权利人的维权造成了一定障碍。但好在经过代理律师的认真准备，法院最终认定球体车轮属于授权外观设计区别于现有设计的设计特征，相对于授权外观设计的其他设计特征而言对外观设计的整体视觉效果更具有影响，从而认定产品侵权。如果申请人在申请之时就能针对设计特征单独申请专利，则可以免去大量的诉讼风险，减轻维权难度。在这方面，有的发明人已经注意到并做得十分出色。同样也是在自行车行业，某发明人就只针对其有别于其他设计且富有美感的自行车车灯申请了专利，则在比对时就仅针对车灯部分进行整体比对，而非整个自行车进行比对，那么无论该车灯安放在何种自行车上，均可以要求他人停止侵权行为。

（二）对将侵犯外观设计专利权的产品作为零部件制造另一产品行为的理解

在本案的审理过程中，被告认为，由于被诉产品连接器系展架的零部件，仅具有连接功能，销售过程中亦是与连接杆一同销售，不存在单独销售的情况，故根据相关司法解释的规定，被诉侵权产品作为零部件制造另一产品并销售，在另一产品中仅具有技术功能，不属于《专利法》第 11 条规定的销售行为。事实上，被告的上述观点是对《最高人民法院关于审理侵犯专利权纠纷案件应用法律若干问题的解释》第 12 条的误读。第 12 条第 2 款规定，将侵犯外观设计专利权的产品作为零部件，制造另一产品并销售的，人民法院应当认定属于《专利法》第 11 条规定的销售行为，但侵犯外观设计专利权的产品在该另一产品中仅具有技术功能的除外。该条规定的含义是，如果使用侵犯他人外观设计专利权的产品作为零部件制造出了新的产品，则销售该新产品的行为仅被认定为"销售"他人专利权产品的行为，而非"制造"他人专利产品的行为，虽然存在"制造行为"，但该制造行为的对象为新产品，而并未制造专利产品，也就是说，没有在制造的行为中直接侵犯他人的专利权。同时，该条规定了一个排除侵权的情形，即该零部件在新产品中仅具有技术功能。由于外观设计专利体现在产品的形状、图案或者其结合以及色彩与形状、图案的结合，所产生的影响是视觉上的效果，而如果该零部件仅起到技术上的作用而并未产生视觉

上的效果，例如安装于不易拆卸的产品的内部，则不属于实施了侵犯专利权人外观
设计专利的行为。

不过，该条规定仍然具有重要的作用，特别是对于产品制造商而言，深入地理
解对其有很大的启发意义。例如，某制造商从多处厂家购买了不同产品，将其组装
后进行销售。其中的零部件就包括了侵犯他人外观设计专利权的产品。但实践中制
造商难以一一确认零部件提供商所提供的产品均不侵犯他人专利权，一旦制造商被
专利权人以其组装销售的产品侵权为由提起诉讼，制造商一方则可以该条为依据，
主张其仅从事了销售的行为，同时根据《专利法》第 75 条的规定，主张其为生产
经营目的销售了不知道是未经专利权人许可而制造并售出的专利侵权产品，能证明
该产品合法来源，不需要承担赔偿责任。即使其不能证明该产品的合法来源，如果
其能够成功主张其仅"销售"而非"制造"了侵权产品，在司法实践中所需承担的
赔偿责任也有可能大大降低。如果制造商能够成功证明被诉侵权零部件仅具有技术
功能而不对其所销售的产品产生视觉上的效果，从而主张自己并未从事实施他人外
观设计专利的行为，也可反驳对方的侵权指控。

（三）如何改造设计以避免侵权

自主创新是企业发展之路，而对于许多中小企业、初创企业和个人，在其资金
和创造能力有限的前提下，对市场主导者的专利设计进行再创造，打破其专利壁垒，
有其合理性和必要性。

外观设计专利权的保护范围以表示在图片或照片中的该产品的外观设计为准。
本案中原告外观设计专利与被告产品从整体外观对比，均为中心镂空的立方体，由
六面带类似"十"字形凹槽的正方形组成。不论是从主视角、俯视角、仰视角、左
视角还是右视角，均为中心镂空的正方形，上下左右完全对称，且每个面上的一个
（或两个）对角有圆形小孔，因此两级法院均认定侵权产品的设计与原告的授权外
观设计在整体视觉效果上无实质性差异。笔者认为，被告完全可以通过改变每个面
中心的形状来避免侵权。例如设计成五角形。下图（图 3-5）分别为专利设计（左图）
与改造后的设计（右图）。

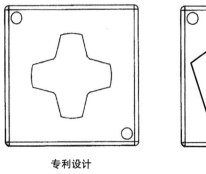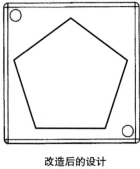

专利设计   改造后的设计

图 3-5

第四章

专利侵权案的合法来源抗辩问题

主要原理：能证明侵权产品合法来源的，不承担赔偿责任

素材：中山市威特电机有限公司与中山市天虹电机制造有限公司、刘桑梓、林桥赞侵害实用新型专利权纠纷案

一、案情简介

原告中山市天虹电机制造有限公司（以下简称天虹公司）是专利号为ZL200820057979.6实用新型专利的专利权人，2014年3月24日天虹公司从被告刘桑梓处公证购买了使用原告专利的电机产品，该产品纸箱及包装上印有"中国质量认证证书编号2009010401328023，制造商：中山市威特电机有限公司亿利电机厂，地址：中山市小榄镇工业大道二十九号"。该质量认证证书编号、地址与名称都指向了被告中山市威特电机有限公司（以下简称威特公司）。后被告刘桑梓提出该产品是其从林桥赞处通过合理价格购买而来，故原告申请追加了被告林桥赞。

一审审理过程中，原告主张三被告侵犯其专利权，请求三被告停止侵犯并赔偿原告经济损失及制止侵权合理使用费共计人民币50万元以及案件的诉讼费。被告刘桑梓及林桥赞辩称其是从合法渠道取得被诉侵权产品，取得产品的价格没有明显低于市场价格，而使用涉案专利的部件是安装在电机内部，难以从外部直接判断是否侵权。被告威特公司则辩称被诉侵权产品是由中山市东升镇亿利电机厂生产，非其生产。

一审法院经审理采纳了被告刘桑梓与林桥赞的合法来源抗辩，没有采纳被告威特公司的答辩意见，判决被告威特公司停止生产并销毁侵权产品并赔偿原告10万元、被告刘桑梓及林桥赞停止销售并销毁侵权产品，驳回原告他诉讼请求。

被告威特公司不服一审判决向广东省高级人民法院提起上诉，诉称林桥赞出具的"送货单"及"收据"两份证据，证明其销售的被诉侵权产品为中山市东升镇亿利电机厂生产而非其生产。被上诉人天虹公司辩称合法来源者与产品生产者是两个不同的概念。

二审法院认为公证保全的被诉侵权产品上的质量认证证书编号、地址、名称等指向威特公司非常明显，认定被诉侵权产品为威特公司制造并无不当，最终判决驳回上诉，维持原判。

二、法学原理及分析

（一）专利侵权合法来源抗辩法律规定

《中华人民共和国专利法》

第七十条 为生产经营目的使用、许诺销售或者销售不知道是未经专利权人许可而制造并售出的专利侵权产品，能证明该产品合法来源的，不承担赔偿责任。

《专利法》第70条规定的即是专利侵权合法来源抗辩的依据，有四个构成要件：（1）目的是用以生产经营；（2）行为是使用、许诺销售或者销售；（3）主观上为善意，不知道；（4）行为人能证明产品合法来源。如满足以上四个要件，则在被控侵犯他人专利权时，侵权人可不承担赔偿责任。

（二）不视为侵犯专利权的情形

《中华人民共和国专利法》

第六十九条　有下列情形之一的，不视为侵犯专利权：

（一）专利产品或者依照专利方法直接获得的产品，由专利权人或者经其许可的单位、个人售出后，使用、许诺销售、销售、进口该产品的；

（二）在专利申请日前已经制造相同产品、使用相同方法或者已经作好制造、使用的必要准备，并且仅在原有范围内继续制造、使用的；

（三）临时通过中国领陆、领水、领空的外国运输工具，依照其所属国同中国签订的协议或者共同参加的国际条约，或者依照互惠原则，为运输工具自身需要而在其装置和设备中使用有关专利的；

（四）专为科学研究和实验而使用有关专利的；

（五）为提供行政审批所需要的信息，制造、使用、进口专利药品或者专利医疗器械的，以及专门为其制造、进口专利药品或者专利医疗器械的。

上述法条规定了不视为侵犯专利权的行为，其中第（1）项体现的是知识产权中的权利用尽原则；第（2）项为专利的在先使用抗辩，在先使用的情形下只能在原有范围内继续使用；第（3）项是对临时通过中国领土的外国运输工具的特别规定，允许在一定条件下使用有关专利；第（4）项规定了专门为科研实验使用专利也不侵犯专利权；第（5）项是为提供行政审批所需要信息而制造、使用、进口专利药品、医疗器械的。

（三）专利侵权赔偿数额确定

《中华人民共和国专利法》

第六十五条 侵犯专利权的赔偿数额按照权利人因被侵权所受到的实际损失确定；实际损失难以确定的，可以按照侵权人因侵权所获得的利益确定。权利人的损失或者侵权人获得的利益难以确定的，参照该专利许可使用费的倍数合理确定。赔偿数额还应当包括权利人为制止侵权行为所支付的合理开支。

权利人的损失、侵权人获得的利益和专利许可使用费均难以确定的，人民法院可以根据专利权的类型、侵权行为的性质和情节等因素，确定给予一万元以上一百万元以下的赔偿。

上述法条规定了侵犯专利权案件赔偿数额的确定方法，即能确定实际损失按实际损失赔付，不能证明的按侵权人实际获得利益赔付，不能证明实际获益的参照专利许可费赔付，不能证明专利许可费的则由法院依据具体情况在 1 万元至 100 万元范围内酌定赔偿数额。

三、案件介绍

案由

案由：侵害实用新型专利权纠纷

案号

一审案号：（2014）东中法知民初字第 160 号

二审案号：（2015）粤高法民三终字第 1 号

案件当事人

一审原告、二审被上诉人：中山市天虹电机制造有限公司

一审被告、二审上诉人：中山市威特电机有限公司

一审被告：刘桑梓

一审被告：林桥赞

📑 **案件法律文书**

1. 二审民事判决书

广东省高级人民法院民事判决书

（2015）粤高法民三终字第 1 号

上诉人（原审被告）：中山市威特电机有限公司

被上诉人（原审原告）：中山市天虹电机制造有限公司

原审被告：刘桑梓

原审被告：林桥赞

上诉人中山市威特电机有限公司（以下简称威特公司）因与被上诉人中山市天虹电机制造有限公司（以下简称天虹公司）、原审被告刘桑梓、林桥赞侵害实用新型专利权纠纷一案，不服广东省东莞市中级人民法院（2014）东中法知民初字第160 号民事判决，向本院提起上诉。本院受理后，依法组成合议庭进行了审理。本案现已审理终结。

原审法院经审理查明：天虹公司先以威特公司与刘桑梓为被告提起本案诉讼，刘桑梓申请追加林桥赞为本案被告，原审法院依法予以准许。

2008 年 4 月 30 日，发明人麦德添向国家知识产权局申请名为"工业缝纫机电机的平板轴"的实用新型专利，2009 年 1 月 21 日授权公告，专利号为 ZL200820057979.6。其权利要求 1 为"一种工业缝纫机电机的平板轴，其特征在于：一圆形薄板中心有圆孔，圆孔一边向外有翻边，一长轴对准该圆孔，沿圆孔翻边焊接，使长轴与圆形薄板焊接连为一体"。该专利处于有效状态。

2014 年 3 月 24 日，广东省中山市菊城公证处根据天虹公司的申请，指派公证员陈某及公证工作人员郑某随天虹公司的委托代理人杨某深来到东莞市街永惠针车行，由杨某深在该店铺内购买货物一批共五件，取得收据号码 3104651 "收据"一张、"中国农业银行转账电话交易凭条"一张及"刘桑梓"名片一张。购买结束后，公证员根据杨某深的要求，将所购买的货物运至广东省中山市菊城公证处保存。上述购买行为及运输过程均有公证员及公证工作人员现场监督。同日，公证员与公证工作人员对广东省中山市菊城公证处保管的五件货物进行拆箱、拍照，拍照完成后当日对该五件货物进行装箱并封存，封存后对已封存货物外观进行拍照，共取得照片 60 张。天虹公司通过公证处公证购买了五件产品，共支付货款 1030 元，其中，本案涉及的侵权产品为两件，天虹公司称花费512元。

庭审中，经拆封公证处封存货品纸箱，该纸箱外面分别印刷有："中国质量认证证书编号200901040l328023""制造商：中山市威特电机有限公司亿利电机厂""地址：中山市小榄镇工业大道二十九号"。在纸箱内取出工业缝纫机电机一台，自该电机内拆出平板轴，经比对，天虹公司认为本专利与被诉侵权产品都有一个圆形薄板，薄板中间有圆孔，圆孔一边有翻边，有一长轴插装在圆孔内，圆形薄板与长轴之间通过沿圆孔翻边焊接，两者是相同的。威特公司、刘桑梓、林桥赞认为本专利与被诉侵权产品相同。

威特公司在庭审中提交其生产的工缝离合器电机一台连包装，其包装上印刷有："weiteli／中国质量认证证书编号200901040l328023""制造商：中山市威特电机有限公司亿利电机厂""地址：中山市小榄镇工业大道中二十九号"。

另查，威特公司在1995年1月11日成立，其法定代表人为吴炯华，注册资本250万元，其投资者为吴炯华占79%股份、吴某甲占12%股份、吴某乙占3%股份、吴某丙占3%股份、吴某丁占3%股份。中山市东升镇亿利电机厂在2000年9月20日成立，为个人独资企业，投资人为吴炯华，于2012年7月12日注销。东莞市街鑫成针车配件店为个体工商户，经营者是林桥赞，对外使用东成针车行为店铺名称。东莞市街永惠针车行为个体工商户，经营者为刘桑梓。

麦德添及天虹公司在2012年以中山市东升镇亿利电机厂及吴某戊为被告，向广东省中山市中级人民法院提起诉讼，主张中山市东升镇亿利电机厂及吴某戊侵害实用新型专利（专利号为ZL200820057979.6），该案案号为（2012）东中法知民初字第31号，中山市东升镇亿利电机厂在该案中提供一台由威特公司生产的电机，电机上标注"yili"商标。

又查，威特公司取得中国国家强制性产品认证证书（编号为200910401328023），发证日期为2011年5月31日。

2014年5月19日，天虹公司向原审法院对威特公司、刘桑梓提起诉讼。8月20日，天虹公司申请追加林桥赞为本案被告，请求判令：（1）威特公司立即停止制造、销售被诉侵权产品的侵权行为、销毁库存的侵权产品，刘桑梓、林桥赞立即停止销售被诉侵权产品的侵权行为、销毁库存的侵权产品；（2）威特公司、刘桑梓、林桥赞赔偿天虹公司的经济损失及制止侵权合理使用费用人民币50万元；（3）本案的诉讼费用由威特公司、刘桑梓、林桥赞承担。

原审法院认为，本案为侵害实用新型专利权纠纷。天虹公司获得许某使用的名称为工业缝纫机电机的平板轴、专利号为ZL200820057979.6的实用新型专利合法有效，应当受到法律保护。本案争议的焦点：（1）被诉侵权产品是否落入本专利保护范围；（2）刘桑梓、林桥赞的合法来源抗辩是否成立；（3）被诉侵权产品的生产商是否是威特公司；（4）威特公司、刘桑梓、林桥赞应否承担侵权责任。

首先，经过比对，被诉侵权产品与本专利的技术特征相同，威特公司、刘桑梓、林桥赞对被诉侵权产品与本专利一致没有异议，被诉侵权产品全面覆盖了本专利权利要求1的保护范围。

其次，刘桑梓与林桥赞均为合法的市场主体，两人均是从合法渠道取得被诉侵权产品，取得产品的价格没有明显低于市场价格，而平板轴安装在电机内部，难以从外部直接判断是否侵权，对于刘桑梓与林桥赞合法来源的辩解，原审法院予以采纳。

再次，威特公司声称被诉侵权产品由中山市东升镇亿利电机厂生产，原审法院不予采信，理由如下：（1）威特公司与中山市东升镇亿利电机厂过往均有使用"yili"商标的事实；（2）威特公司的电机与被诉侵权产品使用相同编号的中国国家强制性产品认证证书；（3）威特公司的法定代表人和控股股东与中山市东升镇亿利电机厂的投资人均为吴炯华，威特公司与亿利电机厂的产品为同一种类，两者为联系密切的关联企业；（4）没有证据可以显示亿利电机厂曾经反对威特公司使用"yili"商标，也没有证据显示威特公司反对亿利电机厂使用其中国国家强制性产品认证证书和"威特公司"字样；（5）威特公司电机包装箱与被诉产品包装箱印刷的商标图案高度相似。以上线索均表明威特公司在生产与外包装上均模糊了其与亿利电机厂的主体区别，但从被诉侵权产品包装上中国国家强制性产品认证证书的真实归属以及制造商地址来看，可以认定威特公司为被诉侵权产品的生产者。

最后，根据《专利法》第70条的规定，刘桑梓与林桥赞有销售专利侵权产品的行为，基于两人合法来源的抗辩成立，两人不承担赔偿责任，但两人应当停止销售案涉专利侵权产品并予以销毁库存产品。威特公司有生产和销售专利侵权产品的行为，威特公司应当停止生产与销售专利侵权产品。因天虹公司没有证据证明其因威特公司的侵权行为遭受的经济损失或威特公司因侵权所获得的利润，原审法院综合考虑本专利为实用新型专利、威特公司的规模、被诉侵权产品的售价、维权费用等因素，原审法院酌定威特公司赔偿天虹公司经济损失人民币 10 万元。

综上，原审法院认为威特公司、刘桑梓、林桥赞侵犯了天虹公司的专利权，应各自承担相应的民事责任。依据《专利法》第 11 条第 1 款、第 59 条第 1 款、第 65 条、第 70 条以及《最高人民法院关于审理侵犯专利权纠纷案件应用法律若干问题的解释》第 7 条的规定，判决：（1）威特公司自判决生效之日起立即停止制造、销售侵害专利号为 ZL200820057979.6 专利权的产品，并销毁库存侵权产品；（2）威特公司自判决生效之日起 10 日内向天虹公司赔偿损失 10 万元（含合理费用 512 元）；（3）刘桑梓、林桥赞自判决生效之日起立即停止销售侵害专利号为 ZL200820057979.6 专利权的产品，并销毁库存侵权产品；（4）驳回天虹公司其他诉讼请求。如果未按判决指定的期限履行给付金钱义务，应当依照《中华人民共和国民事诉讼法》第 253 条之规定，加倍支付迟延履行期间的债务利息。本案案件受理费人民币 8800 元，由威特公司负担 6000 元、刘桑梓负担 500 元、林桥赞负担 500 元、天虹公司负担 1800 元。

上诉人威特公司不服原审判决，向本院提起上诉称：（1）被诉侵权产品并非由威特公司制造。首先，本案被诉侵权产品是从刘桑梓处公证购买，而刘桑梓销售的该被诉侵权产品来源于林桥赞，林桥赞则出具"送货单"及"收据"两份证据，证明其销售的被诉侵权产品为中山市东升镇亿利电机厂生产，天虹公司对该两份证据的真实性和合法性均予以认可；其次，（2012）东中法知民初字第 31 号判决认定同本案被诉侵权产品一样的侵权产品为中山市东升镇亿利电机厂生产；再次，被诉侵权产品所记载的商标、产品名称、厂名、地址与威特公司使用的商标、产品名称、厂名、地址完全不同；最后，一审法院推定被诉侵权产品由威特公司生产的理由不能成立：其一，威特公司虽然曾经使用过"yili"商标，但其使用行为是在天虹公司专利申请日之前，与被诉侵权行为无关；其二，被诉侵权产品上标注的产品 3C 认证证书编号"2009010401328023"是威特公司申请的，但是被亿利电机厂违规使用，不能因为被诉侵权产品上标注了威特公司的 3C 认证证书编号就推定该产品为威特公司生产；其三，虽然威特公司的法定代表人和控股股东与亿利电机厂的投资人均为同一人，但威特公司与亿利电机厂是不同的企业，是两个独立的责任主体；其四，威特公司生产的产品与本案专利、被诉侵权产品均完全不同，被诉侵权产品并非威特公司生产。（2）一审判决的赔偿数额没有依据。被诉侵权产品由亿利电机厂生产，不应该由威特公司承担赔偿责任；被诉侵权产品是亿利电机厂于 2011 年 12 月 25 日提供给林桥赞的，已经被（2012）东中法知民初字第 31 号在先判决承担赔偿责任，本案中不应该重复赔偿。故请求：撤销一审判决，改判驳回天虹公司的诉讼请求，一审、二审诉讼费由天虹公司负担。

被上诉人天虹公司答辩称：（1）被诉侵权产品为威特公司制造。第一，天虹公司在一审时并不认可林桥赞的合法来源抗辩，并不认可被诉侵权产品是由亿利电机厂提供给林桥赞的主张。虽然一审法院最终认定了林桥赞的合法来源抗辩成立，但是合法来源者与产品生产者是两个不同的概念。退一步来讲，即使林桥赞的被诉侵权产品来源于亿利电机厂，也不能说明亿利电机厂就是被诉侵权产品的生产者。第二，本案被诉侵权产品与（2012）东中法知民初字第 31 号案的被诉侵权产品是不同的产品，二者的包装不一样。第三，从本案被诉侵权产品包装上标注的 3C 认证证书编号、商标及制造商地址来看，可以认定威特公司即为被诉侵权产品的生产者。第四，一审判决关于被诉侵权产品由威特公司制造的推定合法、合理、合情。第五，威特公司为逃避侵权责任，故意混淆与亿利电机厂的关系。（2）一审判决的赔偿数额合理、合法。故请求驳回上诉，维持原判。

原审被告刘桑梓、林桥赞答辩称：本案二审争议的问题与其无关，其不发表意见。

本院经审理查明，原审法院查明事实属实，本院予以确认。

本院认为，本案为侵害实用新型专利权纠纷，根据威特公司的上诉请求和理由以及天虹公司、刘桑梓、林桥赞的答辩意见，本案的争议焦点为：（1）本案被诉侵权产品是否为威特公司制造；（2）原审判决的赔偿数额是否合理。

一、本案被诉侵权产品是否为威特公司制造

根据查明的事实，在公证保全的被诉侵权产品外包装上，分别标注有："中国质量认证证书编号：2009010401328023""制造商：中山市威特电机有限公司亿利电机厂""地址：中山市小榄镇工业大道二十九号"等信息。对于这些信息：（1）第"2009010401328023"号中国质量认证证书编号的申请人是威特公司；（2）该制造商名称不规范地同时标注了两家企业，其前半部分标注了威特公司的企业名称，而其后半部分标注的"亿利电机厂"的法定代表人与威特公司主要投资人相同，两个企业之间有关联；（3）该注册地址虽然比威特公司的注册地址少了一个"中"字，但是二者均是在同一条路上且编号相同，在威特公司无反证证明该地址为他人地址的情况下，可以认定该制造地址即为威特公司的注册地址。因此，综合来看，公证保全的被诉侵权产品上的前述信息指向威特公司非常明显，一审认定被诉侵权产品为威特公司制造并无不当。威特公司主张亿利电机厂未经许可擅自使用其3C认证证书编号，但是威特公司并未对此予以证明，该主张事实依据不足。威特公司主张被诉侵权产品所记载的厂名、地址与威特公司的厂名、地址不同的上诉意见与事实不符，本院不予采纳。

判断合法来源抗辩是否成立是看销售者从其上一手销售者中购买被诉侵权产品时是否来源合法且主观善意，至于该上一手销售者是否为被诉侵权产品的制造者则在所不问，威特公司认为一审认定林桥赞合法来源抗辩成立故被诉侵权产品来源于亿利电机厂的上诉理由没有法律依据。

威特公司举证的（2012）东中法知民初字第31号判决和该案作为定案依据的（2011）粤中石证内字第3559号公证书并未对被诉侵权产品的包装予以全面查明或者记载，尤其是未对该被诉侵权产品外包装上的厂名、厂址等信息予以表述，无法证明本案被诉侵权产品就是与该案被诉侵权产品相同产品的事实。故该两份证据无法证明（2012）东中法知民初字第31号民事判决已经认定本案被诉侵权产品由亿利电机厂制造的事实。威特公司该上诉理由不能成立，本院不予采纳。

威特公司在一审时提交了其生产的一款电机产品，用于证明其生产电机产品时的包装情况。但是该证据只能证明威特公司制造过该包装的电机产品，对威特公司有无制造本案被诉侵权产品并无逻辑上的证明力。其该上诉理由亦不能成立，本院不予采纳。

二、原审判决的赔偿数额是否合理适当

威特公司未经许可实施本案专利，依法应该承担侵权赔偿责任。根据《专利法》第65条关于"侵犯专利权的赔偿数额按照权利人因被侵权所受到的实际损失确定；实际损失难以确定的，可以按照侵权人因侵权所获得的利益确定。权利人的损失或者侵权人获得的利益难以确定的，参照该专利许可使用费的倍数合理确定。赔偿数额还应当包括权利人为制止侵权行为所支付的合理开支。权利人的损失、侵权人获得的利益和专利许可使用费均难以确定的，人民法院可以根据专利权的类型、侵权行为的性质和情节等因素，确定给予一万元以上一百万元以下的赔偿"之规定，在双方当事人均未对权利人损失、侵权人获利或者专利许可费的情况予以举证的情况下，原审判决综合考虑本案专利的类型、威特公司的规模、被诉侵权产品的售价、维权费用等因素酌情判决并无不当；原审判决确定的酌情数额符合法律规定的范围，合理适当，合法有据，本院予以维持。威特公司认为其不应该承担赔偿责任的上诉理由依据不足，本院不予采纳。

综上所述，原审判决认定事实清楚，适用法律正确，依法应予维持。威特公司的上诉请求不成立，本院予以驳回。依照《中华人民共和国民事诉讼法》第170条第1款第（1）项之规定，判决如下：

驳回上诉，维持原判。

本案二审案件受理费2300元（已预交2300元），由上诉人中山市威特电机有限公司负担。

本判决为终审判决。

2015年3月30日

四、案件相关问题解析

本案中，关于本案被告威特公司答辩意见的判定被告威特公司在答辩过程中一直强调侵权产品的制造者是亿利电机厂，与被告威特公司主体不一致，被告威特公司不应承担赔偿责任。被告威特公司的理由主要有：（1）刘桑梓销售的涉案侵权产品是购自被告林桥赞，而林桥赞提供"送货单"及"收据"两份证据证明该产品是中山市东升镇亿利电机厂生产；（2）另一份判决书中认定同本案被诉侵权产品一样的侵权产品是中山市东升镇亿利电机厂生产；（3）被诉侵权产品所记载的商标、产品名称、厂名、地址与被告威特公司所使用的完全不同。

对于被告威特公司的第一个理由，被告林桥赞在其合法来源抗辩中提交的证据只是证明了其上一家的销售者是亿利电机厂，并不能证明亿利电机厂就是产品的生产者。对于被告威特公司的第二个理由，被告威特公司举证的（2012）东中法知民初字第31号判决和该案作为定案依据的（2011）粤中石证内字第3559号公证书中并没有对产品的包装进行描述，无法确定该判决书中所述产品即本案侵权产品。对于被告威特公司的第三个理由，首先，包装上的中国质量认证证书编号的申请人是威特公司；其次，包装标注制造商不规范，前半部分标注了威特公司的企业名称、后半部分标注了亿利电机厂，两个主体的主要投资人相同具有关联关系；最后，虽然外包装上的注册地址与威特公司注册地址少了一个"中"字，但二者均是在同一条路上且编号相同，如威特公司无反证证明，可以认定该制造地址即为威特公司的注册地址。

因此，在被告威特公司无充分证据证明该产品为亿利电机厂生产的情况下，法院认定被告威特公司为侵权产品的制造者。

五、案件启示及建议

（一）专利侵权抗辩之合法来源抗辩

本案中，作为被告的刘桑梓与林桥赞销售、使用了原告享有专利权的专利部件的电机，而两被告提交了"收据""送货单"等单据证明其从合法来源购入有关侵权产品，同时由于侵权的部件在电机内部，主观上不能判断电机为侵权产品，故为善意，从而依据《专利法》第70条提出合法来源抗辩，不承担赔偿责任，法院也采纳了两被告的抗辩意见。

《专利法》第70条规定："为生产经营目的使用、许诺销售或者销售不知道是未经专利权人许可而制造并售出的专利侵权产品，能证明该产品合法来源的，不承担赔偿责任。"这是专利侵权合法来源抗辩的基础。

专利侵权诉讼中合法来源抗辩应当具备如下要件：

（1）抗辩人应以"生产经营"为目的。即抗辩人使用、许诺销售或销售产品的目的是为了生产经营，如果是为了科学研究和实验或其他目的，就不能提出合法来源抗辩了，这种抗辩有可能为《专利法》第69条所述的"不视为侵犯专利权抗辩"情形。

（2）抗辩人仅为使用、许诺销售或销售行为人。即抗辩人所从事行为仅限于为生产经营目的的销售、许诺销售或者使用专利产品的行为，不包括制造和进口专利产品的行为。我国《专利法》对专利产品的制造提供的是"绝对保护"，制造行为为侵权产品的源头，故制造商不能以"不知道"为由免责。而进口行为涉及两个国家不同法域，在国外具有专利权的产品在国外流通适用国外法律，但进入我国就适用我国法律，在国外享有专利权的权利人可以依据《专利法》第 29 条 ① 申请国内他人先申请的专利无效。如过了优先权日或其他原因不能使国内专利无效，由于进口行为视为侵权产品在我国市场的初始流通，进口行为与制造行为的后果相一致，因此也不能以"不知道"进口产品侵权为由而免责。

（3）抗辩人的主观必须是善意，就是不知道使用、许诺销售或销售的是侵犯他人专利权的产品。这种不知道包括了客观情况不可能知道以及应当知道而实际并不知道两种情况。从侵权行为法理论上来说，行为人的主观方面有两种，故意及过失。如行为人明知行为侵犯他人权利仍然进行该行为则为故意，毫无疑问应当承担侵权责任；如行为人应当知道其行为侵犯他人权利，但由于疏忽大意而不知，则主观状态为过失，也应承担侵权责任。由于每一个商品使用者、销售者都具有合理的注意义务，都应当事先核实其使用、销售的产品是否为侵犯他人专利权人的产品，否则就有过失。但从现实看，要求每个商品的销售者或使用者了解所获得产品的专利状态及是否侵犯他人专利权是不可能且不现实的，所以"不知"或"应知而不知"的主观状态均可认定为善意。

（4）抗辩人需要证明其产品的合法来源。证明产品的合法来源具有两层含义，一方面抗辩人需要证明侵权产品的来源；另一方面抗辩人需要证明侵权产品得到的合法性。来源即需要证明侵权产品的上家是谁，合法性即需要证明侵权产品的获得是通过以合理价格的购入或其他合法手段得到。

在本案中，被告刘桑梓与林桥赞是电机销售商，因为销售行为而侵犯了原告的专利，符合上述的第一要件与第二要件。至于第三要件，由于侵犯专利权的部件在电机产品内部，要拆开电机才能看到，同时原告事前也未发函或以其他方式告知两被告该产品侵犯原告专利权，因此从该客观情况考虑，两被告不可能知道所销售电机产品为侵权产品。至于第四要件，两被告提交了"送货单""收据"等证明产品是从其他来源购买的证据来证明其产品的合法来源。综上，被

---

① 《专利法》第 29 条规定："申请人自发明或者实用新型在外国第一次提出专利申请之日起十二个月内，或者自外观设计在外国第一次提出专利申请之日起六个月内，又在中国就相同主题提出专利申请的，依照该外国同中国签订的协议或者共同参加的国际条约，或者依照相互承认优先权的原则，可以享有优先权。

申请人自发明或者实用新型在中国第一次提出专利申请之日起十二个月内，又向国务院专利行政部门就相同主题提出专利申请的，可以享有优先权。"

告刘桑梓与林桥赞满足了专利侵权抗辩中的合法来源抗辩，可免于侵权的赔偿责任。

在司法实践中，对于前两项要件抗辩主体及其目的判定并没有太大的争议，主要争议在于后两项，即证明抗辩人主观善意及产品的合法来源。

由于主观善意即"不知道"是一种消极事实，抗辩人无法举证证明，因此，一般情况下抗辩人只需口头提出我根本不知道销售的产品属于侵犯专利权的产品即可，而在一些明显可能侵犯专利权的情况下，抗辩人还需提供一些自己已经尽到审慎义务的证据。对于主观无过错的举证责任主要应由专利权人来提供反证，通过反证来证明销售者对侵权产品存在"明知"的心理。在通常情况下，很多专利权人会在诉前通过公证的方式固定侵权产品销售者侵权行为的证据，然后向销售者发律师函或警告函，在法庭上专利权人就以此来证明被告明知是侵权产品而继续销售的事实。这的确是一种方法去认定销售者的主观过错，但从另一方面来看，律师函或警告函中所指称的侵权产品在法律上是否真正侵权作为销售者来说难以判断。仅凭一封信就要求销售者停止使用或销售被权利人认为是侵权的产品，对销售者不公平，会给其带来经济上的损失。而如果被权利人指定的侵权产品一旦被认定为非侵权产品，作为销售者因权利人发函而停止销售造成的损失由谁来承担？因此，权利人的发函严格来讲只能作为初步证据使用，应结合其他证据来认定，如供货方的同一型号产品是否已被司法机关或专利行政机关、工商行政机关认定为侵权产品的证据，专利权人在发函警告时应尽量提供上述的有效证明材料。此外，其他能证明被告明知的证据，可以是被告因销售被诉侵权产品曾被司法、行政机关处理过的文书等。

合法来源，指被控诉权产品是从正规合法渠道，以正常合理价格购进。合法来源的证明包括合法的购销合同、正式发票、付款凭证、进货源的营业执照、运输合同等能证明销售者是通过"合法渠道"，以"正常价格"购进侵权产品的证据。其中，相比较而言，购销合同、正式发票、付款凭证具有较强的证明力，至于出库单、入库单、证人证言等由一方当事人出具的单方证据，缺乏公信力，仍需其他证据进行补强。如果抗辩人能提供正常且真实的购销合同、进货发票、付款凭证、出入库单据、供货方正常的主体资格等有效证据，同时均唯一地针对涉案产品，形成一个完整的证据链，则法院会认可抗辩人的产品客观上具有合法来源；反之，则法院会有不认定产品的合法来源的可能性，作为原告也可以针对证据链的漏洞提出质疑，不认可抗辩人提出的证据。

综上，作为专利侵权诉讼中的原告，在提出诉请前要备齐侵权人主观具有过错的证据，如前文所举向侵权人发函警告，而侵权人并未停止销售的证据材料，该警告函中应附上侵权人所售或生产产品明显侵犯原告专利权的证明材料。作为专利侵权诉讼中的被告，在收到原告寄送的警告函后，应尽快将所售的可能侵权的产品向供货商核实，如确有侵权可能，应立即停止销售侵权产品并留存相关证据。在进货时，产品销售方要注意留存相关的合同、发票、付款凭证、出入库单据等证据，要核实供货方的主体资格资质，如涉及专利的，在进货时向供货方要求出示有关的专利证书、专利权授权许可合同等证明材料并留存副本。

（二）专利侵权案件中影响赔偿数额的几种因素分析

本案中，原告提出诉求要求被告威特公司、刘桑梓、林桥赞赔偿被告因侵犯其专利权导致经济损失及制止侵权的合理使用费用人民币 50 万元。在一审中，法院因原告没有证据证明因被告侵权行为造成损失的数额或被告因侵权所获得利润，故而酌定被告赔偿原告经济损失 10 万元。二审中，二审法院对赔偿数额问题也作出了解答，其认为在双方当事人均未对权利人损失、侵权人获利或者专利许可费情况予以举证的情况下，原审判决综合考虑了专利的类型、侵权人公司的规模、被诉侵权产品的售价、维权费用等因素酌情判决并无不当，予以维持。

法院对专利侵权赔偿数额判定的依据来源于《专利法》第 65 条，即赔偿数额按实际损失确定，无法证明实际损失的按侵权人所获利益确定，损失和利益都无法确定的，参照许可使用费确定，以上都难以确定的才由法院根据专利权的类型、侵权行为的性质和情节等因素确定 1 万元至 100 万元的赔偿。由上可以得出确定赔偿的优先级：损失 > 获益 > 许可使用费 > 法定赔偿。

中南财经政法大学知识产权研究中心曾经公布过一份《知识产权侵权损害赔偿案例实证研究报告》，其中显示，在著作权侵权案件的判赔中，采用"法定赔偿"判赔标准的占 78.54%；在商标侵权案件的判赔中，采用上述标准的占 97.63%；专利侵权判决的这一比例则为 97.25%。也就是说，司法实务中，适用法定赔偿的方式确定损害赔偿数额的比例畸高。①　如此高比例地适用法定赔偿确定赔偿额源于专利侵权案件当事人举证难度高以及法律制度的不完善，在此笔者不深入探讨。

在现阶段如此高频率适用法定赔偿的情况下，如下因素会影响法院自由裁量结果。

（1）专利类型。专利分为发明专利、实用新型专利以及外观设计专利三种。三种专利从专利审查的严格程度、专利内在的价值度是有渐近性的，所以对于不同类型专利的侵权赔偿数额也是不一样的。在正常情况下，发明专利的侵权赔偿数额最大，实用新型其次，外观设计赔偿数额最小。

（2）侵权行为的性质。侵权行为的性质主要是从侵权人主观方面是故意还是过失考量，如果侵权人是故意侵权（一般包括专利产品的制造方、进口方以及其他故意侵犯专利权的主体），其赔偿数额相比主观过失侵犯专利权人（如部分专利产品销售方等其他过失侵犯专利权主体）要多一些。

（3）侵权行为的情节。侵权行为的情节包括侵权行为的类型、规模、持续时间等因素。一般来说，制造、进口侵权产品赔偿数额要比销售赔偿的数额大，而销售侵权产品赔偿数额又比许诺销售、使用侵权产品赔偿数额大；侵权行为的规模越大、持续时间越长，相应的赔偿数额也会越大。

（4）不同地区。为了使得在全国范围内各个地区的判决结果相协调，不造成赔偿数额差异过大而显失公平的结果，法院都会参考在先的同类型知识产权案件判例来确定赔偿数额。然而由于各个地方的经济发展水平是不同的，同一类型案件在不同地区的判例结果也会因经济水平差异而不同，因此在不同地区的法院对同一专利侵权案件所确定的赔偿数额也是不同的。

（5）其他。除以上因素外，还有其他的如专利的价值，包括专利的影响力、专利未来的收益等许多因素，但最终都由法官根据实际情况进行自由裁量。

在现有专利法律制度下，法院对专利侵权赔偿数额的自由裁量权过大，仅对数额有明确的限制即1万元至100万元范围内赔付。上海市高级人民法院曾在1997年发布《关于进一步加强知识产权审判工作若干问题的意见》，其中将专利赔偿数

---

① 陈志兴："积极提赔偿证据　客观看赔偿数额"，载中国知识产权资讯网[2014-09-04]，http://www.cipnews.com.cn/showArticle.asp?Articleid=33097，最后访问时间：2016年2月20日。

额在当时法定的 30 万元限额内依据专利的不同类型划分了两个层次：侵犯发明权、著作权、计算机软件著作权、商标专用权以及不正当竞争的，赔偿额为 1 万元至 30 万元；对于侵犯外观设计、实用新型专利权的，赔偿额为 0.5 万元至 15 万元。该方法是对专利法定赔偿数额的细分，同时也是对法院自由裁量的限制，更有利于合理确定专利侵权的赔偿数额。

第五章

侵犯发明专利权纠纷案的现有技术抗辩及抵触申请抗辩问题

主要原理： 实施的技术属于现有技术，不构成侵犯专利权

素材： 意大利马瑞克斯合资股份有限公司与上海依相燃气设备有限公司、上海依相动力系统有限公司侵害发明专利纠纷案

一、案情简介

原告意大利马瑞克斯合资股份有限公司（以下简称马瑞克斯公司）是名称为"用于吸热引擎的可燃气体供应装置的电磁阀组合件"的发明专利权人，其于 2006 年 5 月 19 日向国家知识产权局就该专利提出申请，2010 年 5 月 19 日被授予专利权，优先权日为 2005 年 5 月 20 日，专利号为 ZL200680014413.9。因发现被告生产销售的产品所含设备可能侵犯其专利权，故将被告诉至法院。原告按期缴纳专利年费，庭审时专利仍在保护期内。

被告一，上海依相燃气设备有限公司（以下简称依相燃气公司）主营燃气系统，于 2005 年 2 月 2 日以上海依相贸易有限公司（被告依相燃气公司前身）向国家知识产权局就名称为"分体式燃气喷轨"的实用新型申请专利。2006 年 4 月 12 日被授予专利权，专利号为 ZL200520039457.X。

被告二，上海依相动力系统有限公司（以下简称依相动力公司）主营柴油系统，是被告一依相燃气公司设立的子公司，被告一依相燃气公司制造系争的两款被诉侵权产品，并向被告二依相动力公司销售；被告二依相动力公司将购买所得的两款被诉侵权产品组装到自己的系统中，再行对外销售。

一审庭审中，两被告从原告的诉讼主体资格、被告侵权产品是否落入原告专利权的保护范围、被诉侵权产品使用的技术方案是否属于现有技术、被告依相燃气公司是否享有先用权等方面提出了抗辩。而一审法院审理并未采纳两被告的意见，判定两被告应当向原告承担民事责任。

后两被告不服一审判决，遂向上海市高级人民法院提起上诉，最终上海市高级人民法院驳回了两被告的上诉请求，维持了原判。

二、法学原理及分析

（一）现有技术、抵触申请问题涉及法条

《中华人民共和国专利法》

第二十二条　授予专利权的发明和实用新型，应当具备新颖性、创造性和实用性。

新颖性，是指该发明或者实用新型不属于现有技术；也没有任何单位或者个人

就同样的发明或者实用新型在申请日以前向国务院专利行政部门提出过申请，并记载在申请日以后公布的专利申请文件或者公告的专利文件中。

……

本法所称现有技术，是指申请日以前在国内外为公众所知的技术。

前述条款对现有技术作出了法律界定，即在申请日以前为国内外公众所知的技术。

同时前述条款对抵触申请问题作出了法律界定，即已有单位或个人就同样的发明或实用新型向专利行政部门提出过申请、记载在公布的专利申请文件或公告的专利文件中。

《中华人民共和国专利法》

第六十二条 在专利侵权纠纷中，被控侵权人有证据证明其实施的技术或者设计属于现有技术或者现有设计的，不构成侵犯专利权。

《最高人民法院关于审理侵犯专利权纠纷案件应用法律若干问题的解释》

第十四条 被诉落入专利权保护范围的全部技术特征，与一项现有技术方案中的相应技术特征相同或者无实质性差异的，人民法院应当认定被诉侵权人实施的技术属于专利法第六十二条规定的现有技术。

该条款为现有技术抗辩的法律依据，即被诉侵权人拥有的一项在申请日以前为国内外公众所知的技术与被诉落入专利权保护范围的全部技术特征相同或无实质性差异的可以适用现有技术抗辩。

（二）优先权问题涉及法条

《中华人民共和国专利法》

第二十九条 申请人自发明或者实用新型在外国第一次提出专利申请之日起十二个月内，或者自外观设计在外国第一次提出专利申请之日起六个月内，又在中国就相同主题提出专利申请的，依照该外国同中国签订的协议或者共同参加的国际条约，或者依照相互承认优先权的原则，可以享有优先权。

申请人自发明或者实用新型在中国第一次提出专利申请之日起十二个月内，又向国务院专利行政部门就相同主题提出专利申请的，可以享有优先权。

第三十条 申请人要求优先权的，应当在申请的时候提出书面声明，并且在三个月内提交第一次提出的专利申请文件的副本；未提出书面声明或者逾期未提交专利申请文件副本的，视为未要求优先权。

《中华人民共和国专利法实施细则》（2002 年修订）

第十条　除专利法第三十八条和第四十二条规定的情形外，专利法所称申请日，有优先权的，指优先权日。

……

前述条款对优先权问题作出了规定，即专利申请的申请日期以优先权日为准。

（三）先用权问题涉及法条

《中华人民共和国专利法》

第六十九条　有下列情形之一的，不视为侵犯专利权：

……

（二）在专利申请日前已经制造相同产品、使用相同方法或者已经作好制造、使用的必要准备，并且仅在原有范围内继续制造、使用的；

……

该条款规定了先用权抗辩的条件，即符合在专利申请日前已经制造相同产品、使用相同方法或者已经作好制造、使用的必要准备这三项条件之一，且在原有范围内继续制造、使用。

《最高人民法院关于审理侵犯专利权纠纷案件应用法律若干问题的解释》

第十五条　被诉侵权人以非法获得的技术或者设计主张先用权抗辩的，人民法院不予支持。

有下列情形之一的，人民法院应当认定属于专利法第六十九条第（二）项规定的已经作好制造、使用的必要准备：

（一）已经完成实施发明创造所必需的主要技术图纸或者工艺文件；

（二）已经制造或者购买实施发明创造所必需的主要设备或者原材料。

专利法第六十九条第（二）项规定的原有范围，包括专利申请日前已有的生产规模以及利用已有的生产设备或者根据已有的生产准备可以达到的生产规模。

该条款否定了以非法获得技术主张先用权，并且对何谓"已经做好制造、使用的必要准备"、何谓"原有范围"作出了解释。

三、案件介绍

案由

案由：侵害发明专利权纠纷

案号

一审案号：（2011）沪一中民五（知）初字第 202 号

二审案号：（2012）沪高民三（知）终字第 68 号

案件当事人

一审原告、二审被上诉人：意大利马瑞克斯合资股份有限公司（SocietitalianaMatrixS.P.A.）

一审被告、二审上诉人：上海依相燃气设备有限公司

一审被告、二审上诉人：上海依相动力系统有限公司

案件法律文书

1. 二审民事判决书

上海市高级人民法院民事判决书

（2012）沪高民三（知）终字第 68 号

上诉人（原审被告）：上海依相燃气设备有限公司

上诉人（原审被告）：上海依相动力系统有限公司

被上诉人（原审原告）：意大利马瑞克斯合资股份有限公司（SocietitalianaMatrixS.P.A.）

上诉人上海依相燃气设备有限公司（以下简称依相燃气公司）、上海依相动力系统有限公司（以下简称依相动力公司）因侵害发明专利权纠纷一案，不服上海市第一中级人民法院（2011）沪一中民五（知）初字第 202 号民事判决，向本院提起上诉。本院依法组成合议庭，于 2012 年 10 月 17 日公开开庭审理了本案。上诉人依相燃气公司与依相动力公司的共同委托代理人朱××，被上诉人意大利马瑞克斯合资股份有限公司（以下简称马瑞克斯公司）的委托代理人崔××到庭参加诉讼。

本案现已审理终结。

原审法院经审理查明以下事实。

一、原、被告专利的权属事实

原告于 2006 年 5 月 19 日向国家知识产权局就名称为"用于吸热引擎的可燃气体供应装置的电磁阀组合件"的发明申请专利，2010 年 5 月 19 日被授予专利权，优先权日为 2005 年 5 月 20 日，专利号为 ZL200680014413.9。原告按期缴纳专利年费，目前专利仍在保护期内。

原告在本案中主张其要求保护的权利范围为专利权利要求 1。该专利权利要求如下："一种用于吸热引擎的可燃气体供应装置的电磁阀组合件，其包括至少一个适合于经控制以将可燃气体送到所述引擎的电磁阀，所述电磁阀包括所述可燃气体的至少一个排出孔，承载遮挡件的一个铰键可由电磁体操作以用于控制所述排出孔。所述铰键由可围绕于固定元件的平坦表面的接触线转动的长方形板形成，所述接触线布置在所述长方形板的第一面上，位于第一平坦表面与相对于所述第一平坦表面倾斜的表面之间，弹性元件以力作用于所述长方形板以便通常将所述遮挡件保持在所述电磁阀的关闭位置中；所述电磁阀组合件的特征在于所述弹性元件包括由螺旋压缩弹簧推动而抵靠所述长方形板的曲形截面棒。"

此外，原告专利权利要求 2 记载，"根据权利要求 1 所述的电磁阀组合件，其特征在于所述棒由具有至少部分为圆形的截面的弹性体形成，补偿板布置在所述棒与所述螺旋压缩弹簧的一端之间"。

被告依相燃气公司成立于 2002 年 7 月 25 日，注册资本 500 万元，经营范围包括：汽摩配件，汽车燃气设备、电子元件，润滑油销售，汽车燃气设备技术开发，从事货物及技术的进出口业务。依相燃气公司原名上海依相贸易有限公司，于 2005 年 9 月经工商行政管理部门核准变更使用现企业名称。

2005 年 2 月 2 日，上海依相贸易有限公司（被告依相燃气公司前身）向国家知识产权局就名称为"分体式燃气喷轨"的实用新型申请专利。2006 年 4 月 12 日被授予专利权，专利号为 ZL200520039457.X。该实用新型专利权利要求说明书记载："1.一种分体式燃气喷轨，包含通过燃气的计量管，控制计量管口打开、闭合的阀板。其特征是：一个偏长方体的阀门定位板正面，中间有一长方形凹槽，沿长度方向，上、下各有均匀间隔的三个长方形凸起和两个边与边相连的半个凸起，构成四个长方形间隔空间；在一边的四个长方形间隔空间中，有四个可插入计量管的圆通孔；在定位板的背面，每两个圆通孔有可安放密封圈的圆槽围绕，该面与分配板上两圆孔对齐紧固；定位板正面另一边对应的四个长方形间隔空间是嵌入两边带凹缺口的舌形凸板构成的阀板，舌形凸板中心，有一圆缺孔，嵌入一个横截面为"工"字形的上、下两圆形，可严盖或打开计量管口的橡胶垫；四个阀板其上有对应的四个插着铁芯的线圈，铁芯上有一使其不能穿过线圈的台阶，并由铁芯架固定，四对线圈的两引脚通过隔板焊接在电路板上，并由电缆线引出，整体封裹在喷轨壳体内。2. 根据权利要求1所述的燃气喷轨，其特征是：所述的四对线圈的两引脚焊接在电路板上，其焊接方式是通过分配板同一圆孔的两个线圈铁芯，通电形成的磁力线，一个是由下向上，则另一个是由上向下，形成两个磁力线封闭。"

该专利说明书第2页"具体实施方式"第14行记载，"……弹性体4和滑动片5，使阀板8复位，……"

二、两被告被诉的侵权事实

被告依相燃气公司企业宣传册第12页"EXON1.5CNG多点顺序喷射系统"中包括VIT Ⅱ喷轨、第14页"EXON Ⅳ CNG多点顺序喷射系统"中包括VIT Ⅱ喷轨、第16页"EXON Ⅳ LPG多点顺序喷射系统"中包括VIT Ⅱ喷轨。该宣传册末页插页中"VIT燃气喷嘴/喷轨"中包括VIT Ⅱ喷轨与VIT Ⅲ喷轨的技术参数。

工业和信息化部"ICP/IP地址/域名信息备案管理系统"显示，被告依相燃气公司的网站首页网址为www.yx-gas.com及www.exon-gas.com。登录www.yx-gas.com，"主要产品"中包括"EXONVIT Ⅱ高性能喷轨（LPG/CNG天然气/液化气燃气汽车改装系统油改气）"，并包括该产品的主要技术参数。

被告依相动力公司成立于2010年1月7日，系被告依相燃气公司的子公司，注册资本100万元。经营范围包括：汽车燃气设备、发动机燃气设备、机械设备、电气设备、电子元件、汽摩配件销售，从事货物进出口及技术进出口业务，发动机燃气系统技术开发。

该企业宣传册第1页"公司简介"称，"上海依相动力系统有限公司系上海依相燃气设备有限公司下属子公司，公司专注于商用车领域CNG/LPG/LNG发动机单燃料燃气喷射系统的研发、生产与销售、服务……"，第7、8页的"LNG系统示意图"及"CNG系统示意图"中包括"喷轨"，第9页"主要部件图"中包括VIT Ⅲ喷轨，第14页"低压燃气部件"中"喷轨"主要技术参数显示，型号为VIT Ⅲ。

工业和信息化部"ICP/IP地址/域名信息备案管理系统"显示，被告依相动力公司的网站首页网址为 www.yx-power.com.cn。登录 www.yx-power.com.cn,"主要产品"中包括"喷轨",其主要技术参数显示型号为 VIT Ⅲ。

一审庭审中,两被告当庭确认原告主张的被诉侵权产品 VIT Ⅱ 与 VIT Ⅲ 喷轨的技术原理一致,仅在产品大小上存在差异,故原审法院组织双方当事人就涉案 VIT Ⅱ 喷轨与原告要求保护的发明专利权利要求 1 进行比对。

经比对,原告认为,被诉侵权产品 VIT Ⅱ 喷轨具有原告发明专利权利要求 1 中所包含的全部技术特征,故该被诉侵权产品的技术特征完全落入原告专利权利要求 1 的保护范围。两被告则认为,被诉侵权产品 VIT Ⅱ 喷轨与原告发明专利权利要求 1 的技术特征存在两点区别:(1)被诉侵权产品有四个排出孔,原告专利中仅有一个排出孔;(2)被诉侵权产品的弹性元件包括弹簧、弹性棒、滑片,原告专利中弹性元件仅包括弹簧及曲形截面棒。

同时,原审法院还组织双方当事人就被诉侵权产品 VIT Ⅱ 喷轨与被告依相燃气公司的实用新型专利进行了技术比对。

经比对,两被告认为,被诉侵权产品 VIT Ⅱ 喷轨具有其实用新型专利权利要求书中所列的全部技术特征,该专利说明书中记载有弹性体。原告则认为,在该实用新型专利权利要求书中并未提及弹簧或弹性体,故两被告所谓被诉侵权产品系依据其在先实用新型专利制造并不成立。

三、相关其他事实

2005 年 10 月 27 日、12 月 5 日,上海依相贸易有限公司向案外人上海恒达电器制造有限公司购买喷管;2005 年 11 月 7 日,2006 年 3 月 3 日、3 月 27 日、5 月 24 日向不同的案外人销售"喷轨""直喷套件""CNG 套件""LPG 直喷系统"等。

两被告陈述,被告依相燃气公司主营燃气系统,被告依相动力公司主营柴油系统,该两个系统均需使用系争的两款被诉侵权产品;被告依相燃气公司制造系争的两款被诉侵权产品,并向被告依相动力公司销售;被告依相动力公司将购买所得的两款被诉侵权产品组装到自己的系统中,再行对外销售。

原告为诉讼支付交通、住宿费 6203.8 元,查档费 20 元,翻译费 1900 元,律师费 90 000 元。

原审法院认为,本案的争议焦点主要是:(1)原告在本案中的诉讼主体是否适格;(2)被诉侵权产品的技术特征是否落入原告专利权的保护范围;(3)被诉侵权产品使用的技术方案是否属于现有技术;(4)被告依相燃气公司是否享有先用权;

（5）两被告应当承担的民事责任。

针对上述争议焦点，原审法院评判如下。

一、原告在本案中的诉讼主体是否适格

两被告认为，本案系原告于2011年5月4日立案后，于同年10月申请撤诉后再次向法院提起的诉讼，而原告在本案中提交的诉状未经过公证、认证，翻译件未加盖翻译机构的印章，翻译的真实性无法确认，且原告在前诉撤诉后再次提起诉讼，未重新办理委托手续，亦无原告法定代表人签字，故原告提起本案诉讼主体不适格。

原审法院认为，首先，原告曾就本案于2011年5月4日向原审法院提起诉讼，原审法院受理后于同年6月22日进行了预备庭审理。同年10月27日原告向原审法院提出撤诉申请后，原审法院作出准予撤诉的裁定。现原告就相同事实再次提起诉讼，并不违反法律规定。其次，原告提交的民事诉状原件加盖了公司印章，且经过公证、认证程序，并有中文翻译，两被告对翻译的真实性存疑，但未提供相应的证据佐证。结合原告提供的经公证、认证的代理人委托书，原告委托律师在其与两被告的涉案专利侵权纠纷中作为诉讼代理人，其代理权限包括以原告名义代为书写、签署、提交、修改起诉状、答辩状及其他有关文件；代为承认、放弃、变更诉讼请求；代为达成和解，提起上诉，反诉，转委托及代为行使与本诉讼有关的其他权利。故原告的委托代理人有权代表原告提起本案诉讼，且对代理人提起诉讼的时间、次数原告在委托书中并未予以限定。两被告据此对原告诉讼主体资格存疑的主张，与事实不符，原审法院不予采信。

二、被诉侵权产品的技术特征是否落入原告专利权的保护范围

两被告主张，其被诉侵权产品VITⅡ喷轨与原告发明专利权利要求1相比，因在排出孔数量以及弹性元件的组成上存在差异，故未落入原告的专利保护范围。

原审法院认为，根据原告专利权利要求1的记载，"……所述电磁阀包括所述可燃气体的至少一个排出孔……"，该描述表明排出孔只要大于等于一个即落入专利权保护范围。同时，原告专利权利要求1还记载，"……所述电磁阀组合件的特征在于所述弹性元件包括由螺旋压缩弹簧推动而抵靠所述长方形板的曲形截面棒（46）"，该描述表明，弹性元件只要包括弹簧和曲形截面棒即落入专利权保护范围。此外，原告专利权利要求2还记载，"根据权利要求1所述的电磁阀组合件，其特征在于所述棒（46）由具有至少部分为圆形的截面的弹性体形成……"。现经拆卸比对，被诉侵权产品VITⅡ喷轨的排出孔数量为四个，弹性元件含有弹簧、弹性棒、

滑片，尽管 VIT Ⅱ 喷轨中的弹性棒与原告专利中的曲形截面棒使用的表述名称不一致，但两者同样系具有圆形截面的弹性体，故被诉侵权产品 VIT Ⅱ 喷轨的弹性元件虽然较原告专利权利要求 1 中的弹性元件的组成多包含"滑片"一项，但并不影响对其技术特征落入原告发明专利权利要求 1 的保护范围的认定。结合两被告的当庭陈述，被诉侵权产品 VIT Ⅱ、VIT Ⅲ 喷轨仅在产品大小有差异，故该两被诉侵权产品均落入原告专利权利要求 1 的保护范围。

三、被诉侵权产品使用的技术方案是否属于现有技术

两被告认为，即便被诉侵权产品落入原告专利权保护范围，但该产品系依据被告依相燃气公司拥有的实用新型专利制造，该专利申请日为 2005 年 2 月 2 日，授权公告日为 2006 年 4 月 12 日，均早于原告发明专利申请日（2006 年 5 月 19 日），故原告发明专利使用的技术方案系被告依相燃气公司实用新型专利公开的技术，属于现有技术。

原审法院认为，根据《专利法》（2000 年修正）第 22 条第 2 款的规定，"新颖性，是指在申请日以前没有同样的发明或者实用新型在国内外出版物上公开发表过、在国内公开使用过或者以其他方式为公众所知，也没有同样的发明或者实用新型由他人向国务院专利行政部门提出过申请并且记载在申请日以后公布的专利申请文件中"。故依据该规定，现有技术分成两种类型，一种是通过国内外出版物公开的现有技术；另一种是通过在国内使用公开或者以其他方式公开的现有技术。本案中，根据原告发明专利证书的记载，其享有优先权，优先权日为 2005 年 5 月 20 日；根据《专利法实施细则》（2002 年修订）第 10 条第 1 款之规定，"……专利法所称申请日，有优先权的，指优先权日"，而被告依相燃气公司拥有的系实用新型专利，其公开的日期为授权公告日，即为 2006 年 4 月 12 日。该日期晚于原告发明专利的优先权日期，故被告依相燃气公司拥有的实用新型专利在本案中并未通过出版物的方式得以公开，形成现有技术。

此外，被告依相燃气公司在一审庭审中陈述，该公司在 2005 年前后已开始设计、研发、生产涉案两款被诉侵权产品，并委托其他企业代工后回购。原审法院认为，从两被告提供的增值税专用发票可见，被告依相燃气公司的前身上海依相贸易有限公司于 2005 年 10 月 27 日、12 月 5 日分别向上海恒达电器制造有限公司购买了喷管 80 只、130 只，且被告依相燃气公司称，"喷管"即涉案"喷轨"产品。即便该公司的陈述属实，其委托他人代工被诉侵权产品后予以回购，但现有证据显示的代

工回购时间最早为 2005 年 10 月 27 日，亦晚于原告发明专利的优先权日（2005 年 5 月 20 日），故被告依相燃气公司拥有的实用新型专利技术方案在本案中亦未通过使用、销售等其他方式得以公开，形成现有技术。

综上所述，两被告所提现有技术抗辩与事实不符，原审法院不予采纳。

四、被告依相燃气公司是否享有先用权

被告依相燃气公司认为，其在 2005 年前后即已经开始生产、销售涉案被诉侵权产品，其早期自行研发、生产被诉侵权产品后委托他人加工并回购，之后销售给其他企业。为此，被告依相燃气公司提供了相关增值税专用发票为证。

经查，该些增值税专用发票显示，被告依相燃气公司曾于 2005 年 10 月 27 日、12 月 5 日分别向上海恒达电器制造有限公司购买"喷管"产品；2005 年 11 月 7 日、2006 年 3 月 3 日、3 月 27 日、5 月 24 日该公司向上海、沈阳、北京等地企业销售"喷轨""直喷套件""CNG 套件""LPG 直喷系统"等。

原审法院认为，先用权是指被诉侵权人在专利申请日前已经制造相同产品、使用相同方法或者已经做好制造、使用的必要准备，并且仅在原有范围内继续制造、使用的，不视为侵权。本案中，被告依相燃气公司主张先用权，其提供的增值税专用发票最早时间为 2005 年 10 月 27 日，晚于原告发明专利优先权日 2005 年 5 月 20 日，且发票中涉及的货物名称与本案两款被诉侵权产品存在差异，被告尚无法证实发票中的货物即为涉案被诉侵权产品 VIT Ⅱ、VIT Ⅲ 喷轨。此外，原审法院还注意到，尽管被告依相燃气公司的实用新型专利申请日期系 2005 年 2 月 2 日早于原告发明专利的优先权日期，但该实用新型专利的申请仅能证明被告依相燃气公司于申请日时已拥有了相关技术方案，尚无法证实其已经制造了相关产品或已经做好了制造的必要准备。综上所述，被告依相燃气公司主张先用权，于法无据，原审法院不予采信。

五、两被告应当承担的民事责任

如前所述，涉案两款被诉侵权产品 VIT Ⅱ、VIT Ⅲ 喷轨的技术特征与原告发明专利权利要求 1 记载的技术特征相同，均落入其保护范围，构成相同专利侵权。依据《专利法》（2000 年修正）第 11 条第 1 款之规定，"发明和实用新型专利权被授予后，除本法另有规定的以外，任何单位或者个人未经专利权人许可，都不得实施其专利，即不得为生产经营目的制造、使用、许诺销售、销售、进口其专利产品，或者使用其专利方法以及使用、许诺销售、销售、进口依照该专利方法直接获得的产品"。本案中，被告依相燃气公司自认其实施了制造、使用、销售被诉侵权产品

VIT Ⅱ、VIT Ⅲ喷轨的行为，该公司宣传资料上亦显示有 VIT Ⅱ、VIT Ⅲ喷轨产品及相关参数信息，故被告依相燃气公司应就其制造、使用、许诺销售、销售被诉侵权产品 VIT Ⅱ、VIT Ⅲ喷轨的行为承担停止侵权、赔偿损失的民事责任。

被告依相动力公司自认其将购买所得的两款被诉侵权产品组装到自己的系统中，再行对外销售，根据《最高人民法院关于审理侵犯专利权纠纷案件应用法律若干问题的解释》第 12 条第 1 款之规定，"将侵犯发明或者实用新型专利权的产品作为零部件，制造另一产品的，人民法院应当认定属于专利法第十一条规定的使用行为；销售该另一产品的，人民法院应当认定属于专利法第十一条规定的销售行为"，结合该公司的宣传册、网页上亦有 VIT Ⅲ喷轨产品及相关参数信息，因 VIT Ⅱ与VIT Ⅲ喷轨的技术特征一致，故被告依相动力公司应就其使用、销售、许诺销售被诉侵权产品 VIT Ⅱ、VIT Ⅲ喷轨的行为承担停止侵权、赔偿损失的民事责任。至于原告认为被告依相动力公司亦实施了制造两款被诉侵权产品的行为，因现有证据尚无法证实，故原审法院对此不予支持。

此外，鉴于被告依相动力公司系被告依相燃气公司的下属子公司，其将被告依相燃气公司制造、销售的被诉侵权产品组装到相应的汽车系统中，实施使用、销售、许诺销售的侵权行为，在主观上与被告依相燃气公司具有共同侵权的故意，故应承担连带责任。

关于本案的赔偿数额问题，鉴于原告未能提供证据证实其因被侵权所遭受的实际损失、被告因侵权所获得的利益以及原告专利许可使用费，故依据《专利法》第 65 条第 2 款之规定，"权利人的损失、侵权人获得的利益和专利许可使用费均难以确定的，人民法院可以根据专利权的类型、侵权行为的性质和情节等因素，确定给予一万元以上一百万元以下的赔偿"，原审法院综合考虑涉案专利的类型、两被告的主观过错程度、侵权行为的性质和情节等因素，酌情确定两被告应当承担的赔偿额。同时，依据《专利法》第 65 条第 1 款之规定，"……赔偿数额还应当包括权利人为制止侵权行为所支付的合理开支"，对于原告为制止侵权行为而支付的费用，原审法院亦依据案件情况酌情支持其中的合理部分。

据此，原审法院依照《中华人民共和国民法通则》第 118 条、第 130 条、第134 条第 1 款第（1）、（7）项，《中华人民共和国专利法》第 11 条第 1 款、第22 条第 2 款、第 56 条第 1 款，《中华人民共和国专利法》第 65 条，《中华人民共和国专利法实施细则》（2002 年修订）第 10 条第 1 款，《最高人民法院关于审理侵犯专利权纠纷案件应用法律若干问题的解释》第7条、第12条第1款的规定,判决:(1)被告依相燃气公司、依相动力公司应于判决生效之日起立即停止对原告马瑞克斯公司所享有的"用于吸热引擎的可燃气体供应装置的电磁阀组合件"发明专利权(专利号为ZL200680014413.9)的侵害;(2)被告依相燃气公司、依相动力公司应于判决生效之日起10日内连带赔偿原告马瑞克斯公司经济损失及合理费用人民币200 000元;(3)驳回原告马瑞克斯公司的其余诉讼请求。一审案件受理费人民币13 800元,由原告马瑞克斯公司负担人民币5520元,被告依相燃气公司、依相动力公司共同负担人民币8280元。

依相燃气公司、依相动力公司不服一审判决,向本院提起上诉,请求撤销原审判决,发回重审或者依法改判,驳回马瑞克斯公司的一审诉讼请求。上诉人依相燃气公司、依相动力公司上诉的主要理由是:第一,马瑞克斯公司在本案中不具有合法的主体资格。第二,原审法院认定被诉侵权产品落入涉案发明专利的保护范围错误。依相燃气公司在先取得名称为"分体式燃气喷轨"的实用新型专利。弹性元件包含弹性棒与弹簧并不等于落入涉案发明专利的保护范围。依据"分体式燃气喷轨"的实用新型专利,应认定现有技术抗辩成立。依相燃气公司享有先用权。第三,原审法院判决确定的赔偿数额明显过高。

被上诉人马瑞克斯公司庭审中口头答辩称,其在本案中具有合法主体资格,原审判决认定事实清楚,适用法律正确,请求二审法院驳回上诉,维持原判。

二审中,上诉人依相燃气公司、依相动力公司向本院提供了2份证据材料,即第1份,模具加工协议一组共13页,其中第1页与第2页为原件,其余为复印件。该份证据材料要证明其享有先用权。第2份,无效宣告请求受理通知书,该证据材料要证明依相燃气公司已对涉案发明专利提起了无效宣告请求。经质证,被上诉人马瑞克斯公司对第1份证据中为复印件部分材料的真实性有异议,并认为该份证据材料不能证明其享有先用权。本院认为,由于马瑞克斯公司对上诉人依相燃气公司、依相动力公司提供的第1份证据材料中为复印件部分材料的真实性有异议,故对这些材料的真实性不予确认,且该份证据材料也不能证明其享有先用权的主张,故对第1份证据材料不予采纳。由于马瑞克斯公司对上诉人依相燃气公司、依相动力公司提供的第2份证据材料的真实性无异议,且该证据材料与本案有关联性,故对该份证据材料予以采纳。

二审中,被上诉人马瑞克斯公司向本院提供1份证据材料,即国家知识产权局专利复审委员会于 2012 年 12 月 21 日作出的第 19810 号无效宣告请求审查决定，该份证据材料要证明，经过无效宣告审查程序后，涉案发明专利被专利复审委员会维持有效。经质证，上诉人依相燃气公司、依相动力公司对该份证据材料的真实性无异。本院认为，由于依相燃气公司、依相动力公司对该份证据材料的真实性无异，且该份证据材料与本案有关联性，故对该份证据材料予以采纳。

经审理查明，原审判决认定的事实属实。另查明，国家知识产权局专利复审委员会第 19810 号无效宣告请求审查决定中记载：

合议组认为，本专利权利要求 1（即涉案发明专利权利要求 1）的技术方案与证据 1（即"分体式燃气喷轨"的实用新型专利文件）公开的技术内容相比，存在以下区别：本专利的铰键（27）由可围绕与固定元件（25、55）的平坦表面（26）的接触线（35）转动的长方形板（29）形成，所述接触线（35）布置在所述长方形板（29）的第一面（37）上，位于第一平坦表面（38）与相对于所述第一平坦表面（38）倾斜的表面（39）之间，弹性元件（43）以力作用于所述板（29）以便通常将所述遮挡件（13）保持在所述电磁阀（14）的关闭位置中；所述电磁阀组合件的特征在于所述弹性元件（43）包括由螺旋压缩弹簧（44）推动而抵靠所述板（29）的曲形截面棒（46）。

由此可见，证据 1 未公开上述区别技术特征，权利要求 1 所要保护的技术方案与证据 1 所公开的技术内容并不相同。

对于国家知识产权局专利复审委员会第 19810 号无效宣告请求审查决定，依相燃气公司没有提供证据表明其已在法定期限内提起了相应的行政诉讼。

本院认为，原审法院已经充分论述了马瑞克斯公司在本案中具有合法的主体资格，本院不再赘述，二审中依相燃气公司、依相动力公司并没有提供足以推翻相应认定的事实与理由，依相燃气公司、依相动力公司的第一条上诉理由不能成立。

根据《最高人民法院关于审理侵犯专利权纠纷案件应用法律若干问题的解释》第 7 条第 2 款的规定，被诉侵权技术方案包含与权利要求记载的全部技术特征相同或者等同的技术特征的，人民法院应当认定其落入专利权的保护范围。本案被诉侵权产品的技术方案已经包含了涉案发明专利权利要求 1 记载的全部技术特征，故被诉侵权产品的技术方案已经落入涉案发明专利的保护范围。

涉案发明专利的优先权日为 2005 年 5 月 20 日，"分体式燃气喷轨"实用新型专利的申请日为 2005 年 2 月 2 日，授权公告日为 2006 年 4 月 12 日，故相对于涉案发明专利，"分体式燃气喷轨"实用新型专利文件，为在涉案发明专利申请日（指优先权日）以前由他人向国务院专利行政部门提出过申请并且记载在申请日（指优先权日）以后公布的专利文件，构成抵触申请。被诉侵权人以实施的技术是抵触申请中公开的技术方案主张不构成专利侵权的，在相同侵权中才可以类推适用现有技术抗辩，且被诉侵权技术方案与抵触申请中公开的技术方案相同时，不侵权抗辩才能够成立。根据二审查明的事实，被诉侵权技术方案与抵触申请中公开的技术方案并不相同，故本案抵触申请类推适用现有技术抗辩不能成立。本案中，也不存在足够的证据可以证明依相燃气公司享有先用权。依相燃气公司、依相动力公司的第二条上诉理由不能成立。

原审法院综合考虑涉案专利的类型、侵权行为的性质和情节等具体因素，酌情确定赔偿数额并无不当，依相燃气公司、依相动力公司的第三条上诉理由不能成立。

综上所述，上诉人依相燃气公司、依相动力公司的上诉请求与理由没有事实和法律依据，应予驳回。依照《中华人民共和国民事诉讼法》第153条第1款第（1）项之规定，判决如下：

驳回上诉，维持原判。

本案二审案件受理费人民币4300元，由上诉人上海依相燃气设备有限公司、上海依相动力系统有限公司共同负担。

本判决为终审判决。

2013 年 4 月 16 日

四、案件相关问题解析

本案主要围绕被诉侵权产品是否能以现有技术、抵触申请抗辩以及是否享有先用权等问题展开。

（一）本案中被告是否能以现有技术进行抗辩

本案中被告以被诉侵权产品属于现有技术进行抗辩需要满足两个条件，其一，原告专利权保护的技术在其权利获得前已为公众所知。其二，被告需要证明被诉产品使用了该技术。

在审理过程中一审、二审法院均认为被诉侵权产品的技术特征落入原告专利权保护的范围，而被告认为本案中原告取得发明专利的优先权日为 2005 年 5 月 20 日，但其已于 2005 年 2 月 2 日以上海依相贸易有限公司（被告依相燃气公司前身）向国家知识产权局就名称为"分体式燃气喷轨"的实用新型申请专利，并且于 2006 年 4 月 12 日被授予专利权，应适用现有技术抵辩。

然而，虽然被告提交了申请实用新型专利的相关证据，却无法证明原告专利权保护的技术于 2005 年 5 月 20 日前已为公众所知，也未能证明其实用新型技术在被诉侵权产品上使用，故被告很难通过现有技术抵辩向法院主张未侵犯原告的专利权。

（二）本案中被告是否能以抵触申请类推适用现有技术进行抵辩

针对该问题，被告需要证明其在原告之前已就所拥有的现有技术向专利行政部门提出过申请并记载在公布的专利申请文件或公告的专利文件中。

虽然被告于 2005 年 2 月 2 日就实用新型技术向国家知识产权局专利局提出了申请，但二审法院在审理中查明"被诉侵权技术方案与抵触申请中公开的技术方案并不相同"，故被告无法以抵触申请类推适用现有技术进行抵辩。

（三）本案中被告是否能以先用权进行抵辩

本案中被告能够提供证据证明其制造侵权产品的最早时间为 2005 年 10 月 27 日，晚于原告专利的优先权日 2005 年 5 月 20 日，且也未能提供证据证明其在 2005 年 5 月 20 日前已为制造相应产品作出了必要准备，故一审、二审法院认为被告不能依据先用权进行抵辩。

然而针对该问题，如果被告能够提供充分证据证明，那么笔者认为被告可以依据先用权主张不侵犯原告专利权。

五、案件启示及建议

（一）抵触申请类推适用现有技术抵辩问题中的争议

依据上海市高级人民法院起草的《专利侵权纠纷审理指引（2011）》第 24 条第 2 款的规定，"被诉侵权人以实施的技术是抵触申请中公开的技术方案主张不构成专利侵权的，在相同侵权中才可以类推适用现有技术抗辩，且被诉侵权技术方案与抵触申请中公开的技术方案相同时，不侵权抗辩才能够成立"。上海市法院对抵触申请类推适用现有技术抗辩设定了相同侵权、被诉侵权技术方案与抵触申请中公开的技术方案相同两个条件。本案中，上海市高级人民法院也是在比较了被诉侵权技术方案与被告的实用新型技术方案后作出了不适用抵触申请抗辩的结论。

然而，依据《北京市高级人民法院专利侵权判定指南》第 125 条、第 127 条之规定，"现有技术抗辩，是指被诉落入专利权保护范围的全部技术特征，与一项现有技术方案中的相应技术特征相同或者等同，或者所属技术领域的普通技术人员认为被诉侵权技术方案是一项现有技术与所属领域公知常识的简单组合的，应当认定被诉侵权人实施的技术属于现有技术，被诉侵权人的行为不构成侵犯专利权"。"抵触申请不属于现有技术，不能作为现有技术抗辩的理由。但是，被诉侵权人主张其实施的是属于抵触申请的专利的，可以参照本指南第 125 条关于现有技术抗辩的规定予以处理。"从该条文的表述看，北京市高级人民法院并未像上海市高级人民法院那样对抵触申请抗辩的适用进一步作出限制。这一主张在实践中也得到了部分判决的支持，如在最高人民法院作出的（2013）民提字第 225 号民事判决书中，最高人民法院认为："由于抵触申请能够破坏对比专利技术方案的新颖性，故在被诉侵权人以实施抵触申请中的技术方案主张不构成侵权时，应该被允许，并可以参照现有技术抗辩的审查判断标准予以评判。"而且最高人民法院在本案中采取的是在优先认定抵触申请技术抗辩不成立的情况下，再行认定被诉侵权技术是否落入专利权的保护范围的比对顺序，从中不难看出，最高人民法院倾向于认为抵触申请抗辩与现有技术抗辩一样与被诉侵权技术是否落入专利权的保护范围无关，亦即抵触申请在相同侵权或者等同侵权中均可以适用。①

根据以上分析可知，各地法院在运用抵触申请类推适用现有技术抗辩上仍存在着一定的差异，本案如在其他地区审理，所得出的结果可能截然不同，需要我们根据案件的实际情况巧加理解。

---

① 王超："抵触申请技术抗辩的渊源及其最新司法动态"，http://blog.sina.com.cn/s/blog_701db5f10101v8ej.html，最后访问时间：2016 年 3 月 21 日。

（二）在产品推广入市场前申请专利，避免丧失新颖性

众所周知，专利应当具备新颖性，但是许多企业在实际操作中因为缺乏专利知识等种种原因，忽视了该问题。先将产品投入市场，待市场反应良好后再申请专利的情况不在少数，殊不知这样的专利实际上已经不满足新颖性的要求，面临巨大的被宣告无效的法律风险。在正式提交专利申请前应当将该专利的具体情况进行保密，不被公众所知悉，因此建议企业在产品上市前就申请专利，确保专利的新颖性。

（三）注意留存抵触申请、现有技术抗辩、在先使用抗辩的相关证据

现有技术抗辩及在先使用抗辩是专利侵权案件当中常见的抗辩理由，但是多数因缺乏相应证据而得不到支持。中国目前的专利侵权中，确实存在部分专利后于产品推广甚至是模仿他人在先使用的产品。对于此类专利侵权案件，如果被告能有证据证明涉案专利属于现有技术或被告已经在先使用，则对于被告极为有利。因此建议企业留意本行业的行业前沿信息，如行业新闻、报纸、杂志，对于重要信息进行保留。此外，企业如在先使用的，也需要有收集证据的意识，如在销售合同中注明产品详细信息甚至是产品的发明点，在企业印制的宣传册中注明具体的印制时间，保留印刷合同、往来邮件、样稿确认书等。

第六章

侵犯外观设计专利权纠纷案的
现有设计抗辩问题

主要原理：实施的设计属于现有设计，不构成侵犯专利权

素材：李望星与浙江天猫网络有限公司、广州车特汽车配件有限公司侵犯外观设计专利权纠纷案

一、案情简介

2014年2月25日，原告李望星向国家知识产权局提出了名为"越野车脚踏板"的外观设计专利申请，并为该专利缴纳了年费。后原告发现在网上天猫商城SUVMCH旗舰店内有销售未经其许可的与其外观设计专利相似的产品。2014年11月20日，原告委托他人在公证处操作计算机，登录天猫商城"SUVMCH旗舰店"，对该店网站发布信息资料进行了证据保全，包括了店铺经营主体显示为"广州车特汽车配件有限公司"、店铺销售的多款汽车用踏板的商品详情及商品累计评价和月成交记录等证据。原告还自行购买了涉嫌侵权产品并取得对应发票。原告以侵害其外观设计专利权为由将浙江天猫网络有限公司（以下简称天猫公司）、广州车特汽车配件有限公司（以下简称车特公司）诉至广州知识产权法院，法院于2015年3月26日对该案公开开庭进行审理。

被告天猫公司辩称：原告要求天猫公司停止销售涉案产品并承担连带赔偿责任的诉讼请求无事实及法律依据。且其不存在主观过错，同时已经尽到了事前谨慎注意义务、合理的提醒和注意义务以及事后注意和协助义务。被告车特公司辩称：（1）车特公司已向国家知识产权局专利复审委员会提出无效申请，请求中止本案审理；（2）车特公司采用的是现有设计，不构成侵权；（3）原告主张的赔偿金额过高，不合理。庭审过程中，被告提供ZL20123021××××.1号名称为"汽车侧面踏板"的专利文献，授权公告日期为2012年9月12日，专利权人为重庆志寰机械设备有限公司，并以此主张现有设计抗辩。

2015年5月19日，广州知识产权法院作出判决，支持了被告车特公司的现有设计抗辩，驳回了原告李望星的诉讼请求。

二、法学原理及分析

《中华人民共和国专利法》

第二十三条 授予专利权的外观设计，应当不属于现有设计；也没有任何单位或者个人就同样的外观设计在申请日以前向国务院专利行政部门提出过申请，并记载在申请日以后公告的专利文件中。

授予专利权的外观设计与现有设计或者现有设计特征的组合相比，应当具有明显区别。

授予专利权的外观设计不得与他人在申请日以前已经取得的合法权利相冲突。

本法所称现有设计,是指申请日以前在国内外为公众所知的设计。

第五十九条 发明或者实用新型专利权的保护范围以其权利要求的内容为准,说明书及附图可以用于解释权利要求的内容。

外观设计专利权的保护范围以表示在图片或者照片中的该产品的外观设计为准,简要说明可以用于解释图片或者照片所表示的该产品的外观设计。

第六十二条 在专利侵权纠纷中,被控侵权人有证据证明其实施的技术或者设计属于现有技术或者现有设计的,不构成侵犯专利权。

《中华人民共和国专利法》第23条规定了外观设计专利不能为现有设计的原则,并说明外观设计专利应当与现有设计具有明显的区别,同时定义了现有设计为申请日以前在国内外为公众所知的设计。第62条规定了外观设计专利纠纷被控侵权人可以以该设计为现有技术进行抗辩。第59条规定了外观设计的保护范围以表示在图片或者照片中的该产品的外观设计为准。综上法条体现了外观设计被控侵权人在诉讼中可以考虑的一种诉讼方案,即提出现有设计抗辩。

《最高人民法院关于审理侵犯专利权纠纷案件应用法律若干问题的解释》

第八条 在与外观设计专利产品相同或者相近种类产品上,采用与授权外观设计相同或者近似的外观设计的,人民法院应当认定被诉侵权设计落入专利法第五十九条第二款规定的外观设计专利权的保护范围。

第十一条 人民法院认定外观设计是否相同或者近似时,应当根据授权外观设计、被诉侵权设计的设计特征,以外观设计的整体视觉效果进行综合判断;对于主要由技术功能决定的设计特征以及对整体视觉效果不产生影响的产品的材料、内部结构等特征,应当不予考虑。

下列情形,通常对外观设计的整体视觉效果更具有影响:

(一)产品正常使用时容易被直接观察到的部位相对于其他部位;

(二)授权外观设计区别于现有设计的设计特征相对于授权外观设计的其他设计特征。

被诉侵权设计与授权外观设计在整体视觉效果上无差异的，人民法院应当认定
两者相同；在整体视觉效果上无实质性差异的，应当认定两者近似。

第十四条　被诉落入专利权保护范围的全部技术特征，与一项现有技术方案中
的相应技术特征相同或者无实质性差异的，人民法院应当认定被诉侵权人实施的技
术属于专利法第六十二条规定的现有技术。

被诉侵权设计与一个现有设计相同或者无实质性差异的，人民法院应当认定被
诉侵权人实施的设计属于专利法第六十二条规定的现有设计。

最高人民法院《关于审理侵犯专利权纠纷案件应用法律若干问题的解释》第 8
条规定了一个产品如果与外观设计专利产品是相同或相近似种类产品，同时采用了
相同或相近似的外观设计，应当视为落入外观设计专利权的保护范围。第 11 条具
体规定了认定外观设计是否相同或者相近似的判断标准，即以外观设计的整体视觉
效果进行综合判断，而对于技术功能决定的设计特征及对整体视觉效果不产生影响
的产品材料、内部结构等特征不考虑。并举出，产品正常使用时容易被直接观察到
的部位以及授权外观设计与现有设计的区别点对整体视觉效果更具有影响。同时规
定了，整体视觉效果上无差异的，应当认定为相同；整体视觉效果上无实质性差异
的，应当认定为相似。第 14 条规定了被诉侵权设计如果与现有设计相同或相近似，
则被诉侵权人可以现有设计进行抗辩。

三、案件介绍

📑 案由

案由：侵犯外观设计专利权纠纷

📑 案号

一审案号：（2015）粤知法专民初字第 83 号

📑 案件当事人

一审原告：李望星

一审被告：浙江天猫网络有限公司

一审被告：广州车特汽车配件有限公司

案件法律文书

1. 一审民事判决书

广州知识产权法院民事判决书

（2015）粤知法专民初字第 83 号

原告：李望星

被告：浙江天猫网络有限公司

被告：广州车特汽车配件有限公司

原告李望星诉被告浙江天猫网络有限公司（以下简称天猫公司）、广州车特汽车配件有限公司（以下简称车特公司）侵犯外观设计专利权纠纷一案，本院于 2014 年 12 月 30 日立案受理后，依法组成合议庭，于 2015 年 3 月 26 日公开开庭进行了审理。原告李望星及其委托代理人昌××、吴××，被告天猫公司的委托代理人李××、孙××，被告车特公司的委托代理人陈××到庭参加了诉讼。本案现已审理终结。

原告起诉称：2014 年 2 月 25 日，原告向国家知识产权局提出了名为"越野车脚踏板"的外观设计专利申请。2014 年 8 月 13 日，该申请专利被授权公告，专利号为 ZL20143003×××.8，原告为上述专利缴纳了年费，专利权依法有效。原告一直以汽车配件销售为主，并且对其申请的专利产品投入生产并在市场范围内进行了销售。但原告发现被告车特公司在天猫公司运营的天猫商城上对原告拥有专利权的产品进行销售。车特公司未经专利人允许，公开在天猫商城宣传、销售与原告享有外观专利相同的产品，侵犯了原告的合法权利，给原告造成了巨大的经济损失。而天猫公司作为天猫商城的经营者，对于其网上交易平台的店铺负有监督义务，应该对网商销售的商品是否合法进行审查，其不进行审查，纵容其店铺销售侵权产品，应该对侵权行为承担连带责任。为了维护原告的合法权益，请求法院判令：（1）被告车特公司停止销售侵权产品，并赔偿原告经济损失 100 万元；（2）被告车特公司支付原告为调查制止被告侵权行为所支付的合理费用共 24 256 元（包括律师代理费以及调查费用）；（3）天猫公司停止在其网络平台销售侵权产品并承担连带赔偿责任；（4）本案全部诉讼费用由两被告共同承担。

被告天猫公司答辩称：（1）原告要求天猫公司停止销售涉案产品并承担连带赔偿责任的诉讼请求无事实及法律依据。天猫公司不是销售涉案产品的主体，未实施侵权行为，依法不承担停止销售侵权产品和连带赔偿的民事责任。天猫公司作为《侵权责任法》第36条所规定的网络服务提供者，以独立第三方身份仅提供商品和服务的网络交易平台，不直接参与信息的发布、商品或服务的交易。会员依据天猫公司在网络交易平台所预先设置的特定规则进行交易活动，卖家在网络交易平台上发布商业信息或提供商品或服务，买家与卖家在网络交易平台上自行完成交易。天猫公司持有浙B2-20110×××"中华人民共和国增值电信业务经营许可证"获准经营第二类增值电信业务中的信息服务业业务（仅限互联网信息服务业务）。天猫公司经营的业务为互联网信息服务业，既非涉案产品信息的发布者，更非涉案产品的制造、销售、许诺销售者，未实施侵权行为，依法不承担停止销售侵权产品和连带赔偿的民事责任。

（2）天猫公司作为网络服务提供者，以独立第三方身份提供商品和服务的网络交易平台，不是涉案产品信息的发布者，天猫公司不承担对涉案产品的事前专利审查义务，不存在主观过错。在未得到相关人员通知前，天猫公司不属于明知也不属于应知某特定商品是否存在侵犯他人知识产权的可能性的特定主体。本案中，天猫公司在收到起诉状前，未曾收到原告的投诉和举报，对涉案产品侵权之事无从知晓。天猫公司作为网络服务提供者，并不具有审查所有会员发布信息的能力和义务。天猫公司网络交易平台上的商品交易信息，均由会员自行发布，天猫公司并未参与其中。原告在天猫网站上提供涉案产品照片不属于内容明显侵权或者违法的现象，涉案产品是否属于专利侵权因涉及专业技术判断，具有不确定性，天猫公司并不具有相应的判断能力，所以无需承担相应的事前专利审查义务。

（3）卖家入驻天猫公司网络交易平台前，天猫公司已对卖家进行主体资格审查，并且向卖家重点提示知识产权注意事项，天猫公司已经尽到了事前谨慎注意义务。卖家作为会员入驻天猫公司提供的网络交易平台时，天猫公司按照所设置的规定对卖家主体资格进行严格的审核和确认，同时提示其了解"淘宝服务协议"并签署该协议，因此会员在入驻网络交易平台时已对知识产权注意事项有所了解。在"淘宝服务协议"第四章"淘宝平台服务使用规范"中，天猫公司对侵犯他人知识产权商品或服务作出明确规定："c）不发布国家禁止销售的或限制销售的商品或服务信息（除非取得合法且足够的许可），不发布涉嫌侵犯他人知识产权或其他合法权益的商品或服务信息，不发布违背社会公共利益或公共道德或淘宝认为不适合在淘宝平台上销售的商品或服务信息，不发布其涉嫌违法或违反本协议及各类规则的信息。"

（4）天猫公司在网络交易平台服务条款和法律声明等多处对会员进行知识产权责任说明和侵权投诉提示，已经尽到了合理的提醒和注意义务。天猫公司在网络交易平台服务条款和法律声明中，均明确表示天猫提供的服务属于互联网信息服务，商品信息由用户自行提供且承担法律责任，发布信息的用户都明知其应对信息负责且不得侵犯他人权益，浏览信息的用户都应知信息发布者和交易对象是特定会员而非天猫公司本身。另外，天猫公司在天猫规则及帮助中心等多处提示，对侵害他人知识产权的商品信息的投诉方法、流程和处理方式。包括如何发起知识产权投诉、违规投诉行为时限和处理方式，以方便权利人随时通过投诉系统举报涉嫌侵权的卖家，表明天猫公司对网络交易平台上的卖家和买家都尽到了合理的提醒与注意义务，更体现天猫公司对权利人的支持和帮助。

（5）天猫公司在收到应诉通知书后已采取必要措施，已经尽到了事后注意和协助义务。由于原告在起诉前从未与天猫公司联系或投诉过涉案卖家或商品，而天猫公司在收到起诉状后检查确认卖家店铺中已无涉案商品信息，已达到原告所请求的效果。因此表明天猫公司得知诉讼发生后已采取有效的必要措施，尽到了事后注意和协助义务。综上所述，天猫公司作为网络服务提供者，已经尽到审慎合理的义务，事前对卖家主体身份进行核实验证，事中对买家和卖家进行合理提醒，事后对涉嫌侵权卖家采取必要措施，天猫公司已在最大范围内注意和保护网络交易平台上的知识产权事项。天猫公司不承担对涉案产品的事前专利审查义务，对于被告的涉嫌侵权的行为不存在主观过错，依法不承担侵权责任。原告对天猫公司的诉讼请求无事实及法律依据，请求法院驳回原告对天猫公司的诉讼请求。

被告车特公司答辩称：（1）涉案专利设计已被其他设计公开，不具有新颖性，车特公司已向国家知识产权局专利复审委员会提出无效申请，故请求中止本案审理；（2）车特公司采用的是现有设计，不构成侵权；（3）原告主张的赔偿金额过高，不合理。

经审理查明：原告是第 ZL20143003×××.8 号"越野车脚踏板"外观设计专利的专利权人。该专利的申请日为 2014 年 2 月 25 日，授权公告日为 2014 年 8 月 13 日，最近一次缴纳专利年费的日期为 2014 年 7 月 10 日。该《外观设计专利证书》记载：外观设计产品设计要点在于"产品的整体造型及外包边"。从专利证书图片观察，该脚踏板外观设计专利整体呈长条等腰梯形状，梯形两腰边与上底边呈平滑弧形过渡，踏板外缘为外凸平滑三角形上宽下窄不锈钢包边；脚踏板上表面为约二十条斜条纹形成钢琴键似的形状，每两条斜条纹缝隙之间嵌有加粗 "L" 字形反光条，从脚踏板底边贯穿至外缘上侧右转到另一缝隙附近，脚踏板上表面正中有一片与竖向反光条长度一致的菱形不锈钢装饰片，脚踏板底边有上凸的挡边，两端底部有塑料封边。涉案外观设计专利图片如图 6-1 所示。

图 6-1※

2014 年 11 月 20 日，原告委托代理人吴××在公证人员的监督下，在公证处操作计算机，通过百度搜索登录 www.tmall.com 网站，并搜索 "SUVMCH 旗舰店"，对该网站发布信息资料以截屏打印方式进行证据保全公证。旗舰店网页截屏打印件显示如下内容：（1）在店铺首页界面公司简介显示公司为广州车特汽车配件有限公司；在首页 "输入车型产品" 输入框输入 "车踏板"；（2）单击 "奥迪 Q3Q5 踏板本田 CRV 踏板歌诗图途观途锐马自达 CX5 比亚迪 S6 侧踏板"，进入该正文页面并单击打开商品详情，页面显示商品累计评价 115，月成交记录 52 件；（3）返回首页进入 "翼虎踏板翼博锐界丰田 RAV4 汉兰达酷威哈佛 H6 创酷科雷傲 T600 侧踏板"，进入该正文页面并单击打开商品详情，页面显示商品累计评价 112，月成交记录 48 件。湖南省长沙市望城公证处作出（2014）湘长望证内字第 1700x 号公证书，对上述网站发布信息资料保全经过进行了公证。车特公司确认 "SUVMCH 旗舰店" 系由其经营，并对公证书中显示计算机页面截屏内容予以确认（以下为部分计算机页面截屏图）。

（截图略。）

原告称其自行购买了涉嫌侵权的产品，并获取车特公司开具的增值税专用发票一张，发票上载明的商品名称为踏板，数量 2 个，总金额 1100 元。本院当庭拆封

※ 图 6-1 摘自 ZL20143003××××.8 号 "越野车脚踏板" 外观设计专利权利证书。

原告所称涉嫌侵权产品的包装，可见：汽车脚踏板一个，脚踏板呈对称两段。原告称为运输方便，将脚踏板从中间锯开。

将被诉侵权产品与原告外观设计专利比对，原告认为两者外观完全一致。车特公司与天猫公司均认为：被诉侵权产品来源不合法，不能确定为车特公司销售。

原告为证明其为本案诉讼支付的合理费用，提供了金额为 20 000 元的律师费发票；车特公司开具的脚踏板销售发票 1100 元；餐费发票四张共计 340 元，餐费收据一张 140 元，住宿费收据一张，金额 792 元；汽油费发票四张合计 1280 元；道路通行费发票七张合计 572 元；停车费 32 元，上述金额共计 24 256 元。

天猫公司为证明其已尽管理义务，提交了（2014）浙杭钱证内字第 138×× 号公证书，公证内容为经营许可证编号为浙 B2-20110××× 号的增值电信业务经营许可证，该证载明天猫公司的业务种类为第二类增值电信业务中的信息服务业务（仅限互联网信息服务）；业务覆盖范围：互联网信息服务不含新闻、出版、教育、广播电影电视节目、电子公告、含医疗保健、药品和医疗器械、文化内容。

天猫公司提交（2014）浙杭钱证内字第 256×× 号公证书复印件对天猫公司官网计算机页面内容进行公证。天猫官网的"淘宝服务协议"注明用户在使用淘宝平台时不得发布侵犯他人知识产权的或其他合法权益的商品或服务信息。

天猫公司提交浙江省杭州市钱塘公证处于 2015 年 3 月 4 日制作的（2015）浙杭钱证内字第 54×× 号公证书，显示公证处人员在进入天猫的"SUVMCH 旗舰店"后，输入"奥迪 Q3Q5 踏板本田 CRV 踏板歌诗图途观途锐马自达 CX5 比亚迪 S6 侧踏板"及"翼虎踏板翼博锐界丰田 RAV4 汉兰达酷威哈佛 H6 创酷科雷傲 T600 侧踏板"并进行本店搜索，网店页面显示查找的商品不存在。原告确认车特公司在天猫网站上经营"SUVMCH 旗舰店"页面已不存在相关车踏板商品。

车特公司于 2015 年 3 月 20 日向国家知识产权局专利复审委员会提交专利权无效宣告请求书，对涉案外观设计专利提出无效宣告请求。车特公司称原告的外观设计专利属现有设计，并提供 ZL20123021××××.1 号名称为"汽车侧面踏板"的专利文献。该专利申请日期为 2012 年 5 月 31 日，授权公告日期为 2012 年 9 月 12 日，专利权人为重庆志寰机械设备有限公司；专利文献载明的设计要点在于产品的形状（详见图 6-2）。

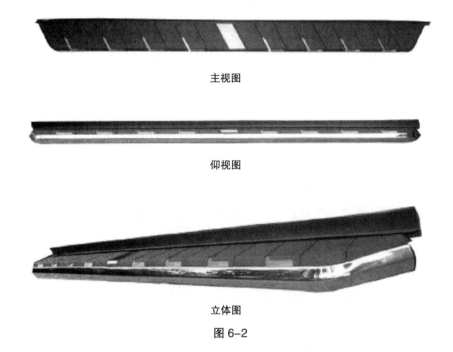

主视图

仰视图

立体图

图 6-2

将原告授权外观设计与车特公司提出的现有设计进行比对，二者均呈长条等腰梯形状，整体设计均包含上表面的钢琴键形设计、"L"形反光条、菱形不锈钢装饰片、外缘不锈钢包边、脚踏板底部挡边等设计要素，并且上述要素在脚踏板上的布局基本一致。区别设计特征在于，前者的反光条贯穿整个脚踏板板面，而后者的长度仅为整个板面宽度的二分之一；前者的反光条有九条，后者有八条，前者的反光条布局密度更大；前者的梯形两腰边与上底边呈平滑弧形曲率比后者大，后者较为平直；前者的不锈钢外包边上宽下窄，而后者上下宽度一致。

以上事实有原、被告当庭陈述，原告提交的外观设计专利证书，（2014）湘长望证内字第 17×××号公证书，律师费发票，增值税发票，餐费、汽油费、道路通行费、停车费发票，被告天猫公司提交的（2014）浙杭钱证内字第 138××号公证书，（2014）浙杭钱证内字第 256××号公证书，（2015）浙杭钱证内字第 54××号公证书及被告车特公司提供的专利权无效宣告请求书，ZL20123021××××.1 号汽车侧面踏板专利文献等证据予以证实。

本院认为，本案系外观设计专利权纠纷，本案的争议焦点如下：（1）原告的专利权效力状态；（2）两被告有无实施侵权行为；（3）车特公司主张的现有技术抗辩能否成立。

关于原告的专利权效力状态的问题。原告是第 ZL20143003××××.8 号"越野车脚踏板"外观设计专利的专利权人。车特公司虽然向国家知识产权局专利复审委员会提出专利宣告无效申请，但在国家知识产权局专利复审委员会作出专利无效宣告决定之前，尚不足以推翻原告外观设计专利权的效力，原告的外观设计专利依法受法律保护，他人未经专利权人许可，不得为生产经营目的实施该专利。

关于车特公司有无实施侵权行为的问题。本院认为，根据《关于审理侵犯专利权纠纷案件应用法律若干问题的解释》第 11 条的规定，人民法院认定外观设计是否相同或者相近似时，应当根据授权外观设计、被诉侵权设计的设计特征，以外观设计的整体视觉效果进行综合判断。被诉侵权设计与授权外观设计在整体视觉效果上无差异的，应当认定相同；在整体视觉效果上无实质性差异的，应当认定相近似。本案中，因原告未通过公证方式购买涉嫌侵权产品，两被告对其当庭出示的物证不予确认，原告又未能提交其他证据加以证明，不足以证明该物证购自车特公司经营的"SUVMCH 旗舰店"，本院对该证据不予采纳。原告通过公证机关对车特公司经营的"SUVMCH 旗舰店"所展示的汽车踏板商品以页面截图打印的方式进行证据保全，并且车特公司对公证书上展示的脚踏板商品予以确认，本院对该证据予以采纳。因公证书显示的网页页面截图基本上可以完整展现产品的外观，可以作为与授权外观设计专利比对的样本。车特公司经营的"SUVMCH 旗舰店"所展示的汽车踏板与涉案授权外观设计专利产品均为汽车踏板，产品种类相同。将"SUVMCH 旗舰店"网页上被诉侵权产品图片与涉案专利图片进行比对，两者在整体视觉效果上无差异，构成相同，被诉侵权产品设计落入原告外观设计专利权利保护范围。"SUVMCH 旗舰店"上显示上述款式的汽车踏板的累计评价共计 227，月销售记录共计 100 件。通常天猫网站上的销售数量为自动生成，买卖双方均难以修改。在没有证据证明销售未实际发生的情况下，可以认定车特公司实施了销售、许诺销售与原告外观设计专利相同的产品的行为。

关于被诉侵权产品的外观设计是否为现有设计的问题。根据《中华人民共和国专利法》第 62 条的规定，在专利侵权纠纷中，被诉侵权人有证据证明其设计属于现有设计的，不构成侵权。《中华人民共和国专利法》第 23 条第 4 款规定，本法所称现有设计，是指申请日以前在国内外为公众所知的设计。《最高人民法院关于审理侵犯专利权纠纷案件应用法律若干问题的解释》第 14 条第 2 款规定，被诉侵权设计与一个现有设计相同或者无实质性差异的，人民法院应当认定被诉侵权人实施的设计属于现有设计。因车特公司主张的 ZL20123021×××× .1 外观设计专利授权公告日为 2012 年 9 月 12 日，在原告外观设计专利申请之前，属现有设计。将公证书上 "SUVMCH 旗舰店" 展示并销售的产品与车特公司提出的现有设计文献进行比对，二者均呈长条等腰梯形状，整体设计均包含上表面的钢琴键形设计，"L" 形反光条、菱形不锈钢装饰片、外缘不锈钢包边、脚踏板底部挡边等设计要素，并且上述要素的在脚踏板上的布局基本一致。区别设计特征在于反光条长度及密度不同，梯形两腰边与上底边的平滑弧形曲率不同及不锈钢外包边上下的宽度不同。在通常情况下，产品正常使用时容易被直接观察到的部位相对于其他部位，以及授权外观设计区别于现有设计的设计特征相对于授权外观设计的其他设计特征，对于外观设计的整体视觉效果更具有影响。将脚踏板处于使用状态下综合考察，一般消费者施以一般注意力，脚踏板上表面及外包边对视觉效果更具有影响。在正常使用状态下，因脚踏板底边延伸至汽车底盘，脚踏板后半部分被车门边遮掩，纵向反光条的长短区别不能产生引人注目的视觉效果。从俯视角度观察，在脚踏板本身无法设计得很厚的情况下，外包边不锈钢包边上下宽度的差别不易察觉。因此从整体视觉效果来看，两者外观无实质性的差别，属于近似外观设计。车特公司主张其网店展示并销售的产品属现有设计的抗辩理由成立，本院予以采纳。因此，车特公司销售、许诺销售与原告外观设计专利一致的脚踏板不构成侵权，进而作为网络服务商的天猫公司亦不构成侵权。原告主张车特公司及天猫公司侵害其外观设计专利的请求不成立，本院不予支持。综上所述，依照《中华人民共和国侵权责任法》第 36 条，《中华人民共和国专利法》第 62 条、《最高人民法院关于审理侵犯专利权纠纷案件应用法律若干问题的解释》第 8 条、第 11 条、第 14 条第 2 款之规定，判决如下：

驳回原告李望星的诉讼请求。

本案受理费 14 018 元，由原告李望星负担。

如不服本判决，可在判决书送达之日起 15 日内，向本院递交上诉状，并按对方当事人的人数提出副本，上诉于广东省高级人民法院。

2015 年 5 月 19 日

四、案件相关问题解析

（一）公证的作用

本案中，原告李望星与被告天猫公司都在诉讼过程中采取了公证的手段来留存证据。其中，原告李望星出具了（2014）湘长望证内字第1700×号公证书，用于锁定：（1）被告广州车特汽车配件有限公司为天猫商城内"SUVMCH 旗舰店"的运营主体；（2）该店铺有销售涉嫌侵犯原告外观设计专利权的产品；（3）涉嫌侵犯原告外观设计专利权产品的销售记录。

而被告天猫公司出具了（2014）浙杭钱证内字第138××号公证书、（2014）浙杭钱证内字第256××号公证书以及（2015）浙杭钱证内字第54××号公证书共三份公证书。

其中，（2014）浙杭钱证内字第138××号公证书内容为经营许可证编号为浙B2−20110×××号的增值电信业务经营许可证，该公证书载明天猫公司的业务种类为第二类增值电信业务中的信息服务业务（仅限互联网信息服务）。用以证明天猫公司经营的业务为互联网信息服务业，既非涉案产品信息的发布者，更非涉案产品的制造、销售、许诺销售者，未实施侵权行为，依法不承担停止销售侵权产品和连带赔偿的民事责任。

（2014）浙杭钱证内字第256××号公证书内容为天猫公司官网计算机页面内容，天猫官网的"淘宝服务协议"注明用户在使用淘宝平台时不得发布侵犯他人知识产权的或其他合法权益的商品或服务信息。用以证明天猫公司已向卖家重点提示知识产权注意事项，已经尽到了事前谨慎注意义务。

（2015）浙杭钱证内字第54××号公证书显示公证处人员在进入天猫的"SUVMCH 旗舰店"后搜索之前原告搜索的内容，网店页面显示查找的商品不存在。用以证明天猫公司在收到应诉通知书后已采取必要措施，已经尽到了事后注意和协助义务。

以上原告与被告都通过公证的方式，将网络上的网页、成交记录等网络电子数据形式的证据留存。依据《中华人民共和国民事诉讼法》第69条[①]及《中华人民共和国公证法》第36条[②]的规定，法院在庭审过程中认可了这些证据。

由于网络上的信息通常是可以被更改的，很难通过某种方式，对特定时间某个

---

①《中华人民共和国民事诉讼法》第69条规定，经过法定程序公证证明的法律事实和文书，人民法院应当作为认定事实的根据，但有相反证据足以推翻公证证明的除外。

②《中华人民共和国公证法》第36条规定，经公证的民事法律行为、有法律意义的事实和文书，应当作为认定事实的根据，但有相反证据足以推翻该项公证的除外。

网站上的信息证据进行留存，即使通过照片、录像记录下来也很难证明该照片、录像所记录的信息是否是该网址。所以原、被告在留存这些特殊的证据时采取了公证的方式，从而更有效率地进行举证。

同样在本案中，原告未通过公证的方式，在被告广州车特汽车配件有限公司购买了涉嫌侵权产品。在庭审中以该产品为证据，欲证明侵犯其外观设计专利。但被告对该证据不予认可，原告也无其他证据证明该产品就是从广州车特汽车配件有限公司购买的。最后法院没有认可原告出具的证据。

综上，可以发现公证的优势在于公证过的事实、文书、法律行为所构成的证据，可以被法院直接认定，加大了法院采纳己方主张的可能性，同时节省了通过搜集证据链对事实进行证明的繁琐过程。在诉讼过程中，当事人可以针对一些难以用民诉法中证据类型证明的事实通过公证的方式对证据进行留存。

在外观设计专利侵权案件中，网络上、展会上等有销售或展出涉嫌侵权产品时，由于信息的变化都很快，一般只能通过照片、录像等方式对事实进行记录，而电子数据的证明力不够强，通常需要通过其他证据进行辅证，所以通过公证的方式可以将一些不确定性风险消除掉。

（二）网络服务提供者在网络专利侵权中的责任

本案中，广州车特汽车配件有限公司在天猫商城开了一家网店，在该网店中发布涉嫌侵犯原告李望星外观设计专利的产品信息并销售。因此，原告李望星在将车特汽车公司告上法庭的同时还将网络服务的提供者，天猫公司也告上法庭。而涉及的法条就是《中华人民共和国侵权责任法》第36条。[1] 该法条从三个层次说了网络服务提供者的侵权责任。根据该条第1款，网络用户、网络服务提供者利用网络侵害他人民事权益的，应当承担侵权责任。从网络服务提供者的角度来看，网络

---

[1]《中华人民共和国侵权责任法》第36条规定，网络用户、网络服务提供者利用网络侵害他人民事权益的，应当承担侵权责任。

网络用户利用网络服务实施侵权行为的，被侵权人有权通知网络服务提供者采取删除、屏蔽、断开链接等必要措施。网络服务提供者接到通知后未及时采取必要措施的，对损害的扩大部分与该网络用户承担连带责任。

网络服务提供者知道网络用户利用其网络服务侵害他人民事权益，未采取必要措施的，与该网络用户承担连带责任。

服务提供者如提供内容等主观故意方式利用网络侵害他人知识产权等民事权利时应当承担责任。根据该条第 2 款，网络服务提供者如果接到通知，要求采取删除、屏蔽、断开链接等必要措施停止侵害权利人利益而未及时采取必要措施时，网络服务提供者需要对扩大部分与侵权的网络用户承担连带责任。根据该条第 3 款，网络服务提供者若明知网络用户侵权而未采取必要措施制止，就应承担连带责任。综上，从整体上理解，网络服务提供者不知道网络用户侵害他人民事权益，不承担侵权责任；知道而不采取必要措施的，承担连带责任；开始并不知道，经通知知道而未及时采取措施的，就扩大损失部分承担连带责任。

本案中，被告天猫公司在收到诉讼通知后，就及时采取了措施，将涉嫌侵权内容撤了下来，并将证据通过公证方式保留下来。同时，天猫公司通过证据证明其只是网络信息平台提供者，并非网络信息的发布者，涉嫌侵权信息是车特公司自己发出来的。天猫公司先证明非其自身侵犯原告专利，后又证明其在知悉情况后，立即采取了必要措施。虽然本案最终判决被告车特公司并没有侵犯原告专利权，故而天猫公司也没有侵犯其权利，但即使车特公司确实侵犯专利权，判决天猫公司承担连带责任的可能性也很小。

根据《京华时报》2015 年 12 月 27 日发布的信息，北京海淀法院受理的有关知识产权案件中，有近八成的案件是涉网案件，涉网知识产权侵权案件数量庞大。因此，在知识产权纠纷中，网络服务提供者、侵权的网络用户以及被侵权人，在知识产权纠纷过程中对网络服务提供者的责任进行正确判断，从而使结果向有利于自己的方向倾斜。

五、案件启示及建议

（一）现有设计抗辩的比对方法及现有设计抗辩要点

本案判决的关键依据是现有设计抗辩，即《中华人民共和国专利法》第 62 条，"在专利侵权纠纷中，被控侵权人有证据证明其实施的技术或者设计属于现有技术或者现有设计的，不构成侵犯专利权"。又根据《中华人民共和国专利法》第 23 条第 4 款"本法所称现有设计，是指申请日以前在国内外为公众所知的设计"。结合《中华人民共和国专利法》第 59 条第 2 款、《最高人民法院关于审理侵犯专利权纠纷案件应用法律若干问题的解释》第 8 条、第 11 条相关规定，如果在外观设计专利侵权纠纷中，被诉侵权人能够证明其实施的设计在涉案专利申请日以前，为国内外公众所知，就能主张不构成侵犯专利权。

需要提醒注意的是，在外观专利侵权案件的现有设计抗辩中，需要将涉案侵权产品与现有设计进行比对，并非是将涉案专利与现有设计进行比对。这在实务操作中往往会被弄混淆。

当事人欲提出现有设计抗辩，需同时满足：（1）现有设计公布时间点在涉案专利申请日之前；（2）涉案产品与现有设计相同或相似。

在本案中，被告车特公司提出现有设计抗辩时，提供了 ZL20123021×××.1 号名称为"汽车侧面踏板"的专利文献。该专利申请日期为 2012 年 5 月 31 日，授权公告日期为 2012 年 9 月 12 日，专利权人为重庆志襄机械设备有限公司。根据原告提交的证据，原告是第 ZL20143003×××.8 号"越野车脚踏板"外观设计专利的专利权人。该专利的申请日为 2014 年 2 月 25 日，授权公告日为 2014 年 8 月 13 日。从时间上来说，被告提出的"现有设计"公告时间要早于原告的专利的申请日，同时专利文献是在国内对外公开的。

根据涉案产品与"现有设计"两个专利的图片比对，区别设计特征在于反光条长度及密度不同，梯形两腰边与上底边的平滑弧形曲率不同及不锈钢外包边上下的宽度不同。根据《最高人民法院关于审理侵犯专利权纠纷案件应用法律若干问题的解释》第 11 条，在通常情况下，产品正常使用时容易被直接观察到的部位相对于其他部位，以及授权外观设计区别于现有设计的设计特征相对于授权外观设计的其他设计特征，对于外观设计的整体视觉效果更具有影响。将脚踏板处于使用状态下综合考察，普通消费者施以一般注意力，脚踏板上表面及外包边对视觉效果更具有影响。在正常使用状态下，因脚踏板底边延伸至汽车底盘，脚踏板后半部分被车门边遮掩，纵向反光条的长短区别不能产生引人注目的视觉效果。从俯视角度观察，在脚踏板本身无法设计得很厚的情况下，外包边不锈钢包边上下宽度的差别不易察觉。因此从整体视觉效果来看，两者外观无实质性的差别，属于近似外观设计。

因此，本案中法院最后认定被告车特公司现有设计抗辩成立，驳回原告李望星的诉讼请求。

除了本案中以提交其他专利文献方式提出现有设计抗辩外，还有其他的方式也可以进行现有设计抗辩。

第一种方式：举证销售行为。

举证销售行为指的是要证明在授权专利申请日之前，公众就可以购买到与外观设计专利相似或一致的产品。这种情况一般用于企业在没有对产品申请专利的情况下，其他人申请产品的外观设计专利转头对企业起诉。案号为（2012）浙知终字第128号的判决书中，被告就是举出了在原告专利申请日之前，该产品就存在对外销售行为，并以此为据，主张现有设计抗辩并成功。企业可以在销售产品时注意留存如下一些证据，证明在专利申请日之前就存在销售行为，以现有设计为由对主张侵权方进行抗辩。

提供给客户产品信息单中，标注产品的型号、照片以及销售的日期，由客户签字并留存一份副本。产品信息单可以与质量保证书、保修凭证等交给客户的单据制成一份单据，不必单独制作。这份单据的副本可以作为企业销售产品的物证，证明企业在之前销售过该产品，同时照片可以与外观设计专利进行比对，来判断是否为相同或相近似。

妥善保存客户的信息，同时将客户的姓名、联系方式等信息与购买的产品匹配起来，进行备案。一方面，客户信息留存的工作一般都是企业销售过程中必备的环节；另一方面，他人主张企业侵犯外观设计专利权时，企业可以联系到在专利申请日之前购买过产品的客户，该客户的证人证言可以证明企业在之前销售过该产品。

妥善保存收付款凭证，并做好财务记账工作。在做好财务管理工作时，也可以快速地查出钱款进账的时间节点与其他证据相佐证。

在日常销售的过程中，完善销售及管理制度，在对企业有序管理的同时也可以做到风险防范。

第二种方式：举证宣传行为。

举证宣传行为指的是当事人可以通过举证在申请日前，国内外知名杂志、展会、书刊等具有公开宣传功能的媒介上出现过符合涉案专利的产品，则也可进行现有设计抗辩。

在国内外杂志、期刊以及展会宣传单等介质上宣传产品时，除了用文字介绍外，还应加上图片介绍。当产品还没有批量生产进行销售时，企业可以在正规展会展览时，给主办方的宣传材料以及分发的宣传单上印上产品的图片并留存副本；企业也可以在一些国内外的具有出版号的期刊杂志上刊登广告或文章，同时附上产品的图片并留存副本。这样的方式既可起到宣传的效果，也能有效地留有证据，防范风险。

按以上方式，在遇到他人主张外观设计专利侵权时，就可以提交印有产品的宣传册、宣传单或是书刊杂志，再结合相关时间的证据即可主张其为现有设计。

第三种方式：举证网络上公开行为。

举证网络上公开行为指的是当事人可以通过举证在申请日前，网络上已经有对涉案专利进行公开的行为进行举证，可主张现有设计抗辩。在案号为（2014）佛中法知民初字第 338 号判决书中，被告在原告主张其侵犯其外观设计专利时，举证在专利申请日前在 QQ 空间上已有与外观设计专利相似的产品公布，并以此主张现有设计抗辩。最后法院采纳了被告现有设计抗辩的观点，驳回了原告的诉讼请求。

网络公开的方式主要是在具有公开性质的网络平台上对产品进行公开。在公开的平台选择上，尽量选择比较知名的网络社交平台、网络文库平台、网络视频平台等。因为在知名的网络平台上公开，其公开的时间节点等信息更能被法院采纳，如在比较小众的平台上公开，如果平台在纠纷发生时关闭，就难以再举证证明。

上传的内容不能只是文字，至少包括图片，也可以是视频的形式，可以配合产品介绍、操作说明等。因为外观设计专利的特殊性，主要是以外观作为判断的标准，而单靠文字说明是不能证明现有设计与外观设计的相似或相同，所以至少包括图片、视频的形式，才能在将来与外观设计专利进行比对。

在上传公开时需要注意的是不对浏览的人做限制，即将浏览权限设定为无需任何门槛，只要是上网浏览的个体都能浏览该内容。如果对浏览权限设限，那么就不属于公开了，与现有设计抗辩的达成要件不一致，故而无法再主张现有设计抗辩。

按以上建议，再通过网络的方式，在网络上公开一些图片、视频、说明书等信息，不需要费很多精力即可起到风险防范的作用。这种方式维权成本较低，但一方面由于网络的不确定性，当事人上传的内容可能会丢失，从而失去现有设计抗辩的依据；另一方面由于网络公开的广泛性，产品公开后会加大被他人侵犯知识产权的可能性。

第四种方式：举证已公开的其他相似或一致的专利。

举证已公开的其他相似或一致专利指的是当事人可以通过举证在涉案专利申请日之前，已经公布的与涉案专利相类似的专利，证明涉案专利已是现有设计，主张现有设计抗辩。该方式也是本案被告车特公司所采取的方法。企业需要注意以下问题：

（1）该已公开专利只要求为已公开，而不一定是有效，即只需满足为"现有设计"专利的公开日在涉案专利的申请日之前，不管该专利是否现在有效还是无效抑或是在审查中还未通过。

（2）该已公开专利可以是在国内公开的专利，亦可以是在国外公开的专利，只要是一国官方公开的专利即可为"已公开专利"。

依据以上注意事项，企业可以在产品开发后，先向国家知识产权局提出专利申请，至于后续的结果，即使未通过，也至少能起到风险防范的效果。

在上述四种方式中，除了可以举证自己销售行为、宣传行为、公开行为以及已公开专利外，当事人也可以去搜集第三方与涉案专利相同或相似产品在涉案专利申请日前的销售、宣传、公开行为及已公开专利的证据。这种方式比较被动，也不能确定是否能找到，但在当事人没有做任何准备时，也可以采取这种方式进行现有设计抗辩。

（二）企业如何避免故意侵犯他人专利

随着我国知识产权保护力度的加大，企业对知识产权的重视程度也越来越大。根据国家知识产权局的统计数据[①]，截至 2016 年 1 月，国内外有效的发明专利接近150 万件，实用新型专利约 275 万件，外观设计专利约 130 万件。在如此多有效专利的市场环境中，大到技术方法，小到一个螺丝钉都有可能已经被申请成为发明、实用新型或外观设计专利。这意味着企业在销售自己研发的技术或设计时，很有可能已经侵犯了他人的专利权。本案中，被告车特公司销售的产品与原告所有的外观设计专利相似，但由于被告举出了在原告申请专利前已存在的另外一个外观设计并提出了现有设计抗辩，被告才免于赔偿原告因侵权所致损失。如原告并没有申请专利而直接使用他人设计，则很有可能被认为故意侵犯了他人的专利权。

企业可以通过如下方式避免造成故意侵犯他人专利的结果。

（1）做好专利检索。

对是否与现有专利冲突可以通过专利检索来避免，专利检索的注意事项及步骤如下：

第一步，理解技术。即对企业技术点的基础知识充分学习领悟，了解这个技术点在整个技术领域的位置、来龙去脉。需要掌握技术点的基础知识、技术点在整个

---

① 中华人民共和国知识产权局统计信息，http://www.sipo.gov.cn/tjxx/tjyb/2016/201602/P020160224571122652766.pdf。

大技术领域中的上下游关系、当前这个技术点的发展趋势、主要有哪些权利人、研发人员等。

第二步，初步检索。通过归纳之前的学习理解，总结归纳出技术关键词、IPC（国际专利分类号）、主要申请人、发明设计人等信息，用这些信息进行初步检索。

第三步，阅读专利。经过初步检索后会得到一些结果，接下来就是要阅读这些专利，进行筛选，判断哪些专利根本不相关以及相关专利中的重点部分。

第四步，反复检索。通过阅读专利后，对专利的理解也会更加深刻，此时再通过不断阅读、总结，修改检索条件来检验。

第五步，跟踪技术发展。在了解这个技术的专利情况后，不代表专利检索工作就结束了，还需要对这个技术进行跟踪，对其每一个细节都有所领会，甚至可以推测未来技术趋势及竞争格局。

（2）申请自己的专利。

完全避免侵权是不可能也不现实的。而申请自己的专利从而获取反制的效果是目前比较可行的方法。而根据各个企业不同的情况，可选用不同的策略。如对创业期的小企业，可以选择自己关注的领域，找一个自己最擅长同时又是必不可少的关键技术环节，集中将所有可能采用的技术方案申请专利。这样当其他企业对小企业采取专利措施时，企业就可以通过自己的专利达成反制手段。

（三）诉讼中如何保存、提交网页信息类证据

由于网页类证据容易被修改、不易在庭审过程中直接演示等特点，企业应当注意对该类证据的保存。在专利诉讼中通常采用公证、律师见证等手段对网页证据进行固定，其中公证方式又最为常见。上述两种方式各有利弊，律师见证较为简便经济，公证收费略贵且程序复杂，但公证方式的公信力较高。

第七章

新产品制造方法专利侵权诉讼的举证责任分配问题

主要原理：涉及新产品制造方法的发明专利的，制造同样产品的主体应当提供其产品制造方法不同于专利方法的证明

素材：宜宾长毅浆粕有限责任公司与潍坊恒联浆纸有限公司、成都鑫瑞鑫塑料有限公司侵害发明专利权纠纷案

一、案情简介

本案原告宜宾长毅浆粕有限责任公司（以下简称宜宾长毅公司）享有专利号为
ZL200610021387.4、发明名称为"木浆粕变性生产工艺"的发明专利权，且该专利处于
有效状态。2011 年 4 月，被告之一成都鑫瑞鑫塑料有限公司（以下简称成都鑫瑞鑫公司）
将从湖北华银公司购进的粘胶木浆粕销售给宜宾长毅公司，但该产品上标注的公司名称
为潍坊恒联浆纸有限公司（以下简称潍坊恒联公司），所附的出门证、仓库处落款签名
为董文奎，质量检验单、制表处落款签名为常文君。经在潍坊市住房公积金网查询，董
文奎、常文君系潍坊恒联公司职工。2011 年 7 月 29 日，重庆造纸工业研究设计院出具
编号为 2011-V006 检验结果报告单载明：宜宾长毅公司送检的粘胶木浆粕为 100% 针叶
木浆。宜宾长毅公司以潍坊恒联公司、成都鑫瑞鑫公司侵犯其发明专利权为由向法院提
起诉讼，并请求判令两被告立即停止生产、销售侵犯其专利技术的产品，连带赔偿其经
济损失 50 万元人民币。

潍坊恒联公司辩称，被诉侵权产品并非被告生产销售。被诉侵权产品为非新产
品，应由原告提供涉案产品的制造方法落入原告专利保护范围的证据。

成都鑫瑞鑫公司辩称，被诉侵权产品系从湖北华银公司购进，有合法来源，不
应当承担赔偿责任。[①]

成都市中级人民法院支持了宜宾长毅公司的请求，判决潍坊恒联公司停止侵权，
并赔偿经济损失及合理开支 50 万元人民币，成都鑫瑞鑫公司因有合法来源，应当
停止侵权，但不承担赔偿责任。潍坊恒联公司不服提起上诉，四川省高级人民法院
作出（2012）川民终字第 533 号判决，驳回上诉维持原判，潍坊恒联公司对该判决
向最高人民法院提起再审申请，最终，最高人民法院作出（2013）民申字第 309 号
裁定，驳回再审申请。

本案争议焦点为：再审申请中潍坊恒联公司提交的证据是否符合"新的证据"
之规定；涉案粘胶木浆粕产品制造方法的举证责任如何分配。

---

① 王敏、孙文宏（一审承办法官）：《非新产品方法专利侵权纠纷中的事实推定》，载《人民司
法》2015 年 06 期。

二、法学原理及分析

（一）人民法院再审的条件

《中华人民共和国民事诉讼法》

第二百条 当事人的申请符合下列情形之一的，人民法院应当再审：

（一）有新的证据，足以推翻原判决、裁定的；

（二）原判决、裁定认定的基本事实缺乏证据证明的；

（三）原判决、裁定认定事实的主要证据是伪造的；

（四）原判决、裁定认定事实的主要证据未经质证的；

（五）对审理案件需要的主要证据，当事人因客观原因不能自行收集，书面申请人民法院调查收集，人民法院未调查收集的；

（六）原判决、裁定适用法律确有错误的；

（七）审判组织的组成不合法或者依法应当回避的审判人员没有回避的；

（八）无诉讼行为能力人未经法定代理人代为诉讼或者应当参加诉讼的当事人，因不能归责于本人或者其诉讼代理人的事由，未参加诉讼的；

（九）违反法律规定，剥夺当事人辩论权利的；

（十）未经传票传唤，缺席判决的；

（十一）原判决、裁定遗漏或者超出诉讼请求的；

（十二）据以作出原判决、裁定的法律文书被撤销或者变更的；

（十三）审判人员审理该案件时有贪污受贿，徇私舞弊，枉法裁判行为的。

《最高人民法院关于适用〈中华人民共和国民事诉讼法〉审判监督程序若干问题的解释》

第十条 申请再审人提交下列证据之一的，人民法院可以认定为民事诉讼法第一百七十九条（注：2012 年修正版为第二百条）第一款第（一）项规定的"新的证据"：

（一）原审庭审结束前已客观存在庭审结束后新发现的证据；

（二）原审庭审结束前已经发现，但因客观原因无法取得或在规定的期限内不能提供的证据；

（三）原审庭审结束后原作出鉴定结论、勘验笔录者重新鉴定、勘验，推翻原结论的证据。

当事人在原审中提供的主要证据，原审未予质证、认证，但足以推翻原判决、裁定的，应当视为新的证据。

本案再审申请人潍坊恒联公司以提交的新证据为由说明一、二审判决事实认定错误，从而申请再审，要求撤销原审判决依法改判，这样做的依据即为《中华人民共和国民事诉讼法》第 200 条第（1）项的规定，但潍坊恒联公司提交的是否为法律意义上的"新的证据"，要根据上述司法解释第 10 条的规定来进行认定，最高人民法院在判决书中也明确认定：因潍坊恒联公司提供的证据形成和发现时间均在二审庭审之前，并且均是由潍坊恒联公司自主掌握，客观上可以随时提交的证据，但却因潍坊恒联公司自身原因未提交，故其提供的证据不符合规定的情形之一，即不属于《中华人民共和国民事诉讼法》规定的"新的证据"。

（二）方法发明专利侵权的举证责任

《中华人民共和国专利法》

第六十一条　专利侵权纠纷涉及新产品制造方法的发明专利的，制造同样产品的单位或者个人应当提供其产品制造方法不同于专利方法的证明。

《最高人民法院关于民事诉讼证据的若干规定》

第二条　当事人对自己提出的诉讼请求所依据的事实或者反驳对方诉讼请求所依据的事实有责任提供证据加以证明。

没有证据或者证据不足以证明当事人的事实主张的，由负有举证责任的当事人承担不利后果。

第四条　下列侵权诉讼，按照以下规定承担举证责任：

（一）因新产品制造方法发明专利引起的专利侵权诉讼，由制造同样产品的单位或者个人对其产品制造方法不同于专利方法承担举证责任；

……

第七条　在法律没有具体规定，依本规定及其他司法解释无法确定举证责任承担时，人民法院可以根据公平原则和诚实信用原则，综合当事人举证能力等因素确定举证责任的承担。

本案中粘胶木浆粕产品并不是新产品，没有举证责任倒置的规定，一般而言要依照《最高人民法院关于民事诉讼证据的若干规定》第 2 条"谁主张谁举证"的原则确定举证责任主体，本案中即原告宜宾长毅公司要对潍坊恒联公司侵权承担举证责任，但由于本案属于方法发明专利，一般而言，对制造方法专利的使用表现在产品的制造过程中，产品制造过程涉及生产步骤和工艺参数，具体的流程和数据只能在生产现场或者查看生产记录才能得知。通常情况下，专利权人难以接近被诉侵权人的生产现场和生产记录以取得完整的制造方法证据，在产品制造方法证据完全掌握在被诉侵权人手中的情况下，如果不结合具体案情对侵权指控成立的可能性大小以及双方当事人的举证能力进行分析，只是简单地适用"谁主张谁举证"的一般原则，由专利权人来举证证明被诉侵权人生产同样产品的制造方法，显然不利于客观事实的查明，亦有违公平原则。本案中原告宜宾长毅公司已经完成了涉案产品与涉案专利方法生产的产品相同的举证责任，在涉案产品制造方法证据由潍坊恒联公司掌握的情况下，积极提供生产现场视频资料，并申请法院进行证据保全，为证明涉案产品制造方法落入涉案方法专利权保护范围尽了合理努力，在这样的前提条件下，法院依照《最高人民法院关于民事诉讼证据的若干规定》第 7 条的规定根据公平原则和诚实信用原则，并在综合考量双方举证能力的基础上确定由潍坊恒联公司承担举证责任并无不当。

三、案件介绍

案由

案由：侵犯发明专利权纠纷

案号

一审案号：（2011）成民初字第 458 号

二审案号：（2012）川民终字第 533 号

再审案号：（2013）民申字第 309 号

案件当事人

一审原告、二审被上诉人、再审被申请人：宜宾长毅浆粕有限责任公司

一审被告、二审上诉人、再审申请人：潍坊恒联浆纸有限公司

一审被告：成都鑫瑞鑫塑料有限公司

📇 **案件法律文书**

最高人民法院民事裁定书

（2013）民申字第 309 号

再审申请人（一审被告、二审上诉人）：潍坊恒联浆纸有限公司

被申请人（一审原告、二审被上诉人）：宜宾长毅浆粕有限责任公司

一审被告：成都鑫瑞鑫塑料有限公司

再审申请人潍坊恒联浆纸有限公司（以下简称潍坊恒联公司）因与被申请人宜宾长毅浆粕有限责任公司（以下简称宜宾长毅公司）、一审被告成都鑫瑞鑫塑料有限公司（以下简称成都鑫瑞鑫公司）侵犯发明专利权纠纷一案，不服四川省高级人民法院（2012）川民终字第 533 号民事判决，向本院申请再审。本院依法组成合议庭，于 2013 年 4 月 15 日组织各方当事人进行询问。潍坊恒联公司的委托代理人任 ×× 、宜宾长毅公司的委托代理人张 ×× 和刘 ×× 、一审被告成都鑫瑞鑫公司的委托代理人黄 ×× 到庭参加询问。本案现已审查终结。

潍坊恒联公司申请再审称：再审申请人有新的证据可以证明其生产工艺与涉案专利不同，没有侵犯宜宾长毅公司的发明专利权。（一）潍坊恒联公司在 2011 年 2 月之前，已经拥有被诉侵权产品的生产技术，并与科研单位联合研发，边试验边生产，处于试生产阶段。（二）2012 年 3 月 9 日，潍坊市科学技术情报研究所对潍坊恒联公司的上述研发成果作出"科技查新报告"，结论为"造纸级木浆蒸煮后，增加了一道碱抽提工序，经碱抽提工序的成品木浆，多戊糖含量可降至 4% 左右，甲纤含量可达 92% 以上，反应性能 250s 以内。……在所查文献中未见相同报道"。据此，潍坊恒联公司向国家知识产权局提交了"一种改性木浆的生产工艺"的发明专利申请。2012 年 4 月 5 日，"专利申请受理通知书"下发；2012 年 8 月 29 日，"发明专利申请公布及实质审查阶段通知书"下发。该专利申请的权利要求书中所载工艺步骤为：1. 蒸煮；2. 碱抽提；3. 洗涤净化；4. 漂白；5. 酸处理；6. 抄浆。其与涉案专利的不同之处在于：1. 将造纸级木浆板直接投入蒸球，而不是先碱浸再进蒸球；2. 蒸煮液为碱和助剂，助剂为潍坊恒联公司所特有；3. 碱抽提是潍坊恒联公司的特有技术，涉案专利没有；4. 没有二次洗涤程序。另外，技术参数也有诸多不同之处。（三）宜宾长毅公司在一审中提交的潍坊恒联公司的生产线截图——从蒸球（蒸煮阶段）直接投喂木浆板，完全符合潍坊恒联公司上述专利申请文件中权利要求书所记载的步骤：首先是蒸煮，即直接将造纸级木

浆板投喂到蒸球开始整个生产流程，这一特殊的投喂方式与涉案专利完全不同，没有经过分页、碱浸渍后再进蒸球这一程序。宜宾长毅公司提交证据证明了潍坊恒联公司的生产工艺没有完全落入涉案专利权利要求的保护范围，一、二审判决认定事实错误。据此请求本院撤销一、二审判决，依法改判，驳回宜宾长毅公司的诉讼请求。

宜宾长毅公司提交意见认为：（一）潍坊恒联公司所谓"新的证据"的主张，与其在一、二审中抗辩的根本没有生产和销售过"粘胶用木浆粕"的理由相矛盾，不应当采信。（二）潍坊恒联公司所提出的新证据，是在一、二审之前或者期间就形成的，不属于法律规定的"新的证据"，不应当采信。（三）潍坊恒联公司所提出的新证据，缺乏真实性和关联性，不应当采信。记载在潍坊恒联公司专利申请中的工艺形成时间为 2012 年 4 月，与其在 2011 年就采用木浆粕改性工艺来生产和销售"粘胶用木浆粕"产品的事实不符。如果潍坊恒联公司与案外人于 2011 年 3 月签订"技术开发合同"，根据产品工艺研发规律，不可能在 2011 年 3 月就已经有生产和销售行为产生。"专利申请受理通知书"无法证明专利申请是否具备专利性，即使最终获得授权也是在后专利申请，不能作为不侵权的抗辩理由。（四）潍坊恒联公司在再审申请中提交的"专利申请受理通知书"明显是其在一、二审审理期间故意组织的，并且也不能证明记载在该专利申请文件中的工艺是其 2011 年 3 月当时就已经采用的工艺。（五）一审中潍坊恒联公司主张其生产现场是生产棉浆粕，仅仅是添加 5% 左右的木浆板而已，显然与其在再审申请中的主张相矛盾。一、二审中潍坊恒联公司均未提交工艺记载，所提交的"生产现场工艺原始记录"也与其在再审申请中提交的专利申请文件记载的工艺技术不一致，说明其在 2011 年 3 月生产和销售的"粘胶用木浆粕"的工艺技术并不是 2012 年专利申请文件所记载的工艺技术。

再审申请中，为证明其生产方法与涉案专利不同，潍坊恒联公司提交了以下证据：

（1）潍坊恒联公司与山东轻工业学院于 2011 年 2 月 28 日签订的"技术开发协议书"复印件，载明双方共同研究开发以竹片制取化纤用浆粕以及改性竹浆（木浆）的工艺。

（2）潍坊恒联公司与山东轻工业学院于 2011 年 3 月 1 日签订的"技术开发合同书"复印件，载明有关竹片制取化纤用浆粕及改性竹浆（木浆）项目的技术开发相关事宜。

（3）中国工商银行转账凭证复印件，载明 2011 年 2 月 28 日潍坊恒联公司向山东轻工业学院转款 80 000 元，"用途"栏记载为"项目研发资金"。

（4）潍坊市科学技术情报研究所 2012 年 3 月 9 日针对"改性浆工艺技术优化"项目出具的"科技查新报告"复印件，载明"本课题在蒸煮之后增加了一道碱抽提工序，使改性木浆多戊糖含量降至 4％左右，甲纤含量可达 92％以上，反应性能 250s 以内的技术方法在所查文献中未见相同报道"。

（5）国家知识产权局于 2012 年 4 月 5 日发文的"专利申请受理通知书"复印件，载明申请人为潍坊恒联公司，申请专利为"一种改性木浆的生产工艺"。

（6）国家知识产权局于 2012 年 8 月 29 日发文的"发明专利申请公布及进入实质审查阶段通知书"复印件，载明潍坊恒联公司的"一种改性木浆的生产工艺"专利申请在《专利公报》上予以公布并进入实质审查阶段。

（7）潍坊恒联公司的"一种改性木浆的生产工艺"专利申请的权利要求书、说明书及说明书摘要。

（8）潍坊市寒亭区科学技术进步奖评审委员会 2012 年 1 月 18 日所颁发的"荣誉证书"复印件，记载：王永梅同志获潍坊市寒亭区科学技术进步奖二等奖，项目名称为"改性浆工艺技术优化"。

本院认为，本案争议焦点在于潍坊恒联公司生产涉案粘胶木浆粕产品的制造方法是否落入涉案专利权的保护范围。具体涉及以下问题：

（一）再审申请中潍坊恒联公司提交的证据是否符合"新的证据"之规定？该证据所记载的是否为涉案粘胶木浆粕产品的制造方法？

《最高人民法院关于适用〈中华人民共和国民事诉讼法〉审判监督程序若干问题的解释》第 10 条规定，审判监督程序中，申请人提交的下列证据之一属于足以推翻原判决、裁定的，启动再审程序的"新的证据"：原审庭审结束前已客观存在庭审结束后新发现的证据；原审庭审结束前已经发现，但因客观原因无法取得或在规定的期限内不能提供的证据；原审庭审结束后原作出鉴定结论、勘验笔录者重新鉴定、勘验，推翻原结论的证据。当事人在原审中提供的主要证据，原审未予质证、认证，但足以推翻原判决、裁定的，应当视为新的证据。本案中，专利权人宜宾长毅公司于 2011 年 3 月向成都鑫瑞鑫公司购买潍坊恒联公司生产的粘胶木浆粕产品，并据此以潍坊恒联公司使用其拥有的"木浆粕变性生产工艺"发明专利生产销售粘胶木浆粕产品为由提起诉讼。本案二审庭审时间为 2012 年 10 月 25 日，审查潍坊恒联公司在本案再审申请阶段所提交的证据，形成和发现时间均在二审庭审之前，并且均是由潍坊恒联公司自主掌握，客观上可以随时提交的证据。但是，潍坊恒联公司在一、二审程序中未提交上述证据。因此，潍坊恒联公司在再审申请阶段提交的证据不属于"新的证据"，本院不予采信。另外，潍坊恒联公司在再审申请中所提交的证据，涉及完整技术方案的是其"一种改性木浆的生产工艺"专利申请的权利要求书、说明书及说明书摘要，该证据的形成时间晚于涉案粘胶木浆粕产品的销售时间2011年3月。因现无证据证明其所记载的工艺技术就是潍坊恒联公司生产涉案粘胶木浆粕产品所采用的制造方法，故对于潍坊恒联公司以该证据所记载的技术方案不同于涉案专利技术来主张其未侵犯宜宾长毅公司的发明专利权，本院不予支持。

（二）涉案粘胶木浆粕产品制造方法的举证责任如何分配？该制造方法是否落入涉案专利权的保护范围？

民事诉讼中，举证责任的分配一般采取"谁主张谁举证"的原则，而针对部分侵权行为的特殊性，则适用举证责任倒置的规则。对于产品制造方法发明专利侵权纠纷，如果涉及新产品制造方法，《中华人民共和国专利法》（以下简称《专利法》）第61条第1款及《最高人民法院关于民事诉讼证据的若干规定》（以下简称《民事诉讼证据规定》）第4条第1款第（1）项均规定由制造同样产品的被诉侵权人对其产品制造方法不同于专利方法承担举证责任。而对于非新产品制造方法发明专利侵权纠纷的举证责任分配，相关法律和司法解释均无具体规定。一般而言，对制造方法专利的使用表现在产品的制造过程中，产品制造过程涉及生产步骤和工艺参数，具体的流程和数据只能在生产现场或者查看生产记录才能得知。通常情况下，专利权人难以接近被诉侵权人的生产现场和生产记录以取得完整的制造方法证据，在产品制造方法证据完全掌握在被诉侵权人手中的情况下，如果不结合具体案情对侵权指控成立的可能性大小以及双方当事人的举证能力进行分析，只是简单地适用"谁主张谁举证"的一般原则，由专利权人来举证证明被诉侵权人生产同样产品的制造方法，显然不利于客观事实的查明，亦有违公平原则。《民事诉讼证据规定》第7条规定，在法律没有具体规定、依本规定及其他司法解释无法确定举证责任承担时，人民法院可以根据公平原则和诚实信用原则，综合当事人举证能力等因素确定举证责任的承担。凡是掌握证据的当事人均有责任提供证据以还原客观事实，举证责任的分配原则应当是在公平和诚实信用的基础上，确保最大限度地查明客观事实。具体到产品制造方法发明专利侵权纠纷，当使用专利方法获得的产品属于新产品时，《专利法》规定对被诉侵权人生产新产品的制造方法适用举证责任倒置规则。究其原因，是因为新产品在方法专利申请日前不为公众所知，经由专利方法制造的可能性较大，其制造方法的证据又处于被诉侵权人的实际控制之中，因此，应当由距离证据更近的被诉侵权人提供该证据证明针对自己的侵权指控不成立。当使用专利方法获得的产品不属于新产品时，意味着在方法专利申请日前，通过其他方法已经制造出同样的产品，因此，同样的产品经由专利方法制造的可能性就没有新产品的大，如果也适用举证责任倒置规则，一律由被诉侵权人对其制造方法进行举证，就有可能被专利权人滥用来套取被诉侵权人的商业秘密，不利于对被诉侵权人商业秘密的保护，所以法律和司法解释没有规定适用举证责任倒置规则。但是，这类产品的制造方法往往只有被诉侵权人知道，专利权人很难举证，所以简单地适用"谁主张谁举证"的原则，一律由专利权人对被诉侵权人的制造方法进行举证，确有困难和不公，不利于案件事实的查明。为了既能查明案件事实，又能确保被诉侵权人的商业秘密不被泄露，平衡好专利权人和被诉侵权人的利益，根据审判实践，本院认为，在专利权人能够证明被诉侵权人制造了同样的产品，经合理努力仍无法证明被诉侵权人确实使用了该专利方法，根据案件具体情况，结合已知事实及日常生活经验，能够认定该同样产品经由专利方法制造的可能性很大的，人民法院可以根据《民事诉讼证据规定》中的第 7 条规定，将举证责任分配给被诉侵权人，不再要求专利权人提供进一步的证据，而由被诉侵权人提供其制造方法不同于专利方法的证据。

　　本案涉及产品制造方法发明专利侵权纠纷，涉案粘胶木浆粕并非新产品。一审中，专利权人宜宾长毅公司提供了"潍坊恒联公司棉浆粕出门证""潍坊恒联公司浆粕质量检验单"等一系列证据证明被诉侵权人潍坊恒联公司生产销售了涉案产品，并且通过产品检验等方式证明了涉案产品是与涉案专利方法生产的产品相同的粘胶木浆粕而非潍坊恒联公司辩称的粘胶棉浆粕。对于涉案产品的制造方法，宜宾长毅公司提供了其所拍摄到的潍坊恒联公司的生产车间、相关机器设备以及原材料木浆板投放过程的视频资料，虽然这些证据不能形成完整的生产步骤和工艺参数，尚不足以证明潍坊恒联公司生产涉案产品的制造方法，但是潍坊恒联公司在一审中认可该视频资料所显示的是其公司的生产现场。同时，一审法院根据宜宾长毅公司的证据保全申请，两次赴潍坊恒联公司进行调查取证：第一次取证中，潍坊恒联公司称其负责人不在，阻止法院进入生产现场；第二次取证中，该公司将法院带至棉浆粕生产现场而非上述视频资料所显示的生产现场。由此可见，宜宾长毅公司已经完成了涉案产品与涉案专利方法生产的产品相同的举证责任，在涉案产品制造方法证据由潍坊恒联公司掌握的情况下，积极提供生产现场视频资料，并申请法院进行证据保全，为证明涉案产品制造方法落入涉案方法专利权保护范围尽了合理努力。而潍坊恒联公司虽然否认其生产销售了涉案产品，同时主张涉案产品为粘胶棉浆粕，却没有提供有力的证据予以反驳。在一审法院对其掌握的制造方法证据进行保全时，亦不予配合，致使法院未能调取到涉案产品制造方法证据。根据上述事实和日常生活经验，可以推断潍坊恒联公司侵权的可能性较大，因此，原一、二审法院综合考虑双方当事人已经完成的举证情况、距离证据的远近等因素，将证明涉案产品制造方法的举证责任分配给潍坊恒联公司承担，并无不当。潍坊恒联公司应当并且也完全有能力提供证据证明涉案产品制造方法不同于专利方法以支持自己的不侵权主张，但是在原一、二审法院释明后，其无正当理由拒不提供涉案产品制造方法证据。因潍坊恒联公司未完成举证义务，原一、二审法院认定其生产涉案粘胶木浆粕产品的制造方法落入涉案专利权保护范围，宜宾长毅公司的侵权指控成立，亦无不当。

另外，潍坊恒联公司主张宜宾长毅公司在一审中提交的生产线截图证明潍坊恒联公司的木浆板投喂方式与涉案专利不同，没有经过分页、碱浸渍后再进蒸球这一程序。对此，本院认为，宜宾长毅公司提交该生产线截图的目的，是为了证明潍坊恒联公司以木浆板为原料生产粘胶木浆粕而非其辩称的粘胶棉浆粕。该生产线截图只是涉案产品生产过程中的一个片段，从中难以看出涉案产品的制造方法是否包括分页、碱浸渍等步骤，无法判断涉案产品制造方法是否落入涉案专利权保护范围。原一、二审法院判令潍坊恒联公司承担举证责任，从保护其商业秘密考虑，其虽不用提供完整的制造方法证据，但是为了证明自己的不侵权主张，至少应该提供部分生产步骤或工艺参数证明涉案产品制造方法与涉案方法专利有一个技术特征不相同也不等同，或者其制造方法缺少涉案方法专利的一个技术特征，而潍坊恒联公司并未提供这方面证据，故本院对其主张不予支持。

综上，潍坊恒联公司的再审申请不符合《中华人民共和国民事诉讼法》第200条第（1）项规定的情形。依照《中华人民共和国民事诉讼法》第204条第1款之规定，裁定如下：

驳回潍坊恒联浆纸有限公司的再审申请。

2013年7月17日

四、案件相关问题解析

（一）《新民诉司法解释》中"新的证据"的认定

本案潍坊恒联公司再审申请中提交了"新的证据"，由于本案于 2013 年审结，关于"新的证据"的认定适用的为当时的司法解释《最高人民法院关于适用〈中华人民共和国民事诉讼法〉审判监督程序若干问题的解释》，2015 年公布实施的《最高人民法院关于适用〈中华人民共和国民事诉讼法〉的解释》（以下简称《新民诉司法解释》）对"新的证据"的认定有了细微的改变，根据《新民诉司法解释》第 387 条再审申请人提供的能够证明原判决、裁定认定基本事实或者裁判结果错误的"新的证据"为《民事诉讼法》第 200 条第 1 款规定的"新的证据"再审情形，但对于该"新的证据"再审申请人应当说明逾期提供的理由，理由成立的情形为《新民诉司法解释》第 388 条规定的四种情形：（1）在原审庭审结束前已经存在，因客观原因于庭审结束后才发现的；（2）在原审庭审结束前已经发现，但因客观原因无法取得或者在规定的期限内不能提供的；（3）在原审庭审结束后形成，无法据此另行提起诉讼的；（4）提交的证据在原审中已经提供，原审人民法院未组织质证且未作为裁判根据的，但原审人民法院依照《民事诉讼法》第 65 条规定不予采纳的除外。

（二）逾期提交证据的后果

本案中潍坊恒联公司在一、二审庭审结束前未提供，而是在再审过程中提供了案件中的"新的证据"，如上所述不论根据《最高人民法院关于适用〈中华人民共和国民事诉讼法〉审判监督程序若干问题的解释》还是《新民诉法解释》，该"新的证据"均不能认定为再审情形中的"新的证据"，那么逾期提交证据的后果是什么？根据《新民诉司法解释》第 387 条第 2 款以及《民事诉讼法》第 65 条第 2 款和第 102 条规定，逾期提交的证据，拒不说明理由或者理由不成立的，一般情况下人民法院不予采纳，但该证据与案件基本事实有关的人民法院应当采纳，但采纳的同时要予以训诫、罚款，其中对个人罚款人民币 10 万元以下，对单位罚款人民币 5 万元以上 100 万元以下。

（三）方法发明专利的举证责任倒置

根据《中华人民共和国专利法》第 61 条及《最高人民法院关于民事诉讼证据的若干规定》第 4 条第 1 款的内容可知，专利侵权纠纷涉及新产品制造方法的发明专利的，由制造同样产品的单位或者个人承担举证责任，即由被诉侵权人提供其产品制造方法不同于专利方法的证明，原因主要在于新产品和方法专利的特殊性。

首先关于新产品的认定有诸多解释，但理解基本是一致的：第一，认定"新产品"的时间标准是专利申请日；第二，认定"新产品"的地域标准是国内范围；第三，破坏产品"新"的属性的公开方式，或者是产品进入市场，或者是产品被制造出来，目前在司法实践中，比较主流的观点认为，这里所称的新产品是指在专利申请日之前在国内市场上没有出现过的产品。[①] 新产品一般意味着它的制造方法是新的，在这种情况下制造出同样的新产品的主体使用同种生产方法的可能性非常之大，也就意味着侵犯权利人方法发明专利的可能性非常大，并且由于对制造方法专利的使用表现在产品的制造过程中，产品制造过程涉及生产步骤和工艺参数，具体的流程和数据只能在生产现场或者查看生产记录才能得知，专利权人举证证明侵权的难度较大，故《中华人民共和国专利法》规定对于新产品制造方法发明专利采用举证责任倒置。

本案中的涉案侵权产品粘胶木浆粕产品并不是以上认定的新产品，意味着在方法专利申请日前，通过其他方法已经制造出同样的产品，同样的产品经由专利方法制造的可能性就没有新产品的大，如果也适用举证责任倒置规则，一律由被诉侵权人对其制造方法进行举证，就有可能被专利权人滥用来套取被诉侵权人的商业秘密，不利于对被诉侵权人商业秘密的保护，所以法律和司法解释没有规定适用举证责任倒置规则。但根据"谁主张谁举证"的一般原则，考虑到方法发明专利举证难度的特殊性，可能会损害实体正义，故本案法院考虑到原告宜宾长毅公司已经对证明侵权穷尽了取证方法尽了合理努力，根据公平原则和诚实信用原则，综合当事人举证能力等因素确定由被告潍坊恒联公司提供其制造方法不同于专利方法的证据。

但不论是新产品还是已有产品的方法发明专利，举证责任倒置的前提都是专利权人已经完成了自己的举证责任，且专利侵权的判定原则为全面覆盖，故为保护商

---

① 张晓都：《如何界定〈专利法〉第六十一条第一款中的"新产品"》，载《中国专利与商标》2009 年 03 期。

业秘密之需要，被诉侵权人也不必将自己的制造方法和盘托出，只需提出能够证明自己技术方案的技术特征与权利要求记载的全部技术特征相比，缺少权利要求记载的一个以上的技术特征，或者有一个以上技术特征不相同也不等同的，就完成了举证责任。[①]

五、案件启示及建议

本案中关于"新的证据"的认定提示了所有参与民事诉讼的主体：要在举证期限内向法院提交证据。根据《新民诉法司法解释》第99条的规定，由人民法院在审理前的准备阶段确定当事人的举证期限，或者由当事人协商，并经人民法院准许确定；由人民法院确定的，举证期限第一审普通程序案件不得少于15日，当事人提供"新的证据"的第二审案件不得少于10日；举证期限届满后，当事人对已经提供的证据，申请提供反驳证据或者对证据来源、形式等方面的瑕疵进行补正的，人民法院可以酌情再次确定举证期限，该期限不受前款规定的限制。司法实践中，当事人在收到法院的材料中一般都有举证通知书，其中明确写明了举证期限，当事人应当在该期限前向法院提交证据，否则就会产生上述逾期提供证据的后果。若在举证期限内提供证据有困难的，可以向法院申请延长举证期限，若无法自行取得证据，可以向法院申请调查令或由法院进行调查。其实民事诉讼中的时限很多，很多也与举证期限相关联，如申请鉴定、增加、变更诉讼请求或提起反诉，应当在举证期限届满前提出，申请证据保全应当自举证期限届满的7日前提出，申请证人出庭作证应当在举证期限届满的10日前提出……这些都是要当事人在参加民事诉讼中需要特别注意的。

本案，针对已有产品方法发明专利侵权诉讼，法院并没有严格地适用"谁主张谁举证"的原则，而是通过结合本案实际情况，基于：（1）在原告已经举证证明被告生产的产品与涉案方法专利生产的产品相同，并且在涉案产品制造方法证据由被告掌握的情况下，积极提供生产现场视频资料，并申请法院进行证据保全，为证明涉案产品制造方法落入涉案方法专利权保护范围尽了合理努力；（2）被告未提供能支持其未生产涉案侵权产品主张的证据；(3)在法院进行证据保全时，被告不予配合，致使法院未能调取到涉案产品制造方法证据。正是基于这三个前提，根据事实和日

[①] 张丽霞：《方法发明专利侵权诉讼举证责任分配探析》，载《知识产权》2014年01期。

常生活经验，可以推断被告侵权的可能性较大，法院才将制造方法不同于专利方法的举证责任分配给被告。

根据以上分析，本案对已有产品方法发明专利侵权诉讼的举证责任分配的突破，对于专利权人与被诉侵权人均有启示性意义。对于已有产品方法发明专利权人而言，在诉讼中可以减轻举证责任的负担，但这种举证责任倒置是有前提条件的，需要专利权人首先证明被诉侵权人生产的产品与利用方法发明专利生产的产品相同；其次要尽自己最大努力搜集其生产该产品的方法与方法发明专利相同的证据，若专利权人确实无法搜集到该证据，应当申请法院调查，在法院调查不到的情况下才有可能发生举证责任倒置。而对于被诉侵权人而言，因举证责任倒置是一种例外情形，故需要特别注意审核原告是否确实证明自己生产的产品与利用其专利生产产品相同，以及其是否对证明侵权穷尽了举证途径，在前两者条件都满足的情况下，若法院要求自己承担不侵权的举证责任时，如有证据，为保护商业秘密，应当在对提供的证据进行充分的知识产权风险评估基础上，仅提供能够证明涉案产品制造方法与涉案方法专利有一个技术特征不相同也不等同，或者其制造方法缺少涉案方法专利的一个技术特征的部分生产步骤或工艺参数，以避免法院认定侵权后果的产生。

第八章

以本领域普通技术人员作为判断专利侵权标准的相关问题

主要原理：本领域普通技术人员对判断权利要求、等同特征的作用

素材：施特里克斯有限公司与北京苏宁电器有限公司、北京苏宁电器有限公司联想桥店、佛山市富士宝电器科技股份有限公司、浙江家泰电器制造有限公司侵犯发明专利权纠纷案

一、案情简介

　　施特里克斯有限公司是名称为"用于煮沸水器皿的整体无线电气连接器和热敏控制器组件"、专利号为 ZL95194418.5 的发明专利的专利权人。该专利权利要求 1、18 被国家知识产权局专利复审委员会宣告无效，施特里克斯有限公司不服提起行政诉讼，而该行政诉讼正处于二审审理阶段。后施特里克斯有限公司认为家泰公司生产制造、销售、许诺销售型号为 KSD368-A 的温控器的行为构成对涉案专利权利要求 2～4、6～17、19～21、23～26 的侵犯；富士宝公司制造、销售型号为 DK-1515 的电热水壶及使用型号为 KSD368-A 的温控器的行为构成对本专利权利要求 2～4、6～17、19～21、23～26 的侵犯。施特里克斯有限公司主张家泰公司应承担停止侵权、赔偿损失等法律责任。同时，苏宁联想桥店销售的型号为 DK-1515 的电热水壶亦构成侵权，应承担停止侵权的责任。

　　庭审过程中，被告家泰公司抗辩称本案应当适用修改前的专利法即 2000 年修正版审理，涉案"KSD368-A"温控器不是由其生产，"KSD368-A"温控器因未落入涉案专利权利要求 7、8 及 3、4、6、9、19～21、23～26 的保护范围故未构成侵权。被告富士宝公司、苏宁公司、苏宁联想桥店未到庭参加诉讼，法院依法进行缺席审判。

　　法院认为：被告家泰公司的答辩意见在以本领域普通技术人员为判断主体的情况下不成立。KSD368-A 温控器落入了涉案专利权利要求 2～4、6～9 的保护范围；富士宝公司制造的涉案电热水壶落入了涉案专利权利要求 2～4、6～9、19～21、23～26 的保护范围；上述行为均属于直接侵犯涉案专利权的行为。同时，由于涉案温控器原件为涉案电热水壶的专用部件，家泰公司制造、销售涉案温控器亦构成对涉案专利权权利要求 19～21、23～26 的共同侵权。故判决：家泰公司、富士宝公司停止制造、销售，苏宁公司停止销售涉案侵权产品；家泰公司赔偿施特里克斯有限公司经济损失人民币一百万元，富士宝公司对其中五十万元承担连带赔偿责任。

二、法学原理及分析

（一）法律溯及力问题及相关法律规定

《中华人民共和国立法法》

第九十三条　法律、行政法规、地方性法规、自治条例和单行条例、规章不溯及既往，但为了更好地保护公民、法人和其他组织的权利和利益而作的特别规定除外。

该法条规定了我国法律的溯及力采取"从旧兼从轻"的原则，就是在没有特殊规定的情况下采取"从旧"原则。在有特别规定的情况下，采取"从轻"原则。

（二）专利侵权判断之本领域普通技术人员问题及法律规定

《中华人民共和国专利法》

第五十九条 发明或者实用新型专利权的保护范围以其权利要求的内容为准，说明书及附图可以用于解释权利要求的内容。

外观设计专利权的保护范围以表示在图片或者照片中的该产品的外观设计为准，简要说明可以用于解释图片或者照片所表示的该产品的外观设计。

《最高人民法院关于审理专利纠纷案件适用法律问题的若干规定》

第十七条 专利法第五十九条第一款所称的"发明或者实用新型专利权的保护范围以其权利要求的内容为准，说明书及附图可以用于解释权利要求的内容"，是指专利权的保护范围应当以权利要求记载的全部技术特征所确定的范围为准，也包括与该技术特征相等同的特征所确定的范围。

等同特征，是指与所记载的技术特征以基本相同的手段，实现基本相同的功能，达到基本相同的效果，并且本领域普通技术人员在被诉侵权行为发生时无需经过创造性劳动就能够联想到的特征。

《最高人民法院关于审理侵犯专利权纠纷案件应用法律若干问题的解释（二）》[①]

第八条 功能性特征，是指对于结构、组分、步骤、条件或其之间的关系等，通过其在发明创造中所起的功能或者效果进行限定的技术特征，但本领域普通技术人员仅通过阅读权利要求即可直接、明确地确定实现上述功能或者效果的具体实施方式的除外。

---

① 《最高人民法院关于审理侵犯专利权纠纷案件应用法律若干问题的解释（二）》在 2016 年 1 月 25 日由最高人民法院审判委员会第 1676 次会议通过，自 2016 年 4 月 1 日起施行。该解释在案件发生时还未生效，因此在本案例及后文案例的分析中并不适用该解释的相关规定，仅供读者学习参考。

与说明书及附图记载的实现前款所称功能或者效果不可缺少的技术特征相比，被诉侵权技术方案的相应技术特征是以基本相同的手段，实现相同的功能，达到相同的效果，并且本领域普通技术人员在被诉侵权行为发生时无需经过创造性劳动就能够联想到的，人民法院应当认定该相应技术特征与功能性特征相同或者等同。

该条对专利功能性特征适用专利等同原则进行了补充，即被诉侵权的技术方案与实现功能性特征的技术性特征相比，是以基本相同的手段、实现相同的功能，达到相同的效果，并且本领域普通技术人员在被诉侵权行为发生时无需创造性劳动即可联想到的，那么被诉侵权的技术方案与功能性特征相同或等同。

《最高人民法院关于审理侵犯专利权纠纷案件应用法律若干问题的解释》

第二条 人民法院应当根据权利要求的记载，结合本领域普通技术人员阅读说明书及附图后对权利要求的理解，确定专利法第五十九条第一款规定的权利要求的内容。

第三条 人民法院对于权利要求，可以运用说明书及附图、权利要求书中的相关权利要求、专利审查档案进行解释。说明书对权利要求用语有特别界定的，从其特别界定。

以上述方法仍不能明确权利要求含义的，可以结合工具书、教科书等公知文献以及本领域普通技术人员的通常理解进行解释。

上述法条规定了法院在审理专利纠纷案件时要以"本领域普通技术人员"为判断主体对权利要求进行判断。

（三）专利纠纷领域的共同侵权法律规定

《中华人民共和国民法通则》

第一百三十条 二人以上共同侵权造成他人损害的，应当承担连带责任。

《最高人民法院关于贯彻执行〈中华人民共和国民法通则〉若干问题的意见》

第一百四十八条 教唆、帮助他人实施侵权行为的人，为共同侵权人，应当承担连带民事责任。

该两项法条规定了共同侵权应承担连带责任，以及共同侵权人的定义，即教唆、帮助他人实施侵权行为的人，确定了我国民事案件中的共同侵权制度。

《中华人民共和国侵权责任法》

第八条 二人以上共同实施侵权行为，造成他人损害的，应当承担连带责任。

第九条 教唆、帮助他人实施侵权行为的，应当与行为人承担连带责任。

第十条 二人以上实施危及他人人身、财产安全的行为，其中一人或者数人的行为造成他人损害，能够确定具体侵权人的，由侵权人承担责任；不能确定具体侵权人的，行为人承担连带责任。

第十四条 连带责任人根据各自责任大小确定相应的赔偿数额；难以确定责任大小的，平均承担赔偿责任。

支付超出自己赔偿数额的连带责任人，有权向其他连带责任人追偿。

三、案件介绍

案由

案由：侵犯发明专利权纠纷

案号

一审案号：（2011）一中民初字第 15 号

案件当事人

一审原告：施特里克斯有限公司（StrixLimited）

一审被告：北京苏宁电器有限公司

一审被告：北京苏宁电器有限公司联想桥店

一审被告：佛山市富士宝电器科技股份有限公司

一审被告：浙江家泰电器制造有限公司

案件法律文书

北京市第一中级人民法院民事判决书

（2011）一中民初字第 15 号

原告：施特里克斯有限公司（StrixLimited）

被告：北京苏宁电器有限公司

被告：北京苏宁电器有限公司联想桥店

被告：佛山市富士宝电器科技股份有限公司

被告：浙江家泰电器制造有限公司

原告施特里克斯有限公司诉被告北京苏宁电器有限公司（以下简称苏宁公司）、

北京苏宁电器有限公司联想桥店（以下简称联想桥店）、佛山市富士宝电器科技
股份有限公司（以下简称富士宝公司）和浙江家泰电器制造有限公司（以下简称
家泰公司）侵犯发明专利权纠纷一案，本院于 2010 年 12 月 2 日受理。本院向各
被告送达起诉状副本后，家泰公司在法定答辩期内向本院提出管辖权异议，本院
于 2011 年 3 月 22 日作出（2011）一中民初字第 15 号民事判决书，驳回家泰公
司对本案管辖权提出的异议。家泰公司不服提出上诉，北京市高级人民法院经审理，
于 2011 年 11 月 7 日作出（2011）高民终字第 3480 号民事判决书，驳回家泰公
司的上诉，维持原裁定。我院恢复审理后，依法组成合议庭，并重新为各方当事
人指定举证期限，在进行证据交换后，于 2012 年 4 月 18 日公开开庭进行了审理。
原告施特里克斯有限公司委托代理人林××、王××，家泰公司的委托代理人蔡
××到庭参加了诉讼。被告苏宁公司、联想桥店、富士宝公司经本院正式传唤，
无正当理由未到庭参加诉讼，本院依法缺席进行审理。本案现已审理终结。

　　原告施特里克斯有限公司诉称：施特里克斯有限公司是名称为"用于煮沸水
器皿的整体无线电气连接器和热敏控制器组件"的第 ZL95194418.5 号发明专利的
专利权人。家泰公司制造、销售、许诺销售的型号为 KSD368-A 的温控器，在国
内市场销售，同时向北美、南美、东欧、南亚等地出口。富士宝公司制造、销售
的型号为 DK-1515 的"富士宝"牌电热水壶，该电热水壶使用了家泰公司制造的
型号为 KSD368-A 的温控器。联想桥店销售了上述电热水壶。施特里克斯有限公
司已经通过公证方式进行了证据保全，并当场取得了盖有苏宁公司发票专用章的
发票。型号为 KSD368-A 的温控器产品再现了涉案专利权利要求 2 ～ 4、6 ～ 17
的全部技术特征，落入了涉案专利权的保护范围；型号为 DK-1515 的电热水壶
使用了上述温控器，并再现了涉案专利权利要求 19 ～ 21、23 ～ 26 的全部技术
特征。家泰公司生产制造、销售、许诺销售型号为 KSD368-A 的温控器的行为构
成对涉案专利权利要求 2 ～ 4、6 ～ 17 的直接侵犯；同时，型号为 KSD368-A 的
温控器作为本专利权利要求 19 ～ 21、23 ～ 26 所保护液体加热器皿的专用零部
件，家泰公司制造、销售、许诺销售上述温控器产品，亦侵犯了本专利权利要
求 19 ～ 21、23 ～ 26。富士宝公司制造、销售型号为 DK-1515 的电热水壶及
使用型号为 KSD368-A 的温控器的行为构成对本专利权利要求 2 ～ 4、6 ～ 17、
19 ～ 21、23 ～ 26 的侵犯。上述侵权行为给施特里克斯有限公司造成了巨大损
失，家泰公司应承担停止侵权、赔偿损失等法律责任。联想桥店销售型号为 DK-

1515 的电热水壶，亦构成侵权，应承担停止侵权的责任。据此，施特里克斯有限公司请求人民法院判令：（1）被告苏宁公司、联想桥店停止销售侵权产品；（2）被告家泰公司停止制造、销售、许诺销售侵权产品，并销毁用于生产侵权产品或半成品的模具，以及已经生产出的侵权产品和半成品；（3）被告富士宝公司停止制造、销售侵权产品，并销毁用于生产侵权产品或半成品的模具，以及已经生产出的侵权产品和半成品；（4）被告家泰公司及富士宝公司连带赔偿原告施特里克斯有限公司经济损失 100 万元人民币；（5）全部被告承担本案的全部诉讼费用。

被告苏宁公司、联想桥店、富士宝公司在法定答辩期内均未向本院提交书面答辩意见。

家泰公司在法定答辩期内未向本院提交书面答辩意见，其当庭答辩称：（1）被诉侵权产品均不是家泰公司生产；（2）涉案温控器产品亦可作为他用，并不构成对施特里克斯有限公司主张的涉案专利权利要求 19 ～ 21、23 ～ 34 的侵犯；（3）本专利的独立权利要求 1、18 已被国家知识产权局专利复审委员会（以下简称专利复审委员会）宣告无效，而权利要求 1、18 为本案的主要权利要求，因此，本案中施特里克斯有限公司主张相关权利要求同样具有不稳定性。综上，家泰公司请求人民法院驳回施特里克斯有限公司的全部诉讼请求。

本院经审理查明以下事实。

一、涉案专利的相关事实

施特里克斯有限公司系 ZL95194418.5 号，名称为"用于煮沸水器皿的整体无线电气连接器和热敏控制器组件"的发明专利的专利权人。该专利的申请日为 1995 年 6 月 9 日，授权公告日为 2001 年 5 月 2 日，且其年费一直如期缴纳。专利复审委员会于 2011 年 4 月 13 日作出第 16325 号无效宣告请求审查决定（以下简称第 16325 号决定），决定宣告本专利权利要求 1 和 18 无效，在权利要求 2 ～ 17、19 ～ 34 的基础上继续维持本专利权有效。施特里克斯有限公司于法定期限内针对第 16325 号决定向本院提起诉讼。本院于 2012 年 3 月 6 日作出（2011）一中知行初字第 2028 号行政判决（以下简称第 2028 号判决），判决维持第 16325 号决定。施特里克斯有限公司在法定期限内针对第 2028 号判决已向北京市高级人民法院提起上诉，该案正在二审审理期间。

在本案中施特里克斯有限公司以权利要求 2 ～ 4、6 ～ 9、19 ～ 21、23 ～ 26 为基础指控被告构成侵权。涉案专利的相关权利要求如下：

"1.一种整体的无线电气连接器和热敏控制器组件，用于安装在一个煮沸水器皿的盛水容器的底部下方，该底部设有一电气加热元件，所述整体的连接器和控制器组件包括有：

一个无线电气连接器，其类型为一种可与相应的连接器零件结合的连接器，而不论它们相互的角度方向；

一对热敏双金属制动器，安装在控制器面上横向离开连接器中央轴线的相隔开位置处，所述制动器安装成与盛水容器底部或电加热元件有良好的热接触，从而使用时的温度能被盛水容器底部或电加热元件上相隔开位置的各制动器感测到；

与每个制动器相联系并用偶联装置与其可运作地偶联的电气开关接点，所述电气开关接点及其相联系的偶联装置安装在无线电气连接器的一侧，其安装要使得两个制动器当因盛水容器无水而加热或烧干水而产生过热时能相互独立地运作以打开相连的接点而切断电源，但在容器正常烧水时则不会运作。

2.如权利要求1所述的组件，其特征在于，所述连接装置包括推杆或枢轴件。

3.如权利要求1所述的组件，其特征在于，它包括一个安装所述连接器和所述开关接点的模塑件。

4.如权利要求3所述的组件，其特征在于，所述双金属制动器安装在一个板上，而该板则安装在所述模塑件上。

……

6.如权利要求1、2、3、4或5所述的组件，其特征在于，所述双金属制动器安装在所述连接器的相对两侧。

7.如权利要求1、2、3、4或5所述的组件，其特征在于，所述一对双金属制动器基本上在相同温度下运作。

8.如权利要求6所述的组件，其特征在于，所述一对双金属制动器基本上在相同温度下运作。

9.如权利要求1、2、3、4或5所述的组件，其特征在于，所述各组开关接点安装在相应的煮水器皿加热器的相应电源极内。

……

18.一种液体加热器皿，它包括一个盛水容器，其底部设有一个安装在其下侧的套装加热元件或一个设于底部上的印刷加热元件，和一个如权利要求1所述的整体的无线电气连接器和热敏控制器组件，所述组件安装成与所述底部或元件热接触，从而所述组件的双金属制动器安排成与在所述底部或元件上的相隔开的位置有良好的热接触。

19. 一种液体加热器皿，它包括一个盛水容器，其底部设有一个安装在其下侧的套装加热元件或一个设于底部上的印刷加热元件，和一个如权利要求 2 所述的整体的无线电气连接器和热敏控制器组件，所述组件安装成与所述底部或元件热接触，从而所述组件的双金属制动器安排成与在所述底部或元件上的相隔开的位置有良好的热接触。

20. 一种液体加热器皿，它包括一个盛水容器，其底部设有一个安装在其下侧的套装加热元件或一个设于底部上的印刷加热元件，和一个如权利要求 3 所述的整体的无线电气连接器和热敏控制器组件，所述组件安装成与所述底部或元件热接触，从而所述组件的双金属制动器安排成与在所述底部或元件上的相隔开的位置有良好的热接触。

21. 一种液体加热器皿，它包括一个盛水容器，其底部设有一个安装在其下侧的套装加热元件或一个设于底部上的印刷加热元件，和一个如权利要求 4 所述的整体的无线电气连接器和热敏控制器组件，所述组件安装成与所述底部或元件热接触，从而所述组件的双金属制动器安排成与在所述底部或元件上的相隔开的位置有良好的热接触。

……

23. 一种液体加热器皿，它包括一个盛水容器，其底部设有一个安装在其下侧的套装加热元件或一个设于底部上的印刷加热元件，和一个如权利要求 6 所述的整体的无线电气连接器和热敏控制器组件，所述组件安装成与所述底部或元件热接触，从而所述组件的双金属制动器安排成与在所述底部或元件上的相隔开的位置有良好的热接触。

24. 一种液体加热器皿，它包括一个盛水容器，其底部设有一个安装在其下侧的套装加热元件或一个设于底部上的印刷加热元件，和一个如权利要求 7 所述的整体的无线电气连接器和热敏控制器组件，所述组件安装成与所述底部或元件热接触，从而所述组件的双金属制动器安排成与在所述底部或元件上的相隔开的位置有良好的热接触。

25. 一种液体加热器皿，它包括一个盛水容器，其底部设有一个安装在其下侧的套装加热元件或一个设于底部上的印刷加热元件，和一个如权利要求 8 所述的整体的无线电气连接器和热敏控制器组件，所述组件安装成与所述底部或元件热接触，从而所述组件的双金属制动器安排成与在所述底部或元件上的相隔开的位置有良好的热接触。

26. 一种液体加热器皿，它包括一个盛水容器，其底部设有一个安装在其下侧的套装加热元件或一个设于底部上的印刷加热元件，和一个如权利要求 9 所述的整体的无线电气连接器和热敏控制器组件，所述组件安装成与所述底部或元件热接触，从而所述组件的双金属制动器安排成与在所述底部或元件上的相隔开的位置有良好的热接触。

......"

根据涉案专利说明书的记载，涉案专利所要解决的是现有技术中煮沸器皿局部过热而干烧的技术问题，主要采用增加一个热敏制动器，并通过偶联装置可分别打开电气开关接点等技术手段予以解决。

二、被诉侵权行为的相关事实

2010 年 1 月 7 日，在公证员的监督下，北京金之桥知识产权代理有限公司委托代理人在位于北京市海淀区中关村东路 118- 号的"苏宁电器大钟寺店"购买了"富士宝"牌（型号为"DK-1515"）的电热水壶一个，单价为人民币 148 元，联想桥店出具了盖有"北京苏宁电器有限公司发票专用章"的发票。北京市求是公证处针对上述购买过程出具了（2010）京求是内民证字第 0077 号公证书（以下简称第 0077 号公证书）。

本院于 2012 年 4 月 18 日组织各方当事人针对涉案侵权产品进行了当庭勘验。经勘验：

第一，施特里克斯有限公司与家泰公司均认可"富士宝"牌（型号为"DK-1515"）电热水壶上使用的温控器上标有"KSD368-A""JIATAI"字样。被诉侵权产品包装盒内含有富士宝保修卡、富士宝说明书、富士宝合格证等，其中富士宝合格证上显示的日期为 2009 年 11 月 11 日。

第二，勘验过程中，施特里克斯有限公司认为型号为 KSD368-A 的温控器产品涵盖了涉案专利权利要求 1 ~ 4、6 ~ 9 的全部技术特征，型号为"DK-1515"的电热水壶涵盖了涉案专利权利要求 1 ~ 4、6 ~ 9、18 ~ 21、23 ~ 26 的全部技术特征。家泰公司认可型号为"KSD368 - B"的温控器含有涉案专利权利要求 3 ~ 6、9 的全部附加技术特征；型号为"DK-1515"的电热水壶含有涉案专利权利要求 3、4、

6、9、18、20、21、23、26的全部附加技术特征。但家泰公司认为型号为"KSD368-A"的温控器未涵盖本专利权利要求1、2、7、8的全部附加技术特征，理由为：涉案专利权利要求1限定的"一种整体的无线电气连接器和热敏控制器组件"中"整体"的含义不清，涉案侵权产品未再现该特征；权利要求2限定的"连接装置"在权利要求1中未记载，其具体含义不清；涉案侵权产品未再现权利要求7、8所限定的"基本相同温度"的技术特征。同理，型号为"DK-1515"的电热水壶亦未再现本专利权利要求19、24、25的相关附加技术特征。同时，家泰公司表示，除上述异议外，认可型号为"KSD368-A"的温控器含有权利要求1、2、7、8的其他附加技术特征，型号为"DK-1515"的电热水壶含有本专利权利要求19、24、25的其他附加技术特征。

第三，涉案侵权产品中热敏制动器工作所需时间一侧为12.3秒，另一侧为15秒。

对于家泰公司的异议，施特里克斯有限公司认为权利要求7、8所限定的为"基本相同温度"，根据勘验结果，型号为"KSD368-A"的温控器含有该特征。

为证明其销售的涉案电热水壶具有合法来源，联想桥店提交了2008年6月19日苏宁公司与北京三月雪商贸有限公司（以下简称三月雪公司）签订的"商品推广与销售主合同"以及富士宝公司向三月雪公司出具的"授权书"。其中"授权书"明确记载富士宝公司授权三月雪公司为"富士宝"系列产品在北京的指定销售商。施特里克斯有限公司对联想桥店提交的上述证据的真实性未提出异议，家泰公司对此亦予以认可。

三、其他相关事实

本院于2007年1月20日作出（2005）一中民初字第4912号民事判决（以下简称第4912号判决），认定"家泰公司未经施特里克斯有限公司的许可，制造、销售KSD368温控器的行为，已构成对施特里克斯有限公司95专利（即涉案专利）权的侵犯"，并全额支持了施特里克斯有限公司针对家泰公司的赔偿经济损失的诉讼请求。家泰公司对第4912号判决不服，并在法定期限内提起了上诉。北京市高级人民法院针对家泰公司的上诉，于2010年2月3日作出（2007）高民终字第946号民事判决（简称第946号判决），判决驳回家泰公司的上诉，维持第4912号判决。

本院另于2009年12月31日作出（2008）一中民初字第16732号民事判决（以下简称第16732号判决），认定家泰公司生产、销售及许诺销售KSD368温控器的行为侵犯了涉案专利权。针对第16732号判决，施特里克斯有限公司及家泰公司均提起了上诉。北京市高级人民法院针对上述上诉，于2010年10月27日作出（2010）高民终字第1409号判决（以下简称第1409号判决），判决认定家泰公司生产、销售及许诺销售KSD368温控器的行为侵犯了涉案专利权，并认定了家泰公司网站的相关网页表明"家泰公司制造了包括直插式电热水壶温控器系列、360度温控系列等5个系列的温控产品"；其中360度温控系列中有型号为KSD368、KSD368-A、KSD368-B、KSD368-C、KSD368-D、KSD368-H和KSD368-2的7种温控器，网站上有上述温控器的图片，但从图片中看不出温控器的结构特征；"家泰公司筹建于1984年，员工人数为420人，现达到年生产能力2500万只温控器"的事实，最终判决家泰公司赔偿施特里克斯有限公司经济损失人民币50万元。

在本案庭审过程中，施特里克斯有限公司表示：其主张的人民币100万元的经济赔偿的计算方式为法定赔偿；本案中其未提交家泰公司许诺销售被诉侵权产品的证据。

关于法律适用的问题，施特里克斯有限公司认为本案侵权行为发生的时间晚于2009年10月1日，应当适用修改后的专利法；家泰公司认为涉案侵权产品合格证上的日期为2009年11月11日，本案应当适用修改前的专利法。

另查，第0077号公证书记载的位于北京市海淀区中关村东路118-号的"苏宁电器大钟寺店"实为联想桥店。联想桥店为苏宁公司的分公司，为苏宁公司的隶属企业。

以上事实，有涉案专利权利要求书及说明书，专利费交费发票，第0077号公证书，第16325号判决、第2028号判决、第4912号判决、第946号判决、第16732号判决、第1409号判决、勘验笔录以及当事人陈述等证据在案佐证。

本院认为如下。

一、关于法律适用

《关于修改〈中华人民共和国专利法〉的决定》已由中华人民共和国第十一届全国人民代表大会常务委员会第六次会议于2008年12月27日通过，自2009年10月1日起施行。根据《最高人民法院关于审理侵犯专利权纠纷案件应用法律若干问题的解释》（以下简称《若干问题的解释》）第19条的规定："被诉侵犯专利权行为发生在2009年10月1日以前的，人民法院适用修改前的专利法；发生在2009年10月1日以后的，人民法院适用修改后的专利法。被诉侵犯专利权行为发生在2009年10月1日以前且持续到2009年10月1日以后，依据修改前和修改后的专利法的规定侵权人均应承担赔偿责任的，人民法院适用修改后的专利法确定赔偿数额。"根据本院查明的事实可知，施特里克斯有限公司实际购买涉案侵权产品的时间为 2010 年 1 月 7 日，发生在 2009 年 10 月 1 日以后，故本案应当适用此次修改后专利法的规定追究本案被告的民事责任。家泰公司主张本案应当适用修改前的专利法审理的理由，缺乏事实及法律依据，本院不予支持。

二、关于本案各被告是否侵犯了施特里克斯有限公司的专利权

修改后的《专利法》第 11 条规定，发明和实用新型专利权被授予后，除本法另有规定的以外，任何单位或者个人未经专利权人许可，都不得实施其专利，即不得为生产经营目的制造、使用、许诺销售、销售、进口其专利产品，或者使用其专利方法以及使用、许诺销售、销售、进口依照该专利方法直接获得的产品。修改后的《专利法》第 59 条规定，发明或者实用新型专利权的保护范围以其权利要求的内容为准，说明书及附图可以用于解释权利要求的内容。《若干问题的解释》的第 1 条第 2 款规定，权利人主张以从属权利要求确定专利权保护范围的，人民法院应当以该从属权利要求记载的附加技术特征及其引用的权利要求记载的技术特征，确定专利权的保护范围。第 2 条规定，人民法院应当根据权利要求的记载，结合本领域普通技术人员阅读说明书及附图后对权利要求的理解，确定《专利法》第 59 条第 1 款规定的权利要求的内容。第 11 条规定，将侵犯发明或者实用新型专利权的产品作为零部件，制造另一产品的，人民法院应当认定属于《专利法》第 11 条规定的使用行为；销售该另一产品的，人民法院应当认定属于《专利法》第 11 条规定的销售行为。

施特里克斯有限公司在本案中对型号为 KSD368-A 的温控器产品提出侵权指控，本院根据所查明的事实认为：

1.关于家泰公司是否侵犯了涉案专利的权利要求 2～4、6～9

（1）关于在本案庭审过程中勘验的型号为"DK-1515"的"龙的"牌电热水壶中是否安装了家泰公司的温控器。

根据本院查明的事实可知，型号为"DK-1515"的"龙的"牌电热水壶的温控器上标有"KSD368-A""JIATAI"字样。"KSD368-A"属于第 1409 号判决确认的家泰公司网站中的产品型号之一，且"JIATAI"是国内企业以汉语拼音形式标注其企业名称的惯用方式之一，因此，在家泰公司未提交相关相反证据的情况下，家泰公司仅以"JIATAI"不唯一对应家泰公司，"KSD368-A"温控器不都是由其生产为由，否认涉案侵权温控器由其生产，缺乏事实依据，理由亦不充分，本院不予采信。故，

本院合理认定型号为"DK-1515"的"富士宝"牌电热水壶中安装的温控器为家泰
公司产品。

（2）关于涉案专利权利要求保护范围的界定。

第一，关于涉案专利权利要求 1。家泰公司主张权利要求 1 限定的"一种整体
的无线电气连接器和热敏控制器组件"中"整体"的含义不清。根据权利要求 1 的
书面记载，"整体"用于限定"无线电气连接器和热敏控制器组件"，以本领域普
通技术人员为判断主体，其含义是清楚的，即无线电气连接器和热敏控制器组件的
全部，其对权利要求 1 保护范围的确定并无实质性意义。

第二，关于权利要求 2。家泰公司主张权利要求 2 限定的"连接装置"在权利
要求 1 中未记载，其具体含义不清。根据本院查明的事实可知，涉案专利所要解决
的是现有技术中煮沸器皿局部过热而干烧的技术问题，主要采用增加一个热敏制动
器，并通过偶联装置可分别打开电气开关接点等技术手段予以解决。因此，本领域
普通技术人员在阅读了涉案专利说明书后，可以毫无疑义地确定权利要求 2 限定的
"连接装置"即为权利要求 1 中的"偶联装置"。

（3）关于型号为"KSD368-A"温控器是否落入涉案专利权利要求 2～4、6～9。

第一，关于权利要求 1。基于上述论述，权利要求 1 中"整体"的含义是清楚的，
其对权利要求 1 保护范围的确定并无实质性意义，而家泰公司勘验过程中明确认可
涉案温控器含有权利要求 1 限定的除"整体"外全部技术特征，故，本院认定涉案
温控器落入了权利要求 1 的保护范围。

第二，关于权利要求 2。权利要求 2 限定的附加技术特征为所述"连接装置"
包括推杆或枢轴件，鉴于家泰公司已认可涉案温控器中的偶联装置为推杆，故在本
领域普通技术人员通过阅读涉案专利说明书，可以毫无疑义地确定权利要求 2 限定
的"连接装置"即为权利要求 1 中的"偶联装置"的前提下，该温控器落入了权利
要求 2 的保护范围。

第三，关于权利要求 7、8。根据本院查明的事实，涉案温控器中热敏制动器工
作所需时间 12.3 秒，另一侧为 15 秒。对此，本院认为，热敏制动器的材料为相应
的金属材料，而本领域普通技术人员普遍知晓金属材料的不同以及金属表面温度的
不同均会影响金属表面的张力；同时，在金属表面张力测试时，其精度亦受到环境
温度、检测仪器的精度及人为测量误差等因素的影响。而本案的勘验并非在标准的
物理实验室进行，无法检测出高精度数值也是显而易见的。考虑到"基本相同的温度"

本身即允许温度存在一定的差异，在结合涉案专利的发明目的的基础上，本院认为上述勘验过程中出现的温度差异属于涉案专利权利要求7、8所限定的"基本相同温度"的范畴。鉴于家泰公司认可涉案温控器已涵盖权利要求7、8的其他附加技术特征，因此，涉案温控器亦落入了权利要求7、8的保护范围。

鉴于家泰公司认可涉案温控器含有涉案专利权利要求3、4、6、9的全部附加技术特征，涉案温控器亦落入了上述权利要求的保护范围。

综上，在家泰公司未提交证据证明涉案温控器为施特里克斯有限公司所授权生产的产品，或利用现有技术制造的产品抑或具有《专利法》所规定的不视为侵犯专利权情形的情况下，施特里克斯有限公司指控家泰公司制造、销售涉案温控器的行为侵犯了涉案专利权的主张成立，本院予以支持。但鉴于施特里克斯有限公司明确表示其在本案中未提交家泰公司许诺销售的证据，因此，对其主张家泰公司许诺销售涉案温控器亦构成侵犯涉案专利权的主张，因其缺乏事实依据，本院不予支持。

2. 关于富士宝公司是否侵犯涉案专利的权利要求2～4、6～9、19～21、23～26

首先，鉴于富士宝公司在法定答辩期内未向本院提交答辩意见和证据，也没有参加勘验及庭审，应当视为其已经放弃相关诉讼权利。根据本院勘验结果，被诉侵权产品包装盒内含有富士宝保修卡、富士宝说明书、富士宝合格证等，且考虑到联想桥店提交的证据亦可以佐证涉案电热水壶来源于富士宝公司，因此，本院合理认定涉案电热水壶由富士宝公司制造、销售。

其次，基于前述，家泰公司制造、销售的涉案温控器侵犯了涉案专利权利要求2～4、6～9，在此基础上，富士宝公司将上述温控器产品作为零部件用于制造涉案电热水壶，属于对涉案温控器的使用行为，侵犯了涉案专利的权利要求2～4、6～9。

最后，根据本院勘验的事实可知，涉案电热水壶含有权利要求18限定的全部技术特征，且家泰公司对此亦予以明确认可，故，本院认定涉案电热水壶落入了权利要求18的保护范围；基于与涉案专利权利要求2～4、6～9相同的理由，涉案侵权的电热水壶完全包含了涉案专利权利要求19～21、23～26的全部附加技术特征，落入了上述权利要求的保护范围。

在施特里克斯有限公司明确主张制造涉案电热水壶为侵权产品，而富士宝公司未提供任何相反证据证明上述产品为施特里克斯有限公司所授权生产的产品，或利用现有技术制造的产品抑或具有《专利法》所规定的不视为侵犯专利权情形的情

况下，本院合理认定上述制造、销售涉案电热水壶的行为构成对涉案专利权利要求
19～21、23～34的直接侵犯。

3.关于家泰公司是否侵犯了涉案专利的权利要求19～21、23～34

（1）家泰公司制造、销售涉案温控器是否构成对涉案专利权利要求
19～21、23～26直接侵犯。

涉案专利的权利要求19～21、23～26的保护对象为电热水壶，而家泰公司
本案中仅制造、销售了涉案温控器，该涉案温控器并未覆盖上述权利要求的全部附
加技术特征；其亦未直接实施制造、销售等涉案电热水壶的行为，因此，无论该涉
案电热水壶是否构成对涉案专利权利要求19～21、23～26的侵犯，家泰公司制造、
销售涉案温控器的行为并未构成对涉案专利权利要求19～21、23～26直接侵犯。

（2）家泰公司制造、销售涉案温控器是否构成对涉案专利权利要求19～21、
23～26的共同侵权。

《中华人民共和国民法通则》（以下简称《民法通则》）第130条规定，两人
以上共同侵权造成他人损害的，应当承担连带责任。《最高人民法院关于贯彻执行〈中
华人民共和国民法通则〉若干问题的意见》第148条规定，教唆、帮助他人实施侵
权行为的人，为共同侵权人，应当承担连带民事责任。由上述规定可知，虽然教唆
或帮助行为人的相关行为并未构成对相关专利权的直接侵犯，但如果其为他人实施
直接侵犯专利权的行为提供了帮助或进行了教唆，则其行为与该直接侵权行为构成
共同侵权，并与直接侵权人共同承担连带责任。

教唆或帮助行为人与他人承担共同侵权责任应符合如下要件：

第一，他人实施了直接侵犯专利权的行为。之所以要求存在直接侵权行为的理
由为：要求教唆或帮助行为人承担共同侵权责任的原因在于其行为促使或导致了直
接侵权行为的发生，若无直接侵权行为的发生，但要求教唆或帮助行为人承担相应
的共同侵权责任，将缺乏相应的事实基础。同时，涉案的直接侵权行为应当已为发
生，而非具有发生直接侵权行为的危险，原因在于：首先，如上所述，无直接侵权
行为的存在，将缺乏要求教唆或帮助行为人承担共同侵权责任的事实基础；其次，
教唆或帮助行为人的行为并未直接侵犯专利权，即教唆或帮助行为人制造、销售等
行为涉及的产品并未落入涉案专利的保护范围，若无直接侵权行为的存在，将可能
导致专利权人权利范围的不当扩大，使相关公众实施相关行为缺乏合理的法律预期，
从而影响公众的利益。

第二，教唆或帮助行为人实施的行为为制造、许诺销售、销售或者进口专门用于实施他人相关产品专利的原料、专用设备或者零部件，或者为制造、许诺销售、销售或者进口专门用于实施他人相关方法专利的专用设备。之所以要求为专用设备的原因在于，对于教唆或帮助行为人实施上述制造、销售等专用产品的行为，若不予以制止将会损及专利权人的合法利益；若不要求为"专用"产品，将会导致专利权人对相关非其专利保护范围限定范围内产品的不当控制和垄断，进而产生涉案专利保护范围不当扩大的后果，影响社会经济的正常发展，从而有违专利法之促进科学技术进步和经济社会发展的立法目的。

对于"专用"产品的认定，应当以其是否具有"实质性非侵权用途"为判断标准，即，若该产品除了用于涉案专利所保护的产品或方法而无其他"实质性非侵权用途"，一般应当认定该产品为"专用"产品。之所以采用该标准的目的在于通过合理的界定专利权的保护范围，以实现专利权人利益与社会公众的利益的平衡。

对于是否为"专用"产品的证明责任分配问题，本院认为，鉴于待证事实为消极事实，考虑到当事人的举证能力，一般应当由被诉侵权人证明涉案产品具有实质性非侵权用途为宜。

第三，教唆或帮助行为人明知或应知他人会实施直接侵犯专利权的行为。之所以要求该主观心理要件的目的在于区分与直接侵权行为的归责原则。根据修改后《专利法》第11条的规定，当事人未经专利权人许可实施相应的行为即为侵权，而不论被诉侵权产品的主观心理状态如何。而如上所述，追究教唆或帮助行为人的共同侵权责任，原因在于其行为促使或导致了直接侵权行为的发生，教唆或帮助行为人的行为并未直接侵犯专利权，若不论其主观心理状态，而一概的追究其侵权责任，将导致显失公平的后果。

"明知"是指教唆或帮助行为人明确知晓他人的行为为直接侵犯专利权的行为。"明知"的具体要求为其明确知晓下列事实：①他人某一专利权的存在；②其提供、出售或者进口的相关产品或设备为该专利的"专用"产品；③他人购买上述"产品"后会实施相应的直接侵权行为。"应知"则是指虽无证据证明教唆或帮助行为人明确知晓他人的行为为直接侵犯专利权的行为，但依据其所具有的认知能力及所负有的注意义务，其应当意识到他人的行为为直接侵犯专利权的行为。"应知"的具体要求为：①教唆或帮助行为人明确知晓他人某一专利权的存在；②教唆或帮助行为人明确知晓其提供、出售或者进口的相关产品或设备为该专利的"专用"产品；

③依据教唆或帮助行为人所具有的认知能力及所负有的注意义务，其应当意识到他人购买上述"产品"后会实施相应的直接侵权行为。

本案中，首先，根据前述，富士宝公司制造、销售涉案电热水壶的行为构成对涉案专利权利要求 19～21、23～34 的直接侵犯。

其次，家泰公司亦未提交证据证明涉案温控器具有其他"实质性非侵权用途"，本院合理认定涉案温控器产品为涉案专利权利要求 19～21、23～34 所保护产品的"专用"产品。

最后，涉案温控器与涉案电热水壶为同一专利不同权利要求所保护的对象，因此，本院合理认定家泰公司应当明确知晓其生产的产品属于涉案专利权的保护范围；在先前判决已认定家泰公司生产的其他型号的温控器产品侵犯了涉案专利权，且家泰公司未提交证据证明该温控器具有其他"实质性非侵权用途"的情况下，本院亦合理认定其明确知晓该温控器为"专用"产品；虽施特里克斯有限公司未提交证据证明家泰公司明确知晓他人购买上述"产品"后会实施相应的直接侵权行为，但先前判决已认定家泰公司生产的其他型号的温控器产品侵犯了涉案专利权，依据家泰公司所具有的认知能力及所负有的注意义务，其应当意识到他人购买上述"产品"后会实施相应的直接侵权行为。

综上，家泰公司制造、销售上述涉案温控器的行为亦构成对涉案专利权利要求 19～21、23～26 的侵犯，亦应当承当相应的连带责任。

3. 苏宁公司、联想桥店是否侵犯了施特里克斯有限公司的专利权

本案中，根据本院查明的事实可知，直接实施销售涉案电热水壶的行为由联想桥店实施，故，在本院已认定上述涉案电热水壶产品为侵权产品的基础上，联想桥店销售涉案电热水壶的行为亦构成对涉案专利权的侵犯；而苏宁公司仅提供了开具发票的行为，并未直接实施销售涉案电热水壶的行为，未构成对涉案专利权的直接侵犯。

三、关于侵权责任

《民法通则》第 134 条规定，承担民事责任的主要方式有停止侵害、赔偿损失等。《专利法》第 65 条规定，侵犯专利权的赔偿数额按照权利人因被侵权所受到的实际损失确定；实际损失难以确定的，可以按照侵权人因侵权所获得的利益确定。权利人的损失或者侵权人获得的利益难以确定的，参照该专利许可使用费的倍数合理确定。赔偿数额还应当包括权利人为制止侵权行为所支付的合理开支。权利人的损失、

侵权人获得的利益和专利许可使用费均难以确定的，人民法院可以根据专利权的类型、侵权行为的性质和情节等因素，确定给予 1 万元以上 100 万元以下的赔偿。

本案中，第一，鉴于家泰公司制造、销售涉案温控器及富士宝公司制造、销售的涉案电热水壶已构成侵犯涉案专利权的行为，故，对于施特里克斯有限公司请求人民法院判决家泰公司承担立即停止制造、销售涉案温控器及富士宝公司应当承担立即停止制造、销售涉案电热水壶责任的主张，本院予以支持。

第二，根据《中华人民共和国公司法》第 14 条第 1 款的规定，分公司不具有法人资格，其民事责任由公司承担。本案中，联想桥店销售涉案侵权产品的行为亦构成侵犯涉案专利权的行为，应当承担立即停止销售涉案电热水壶的责任。但根据本院查明的事实可知，联想桥店系苏宁公司的分公司，为其隶属企业，故立即停止销售涉案电热水壶的责任应由苏宁公司承担。

第三，关于施特里克斯有限公司请求人民法院判令家泰公司及富士宝公司销毁用于生产侵权产品或半成品的模具，以及已经生产出的侵权产品和半成品的主张，首先，销毁侵权产品的诉讼请求已为立即停制造、销售的责任方式所涵盖；其次，本案中，施特里克斯有限公司未提交任何证据证明上述半成品及生产模具亦为侵权产品。故，施特里克斯有限公司的该项诉讼请求缺乏事实及法律依据，本院不予支持。

第四，关于赔偿数额。本案中，施特里克斯有限公司明确其主张的人民币 100 万元的经济赔偿的计算方式为法定赔偿。家泰公司在第 4912 号判决、第 946 号判决、第 16732 号判决及第 1409 号判决均已确认其侵犯涉案专利权，且第 4912 号判决及第 946 号判决全额支持了施特里克斯有限公司关于赔偿数额的请求、第 1409 号判决依据《最高人民法院关于审理专利纠纷案件适用法律问题的若干规定》中的上限确定赔偿数额的情况下，仍然实施侵犯涉案专利权的行为，因此，考虑家泰公司的侵权恶意程度、家泰公司的企业规模及产品年生产量、涉案专利在被诉侵权产品中的作用以及被诉侵权产品的通常利润率等因素，本案赔偿数额应当以修改后的《专利法》第 65 条所规定的上限予以确定。而根据本案证据，富士宝公司不存在多次侵权的行为，本院将根据专利权的类别、侵权人侵权的性质和情节等因素确定其赔偿数额。

综上，本院依照修改后的《中华人民共和国专利法》第 11 条、第 59 条第 1 款、第 65 条，《中华人民共和国民法通则》第 134 条第（1）、（7）项，《中华人民共和国公司法》第 14 条第 1 款，《最高人民法院关于贯彻执行〈中华人民共和国民法通则〉若干问题的意见》第148条，《最高人民法院关于审理侵犯专利权纠纷案件应用法律若干问题的解释》第1条第2款、第2条、第11条、第19条之规定，判决如下：

（1）被告浙江家泰电器制造有限公司自本判决生效之日起立即停止制造、销售型号为"KSD368-A"的温控器产品；

（2）被告佛山市富士宝电器科技股份有限公司自本判决生效之日起立即停止制造、销售型号为"DK-1515"的电热水壶产品；

（3）被告北京苏宁电器有限公司自本判决生效之日起立即停止销售型号为"DK-1515"的"富士宝"牌电热水壶产品；

（4）被告浙江家泰电器制造有限公司自本判决生效之日起15日内赔偿原告施特里克斯有限公司经济损失人民币100万元，被告佛山市富士宝电器科技股份有限公司对其中人民币50万元承担连带赔偿责任；

（5）驳回原告施特里克斯有限公司的其他诉讼请求。

如果被告浙江家泰电器制造有限公司未按本判决指定的期间履行给付金钱义务，应当依照《中华人民共和国民事诉讼法》第229条之规定，加倍支付迟延履行期间的债务利息。

案件受理费人民币5000元，由被告浙江家泰电器制造有限公司负担（于本判决生效后7日内缴纳）。

如不服本判决，原告施特里克斯有限公司可在判决书送达之日起30日内，其他各方当事人可在判决书送达之日起15日内向本院递交上诉状，并按对方当事人的人数提交副本，缴纳上诉案件受理费，上诉于北京市高级人民法院。

2012年7月30日

该案判决后家泰公司不服判决提起上诉，二审经审理判决驳回上诉、维持原判。

四、案件相关问题解析

（一）关于法律溯及力问题

本案中，提到了一个法律适用的问题。原告施特里克斯有限公司认为本案侵权行为发生时间晚于最新的专利法修正案正式施行的时间，2009年10月1日，应当适用修改后的专利法；家泰公司认为涉案侵权产品合格证上的日期为2009年11月

11 日，本案应当适用修改前的专利法。显然修改后的专利法在侵犯专利的处罚上，力度有所加大。

根据《中华人民共和国立法法》第 93 条规定，法律、行政法规、地方性法规、自治条例和单行条例、规章不溯及既往，但为了更好地保护公民、法人和其他组织的权利和利益而作的特别规定除外。由此看出，我国法律溯及力，采取的是从旧原则，在特殊规定下从轻原则即"从旧兼从轻原则"。

那么在本案中，专利法的修改并没有特别规定，所以采取从旧原则。根据该原则，本案中侵犯专利权行为的时间点在新法施行前，则适用旧的专利法，反之则适用新的专利法。

同时《最高人民法院关于审理侵犯专利权纠纷案件应用法律若干问题的解释》第 19 条 [1] 的规定，更加确定了专利法的从旧原则。

所以在本案中，被告主张涉案侵权产品合格证上的日期为 2009 年 11 月 11 日，晚于新修改专利法施行的时间，同时又不能举证证明侵权行为在 2009 年 10 月 1 日之前，所以法院在审判时就使用了修改后的专利法。

在具体的专利诉讼过程中，涉及法律修改的时间点时，应首先检索修改前后的法律具体规定，结合具体案情分析是否有不同的判决结果可能。其次，再去查询是否具有特别规定，符合从轻原则。最后，根据案情，搜集有利于自己的证明侵权行为时间点的证据，主张适用对自己有利的法律。

（二）在专利无效决定行政诉讼期间专利的有效性

本案中，纠纷所涉及的 ZL95194418.5 号专利在 2011 年 4 月 13 日被专利复审委员会出具的第 16325 号无效宣告请求审查决定（以下简称决定）中宣告该专利权利要求 1 和 18 无效。原告施特里克斯有限公司针对该决定向法院提起行政诉讼，而法院在 2012 年 3 月 6 日作出第 2028 号行政判决，维持原决定。原告后又针对第 2028 号行政判决向上一级法院提起上诉，该行政案在本专利侵权案发生时正在二审

---

① 《最高人民法院关于审理侵犯专利权纠纷案件应用法律若干问题的解释》第 19 条规定，被诉侵犯专利权行为发生在 2009 年 10 月 1 日以前的，人民法院适用修改前的专利法；发生在 2009 年 10 月 1 日以后的，人民法院适用修改后的专利法。

审理期间。而在上述专利侵权案件中，法院的最终判决部分，没有提到决定涉及的权利要求 1 和 18，但在法院查明事实部分却对权利要求 1 进行了引用并阐述。

这里就涉及了这个决定在有行政诉讼的情况下是否有效的问题。

根据《专利法》第 47 条[①]，宣告无效的专利权视为自始即不存在。根据《专利法》第 46 条[②]，对专利复审委员会宣告专利权无效或者维持专利权的决定不服的，可以自收到通知之日起 3 个月内向人民法院起诉。故原告的专利被宣告无效后，选择在法定期限内向法院提起了行政诉讼。

根据《行政诉讼法》[③]《专利法》及其他有关法律的规定，提起行政诉讼并不影响原行政决定的效力。只有在判决原行政决定无效或者撤销原行政决定的文书生效后，才影响原行政决定。在本案中，行政诉讼进行到二审审理阶段，一审判决因当事人的上诉并未生效，二审判决也还没出来，所以并没有法律文书改变原行政决定的效力，故原行政决定仍然生效。所以该专利权利要求 1 和 18 在该专利侵权案件过程中仍处于无效的状态。

（三）缺席审判的后果及应对措施

在本案中，法院正式传唤被告苏宁公司、联想桥店、富士宝公司后，以上三被告无正当理由未到庭参加诉讼，法院依法缺席进行审理。在庭审过程中，由于富士宝公司未到庭参与答辩、举证、质证，使得许多推论不利于富士宝公司。最后审结，

---

①《专利法》第 47 条规定，宣告无效的专利权视为自始即不存在。

宣告专利权无效的决定，对在宣告专利权无效前人民法院作出并已执行的专利侵权的判决、调解书，已经履行或者强制执行的专利侵权纠纷处理决定，以及已经履行的专利实施许可合同和专利权转让合同，不具有追溯力。但是因专利权人的恶意给他人造成的损失，应当给予赔偿。依照前款规定不返还专利侵权赔偿金、专利使用费、专利权转让费，明显违反公平原则的，应当全部或者部分返还。

②《专利法》第 46 条规定，专利复审委员会对宣告专利权无效的请求应当及时审查和作出决定，并通知请求人和专利权人。宣告专利权无效的决定，由国务院专利行政部门登记和公告。

对专利复审委员会宣告专利权无效或者维持专利权的决定不服的，可以自收到通知之日起 3 个月内向人民法院起诉。人民法院应当通知无效宣告请求程序的对方当事人作为第三人参加诉讼。

③《行政诉讼法》第 101 条规定，人民法院审理行政案件，关于期间、送达、财产保全、开庭审理、调解、中止诉讼、终结诉讼、简易程序、执行等，以及人民检察院对行政案件受理、审理、裁判、执行的监督，本法没有规定的，适用民事诉讼法的相关规定。

判北京苏宁电器有限公司停止销售侵权产品，判富士宝公司停止制造、销售侵权产品，并承担 50 万元的连带赔偿责任。

法院缺席审判的决定，使得被告失去了当庭举证、质证及辩论的权利，很可能使得最后的判决结果对被告不利。然而在什么情况下，法院可以进行缺席审判？

（1）缺席审判的适用条件。根据《中华人民共和国民事诉讼法》第 143 条、第 144 条及第 145 条之规定，被告经传票传唤，无正当理由拒不到庭或未经法庭许可中途退庭，法院可以缺席判决。而原告在此基础上还要满足被告提出反诉或是曾经申请撤诉但法院不准的情况下，法院才可以缺席判决。

因此，在缺席审判的具体实行情况中，主要以被告不到庭为主。原告只有在特定情况下才可能适用缺席审判。

（2）缺席审判的救济。根据《中华人民共和国民事诉讼法》第 170 条、第 200 条及《最高人民法院关于适用〈中华人民共和国民事诉讼法〉的解释》第 261 条，当法院缺席审判后，若法院缺席审判是在未经传票传唤当事人的情况下决定的，法院应当再审；法院以捎口信、电话、短信、传真、电子邮件等简便方式送达开庭通知，未经当事人确认或者无其他证据证明当事人已经收到的或其他违法缺席判决情况下，当事人上诉，二审法院须发回原审法院重审。

（3）缺席审判的预防。根据《中华人民共和国民事诉讼法》第 146 条，必须到庭的当事人和其他诉讼参与人有正当理由没有到庭的可以延期开庭审理。

根据《中华人民共和国民事诉讼法》第 150 条规定，有下列情形之一的，中止诉讼：一方当事人死亡，需要等待继承人表明是否参加诉讼的；一方当事人丧失诉讼行为能力，尚未确定法定代理人的；作为一方当事人的法人或者其他组织终止，尚未确定权利义务承受人的；一方当事人因不可抗拒的事由，不能参加诉讼的；本案必须以另一案的审理结果为依据，而另一案尚未审结的中止诉讼。

根据《中华人民共和国民事诉讼法》第 151 条规定，有下列情形之一的，中止诉讼：原告死亡，没有继承人，或者继承人放弃诉讼权利的；被告死亡，没有遗产，也没有应当承担义务的人的终结诉讼。

结合上述法条，如果真的不能如期到庭，当事人可以通过邮寄的方式向法院提交书面答辩意见。如果确因上述涉及事件不能到庭，当时人须在缺席审判之前向法院提出符合以上情况的证据，向法院申请延期审理或是中止、终结诉讼，从而有效避免缺席审判的发生。

五、案件启示及建议

（一）专利侵权判断之本领域普通技术人员为判断主体

在本案中，法院在判断被告涉嫌侵权产品是否侵犯原告涉案专利权利要求时，多次运用"以本领域普通技术人员为判断主体"来理解权利要求中所描述之内容。而被告几乎所有有关涉嫌侵权产品并不侵犯原告专利相关权利要求的答辩，基本都被法院以"以本领域普通技术人员为判断主体，该产品侵犯涉案专利的第 × 项权利要求"为由予以驳回。

法院"以本领域普通技术人员为判断主体"来判断侵权行为的法律根据为《最高人民法院关于审理侵犯专利权纠纷案件应用法律若干问题的解释》第 2 条和第 3 条以及《最高人民法院关于审理专利纠纷案件适用法律问题的若干规定》第 17 条。

但这样一个可能决定整个案件走向的"本领域普通技术人员"究竟是怎样定义，在我国专利法及其实施细则中并未提及，其具体的概念在《专利审查指南》（2010年版）第二部分第四章第 2.4 节[①] 中提及：本领域的技术人员，是知晓所属技术领域所有的普通技术知识但不具有创造能力的假定的"人"。由于专利制度是通过语言文字的表述，来划分民事权利的界限，对于语言文字的理解与解释，在具有不同知识结构、观念和立场的人，就可能得出不同的结论。所以引进了"本领域普通技术人员"的概念来限制对于语言文字的理解与解释。

结合案件来看，在我国专利诉讼中，引进"本领域普通技术人员"的概念辅助法官对涉案专利的权利要求进行判断的确是不可或缺的。因为不同人对于同一个专利权利要求的理解是不同的，这样不同的法官对于同一项专利权利要求的判定也可

---

① 《专利审查指南》（2010 年版）第二部分第四章第 2.4 节所属技术领域的技术人员：发明是否具备创造性，应当基于所属技术领域的技术人员的知识和能力进行评价。所属技术领域的技术人员，也可称为本领域的技术人员，是指一种假设的"人"，假定他知晓申请日或者优先权日之前发明所属技术领域所有的普通技术知识，能够获知该领域中所有的现有技术，并且具有应用该日期之前常规实验手段的能力，但他不具有创造能力。如果所要解决的技术问题能够促使本领域的技术人员在其他技术领域寻找技术手段，他也应具有从该其他技术领域中获知该申请日或优先权日之前的相关现有技术、普通技术知识和常规实验手段的能力。设定这一概念的目的，在于统一审查标准，尽量避免审查员主观因素的影响。

能出现同案异判的结果。这时引入了"本领域普通技术人员"概念，定义为知晓所属技术领域普通技术知识，同时不具备创造能力，从制度上的确限制了对特定专利的理解与解释，使判断更加客观。

但在《专利法》①《专利法实施细则》及有关司法解释涉及"本领域普通技术人员"的法条并不多，同时并没有对"本领域普通技术人员"进行系统性的解释，这个概念到底是什么意思，怎么去判别是否符合该标准都没有作出最终的回答。此时，在具体裁判时需要以"本领域普通技术人员"为判断主体，就好比在你用米为单位的尺进行测量时，给了你一把单位为分米的尺，虽然要比之前的更精准，但在面对差之厘米的差错时仍然没有办法判断。

同时，随着国家对知识产权案件的不断重视，针对专业性较强的知识产权案件，国家也在各地建立了专门的知识产权法院，知识产权纠纷不再是简单的单一性侵权案件，其中还不断涌现出跨越不同领域的专利产品的侵权。在面对涉及多个领域的专利权利要求时，如果还是适用单一领域普通技术人员，若相涉及多个不同领域的普通技术人员对于其概念又有不同的理解，究竟该适用何领域的普通技术人员的意见？诸如此类的问题随着技术的革新，专利制度的发展会不断涌现出来，而我国专利法体系必然需要完善来解决诸如此类的问题。

本案对于现今专利诉讼体系的启示在于，在判断具体专利案件中，涉案专利的权利要求是否侵权时要抓住两点：第一点，是在本领域。如本案中，就是热控原件生产领域。第二点，是普通技术人员。普通技术人员指代的是具有普通技术知识，没有创造能力的人员，即只能在现有知识框架下去解释理解权利要求，不能发挥联想。可以通过一个简单排除法进行判断，即排除科研人员和外行人员两者后，留下的为该领域人员。

而对于立法者与司法者的启示在于，我国专利法律体系中确立"本领域普通技术人员"的标准迫在眉睫，该概念的定义来源的《专利审查指南》始终是行政规范性文件，效力低于法律，最终的决定权还是在具体审判人员的手上。同时在针对将来可能的涉及多领域的专利权利判断问题上提出一个更客观、公正的

---

①《专利法》第26条规定，说明书应当对发明或者实用新型作出清楚、完整的说明，以所属技术领域的技术人员能够实现为准；必要的时候，应当有附图。摘要应当简要说明发明或者实用新型的技术要点。

解释标准。

（二）共同侵权判断

本案判决书中，对于被告之一的家泰公司制造、销售涉案温控器是否构成对涉案专利权利要求 19～21、23～26 的共同侵权问题上进行了系统性的分析。对于制造、销售专利产品的专用零部件的行为是否构成侵犯专利权的定性问题具有十分重要的启示意义。

首先，本案判决书中阐明相关法条，如《中华人民共和国民法通则》第 130 条，两人以上共同侵权造成他人损害的，应当承担连带责任；《最高人民法院关于贯彻执行〈中华人民共和国民法通则〉若干问题的意见》第 148 条，教唆、帮助他人实施侵权行为的人，为共同侵权人，应当承担连带民事责任。说明虽然教唆或帮助行为人的相关行为并未构成对相关专利权的直接侵犯，但如果其为他人实施直接侵犯专利权的行为提供了帮助或进行了教唆，则其行为与该直接侵权行为构成共同侵权，并与直接侵权人共同承担连带责任。其次，本案判决书中通过分析原因，归纳出教唆或帮助行为人与他人承担共同侵权责任应符合的三大要件：（1）他人实施了直接侵犯专利权的行为；（2）教唆或帮助行为人实施的行为为制造、许诺销售、销售或者进口专门用于实施他人相关产品专利的原料、专用设备或者零部件，或者为制造、许诺销售、销售或者进口专门用于实施他人相关方法专利的专用设备；（3）教唆或帮助行为人明知或应知他人会实施直接侵犯专利权的行为。最后，基于上述要件的成立，对家泰公司的侵权进行了合理的界定。

对于从事制造、销售其他产品专用零部件的企业来说，首先，要看其他产品是否存在侵犯他人专利的情形，如果存在，即使专用零部件不侵犯他人专利，也可能有承担连带责任的风险。其次，如果在自身不知情的情况下，牵涉了其他产品侵犯他人专利的案件，企业也不要惊慌，只要能够举证说明自身并不知道也不可能知道侵权人会实施直接侵犯他人专利权的行为，那么自身也不会承担连带责任。企业可以在销售他人委托制作专用零部件的时候，添加一些条款，如委托方不得将委托加工的零部件运用于直接或间接侵犯他人专利权的产品等。

对于被侵犯专利权的一方来说，在发现自身专利被侵犯时，不仅可以起诉侵犯自身专利的产品的生产方和销售方，还可以起诉该侵权产品所必需的专用设备、专用零部件或专用原材料的生产方。并且在举证上需要针对专用设备、专用零部件或专用原材料的"专用性"，专用零部件生产方对直接侵权方侵权的明知性或应知性进行重点举证，更好地保护专利权。

第九章

使用环境特征对权利要求保护范围的限定作用

主要原理： 被诉侵权技术方案不能适用于权利要求中使用环境特征所限定的使用环境的，人民法院应当认定被诉侵权技术方案未落入专利权的保护范围

素材： 株式会社岛野与宁波市日骋工贸有限公司侵犯发明专利权纠纷案

一、案情简介

株式会社岛野系专利号为 ZL94102612.4、发明名称为"后换挡器支架"的中国发明专利（以下简称涉案专利）的专利权人。2003 年，株式会社岛野向宁波市日骋工贸有限公司（以下简称日骋公司）购买了被诉侵权产品 RD-HG-30A、RD-HG-40A 型自行车后拨链器（以下简称被诉侵权产品），并进行了证据保全公证，但被诉侵权产品并未安装在自行车上。2004 年 8 月，株式会社岛野以日骋公司制造、销售的被诉侵权产品侵犯其发明专利权为由，诉至浙江省宁波市中级人民法院（以下简称宁波中院），要求日骋公司承担侵权责任。

日骋公司辩称：被诉侵权产品缺乏涉案专利权利要求 1 所述的自行车车架及其对应于车架的有关必要技术特征，不构成侵权。株式会社岛野则认为被诉侵权产品在使用过程中只能借助涉案专利提供的安装方法被安装在如涉案专利权利要求 1 所述的自行车车架上，否则就不能使用。

2005 年 3 月，宁波中院作出一审判决，驳回株式会社岛野诉讼请求，原因在于法院认为被诉侵权产品因尚未被安装在自行车上，对其安装后是否会具备"所述自行车车架具有形成在自行车车架的后叉端（51）的换挡器安装延伸部（14）上的连接结构（14a）"这一必要技术特征及安装方式是否如本案专利权利要求所述并不清楚，因此该被诉侵权产品是否构成侵权的比对条件尚不具备，不能认定侵权。

株式会社岛野不服一审判决，向浙江省高级人民法院（以下简称浙江高院）提起上诉，2005 年 10 月，浙江高院作出二审判决，驳回上诉，维持原判。浙江高院认为涉案专利的主要技术特征包括结构特征和安装特征两部分，被诉侵权产品与涉案专利的结构特征相同，但不具备安装特征，故日骋公司不构成专利侵权。

之后，株式会社岛野向最高人民法院（以下简称最高院）申请再审。浙江高院再审，2010 年 8 月作出再审判决，维持原判，理由同二审相似。

株式会社岛野不服再审判决，向最高院申请再审，最高院提审后，于 2012 年 12 月作出提审判决，判决认为使用环境特征对于权利要求保护范围具有限定作用，且区分为使用环境特征限定的被保护的主题对象必须用于该种使用环境或是可以用于该种使用环境，具体到涉案专利，其所保护的自行车后换挡器支架属于必须用于该使用环境的特征。而被诉侵权产品安装在具有后叉端延伸部的自行车车架上，是其唯一合理商业用途，鉴于日骋公司未提交有效反证，因此，被诉侵权产品在商业上必然用于涉案专利权利要求 1 限定的自行车车架。综合被诉侵权产品与涉案专利的结构特征相同的因素，认定被诉侵权产品具备涉案专利权利要求 1 的全部技术特征，构成侵权，故撤销原一、二、再审判决，支持了株式会社岛野的诉讼请求。

结合整个诉讼过程分析，争议焦点主要在于：（1）使用环境特征对权利要求保护范围是否有限定作用及其限定程度；（2）被诉侵权产品是否必然用于涉案专利的使用环境；（3）被诉侵权产品是否落入涉案专利保护范围。

二、法学原理及分析

《中华人民共和国专利法》（2000 年修正）

第五十六条　发明或者实用新型专利权的保护范围以其权利要求的内容为准，说明书及附图可以用于解释权利要求。

……

发明专利权的保护范围以其权利要求的内容为准，所以认定是否构成专利侵权，要将被诉侵权产品与涉案专利的权利要求进行对比，本案即是首先分析涉案专利的权利要求，将之分为结构特征与使用环境特征，而后将被诉侵权产品与特征进行对比，如全部符合，排除掉所有抗辩因素，则构成侵权。

《最高人民法院关于审理侵犯专利权纠纷案件应用法律若干问题的解释（二）》

第九条　被诉侵权技术方案不能适用于权利要求中使用环境特征所限定的使用环境的，人民法院应当认定被诉侵权技术方案未落入专利权的保护范围。

本案审判时，上述司法解释仍未出台，2016 年 3 月 21 日发布《最高人民法院关于审理侵犯专利权纠纷案件应用法律若干问题的解释（二）》（以下简称《侵犯专利权纠纷司法解释（二）》），自 2016 年 4 月 1 日起实施，其上述规定从否定的角度说明使用环境特征为专利中的必要技术特征，认定侵权应将使用环境特征考虑在内，如被诉侵权产品不能适用于权利要求中使用环境特征所限定的使用环境，则不认定为侵权。

三、案件介绍

案由

案由：侵犯发明专利权纠纷

案号

一审案号：（2004）甬民二初字第 240 号

二审案号：（2005）浙民三终字第 145 号

再审案号：（2009）浙民再字第 135 号

提审案号：（2012）民提字第 1 号

案件当事人

一审原告、二审上诉人、原申请再审人、申请再审人：株式会社岛野

一审被告、二审被上诉人、原被申请人、被申请人：宁波市日骋工贸有限公司

案件法律文书

最高人民法院民事判决书

（2012）民提字第 1 号

申请再审人（一审原告、二审上诉人、原申请再审人）：株式会社岛野

被申请人（一审被告、二审被上诉人、原被申请人）：宁波市日骋工贸有限公司

申请再审人株式会社岛野与被申请人宁波市日骋工贸有限公司（以下简称日骋公司）侵犯发明专利权纠纷一案，申请再审人株式会社岛野不服浙江省高级人民法院（2009）浙民再字第 135 号民事判决，向本院申请再审。本院于 2011 年 12 月 9 日作出（2011）民监字第 151 号民事裁定，决定提审本案。本院依法组成合议庭，于 2012 年 3 月 6 日公开开庭审理了本案。株式会社岛野委托代理人董××、王××，日骋公司委托代理人郁××、戴××到庭参加了诉讼。本案现已审理终结。

株式会社岛野于 2004 年 8 月 27 日起诉至浙江省宁波市中级人民法院称，其是 ZL94102612.4 号发明专利的专利权人。自 2003 年起，在中国内地市场上发现日骋公司生产销售的 RD-HG-30A、RD-HG-40A 型自行车后拨链器侵犯了株式会社岛野的上述专利权，请求人民法院判令：（1）日骋公司立即停止制造和销售侵权产品；

（2）日骋公司立即销毁所有剩余侵权产品、侵权产品宣传资料以及制造侵权产品的专用模具，并删除互联网上有关侵权产品的广告；（3）赔偿株式会社岛野经济损失人民币 30 万元。

日骋公司辩称，株式会社岛野在专利审批程序中为获得专利权多次应专利局的要求修改了权利要求书，其中最明确的在于增加了技术特征"自行车车架后叉端延伸部的连接结构"，该增加的技术特征表明株式会社岛野发明专利技术方案中自行车车架后叉端必须设有延伸部，延伸部上必须设有专门的连接结构、该连接结构用于安装换挡器。因此，该专利所保护的是改进的车架后叉端、后拨链器及其装配方案。被诉侵权产品根本不涉及自行车车架，其可以装配在各种形式和结构的常规自行车上，故被诉侵权产品未落入该专利权的保护范围。

一审法院审理查明，株式会社岛野是专利号为 ZL94102612.4、发明名称为"后换挡器支架"的中国发明专利（以下简称本案专利）的专利权人，专利申请日为 1994 年 2 月 3 日，授权公告日为 2002 年 12 月 11 日，目前处于有效状态，依法受法律保护。本案专利授权文本的权利要求书记载：1. 一种用于将后换挡器（100）连接到自行车车架（50）上的自行车后换挡器支架，所述后换挡器具有支架件（5）、用于支撑链条导向装置（3）的支撑件（4），以及一对用于连接所述支撑件（4）和所述支架件（5）的连接件（6、7），所述自行车车架具有形成在自行车车架的后叉端（51）的换挡器安装延伸部（14）上的连接结构（14a），所述后换挡器支架包括：一个由大致呈 L 形板构成的支架体（8）；设在所述支架体（8）一端近旁，用于将所述后换挡器（100）的所述支架件（5）连接到所述支架体（8）上、可绕第一轴线（91）枢转的第一连接结构（8a）；设在所述支架体（8）另一端近旁，用于将所述支架体（8）连接到所述自行车车架（50）的所述连接结构（14a）上的第二连接结构（8b）；以及用于与所述换挡器安装延伸部（14）接触从而使所述后换挡器（100）相对于所述后叉端（51）以一种预定的姿势定位的定位结构（8c）；其特征在于：所述第一连接结构（8a）和所述第二连接结构（8b）的布置应使当所述支架体（8）安装在所述后叉端（51）上时，所述的第一连接结构（8a）提供的连接点是在所述第二连接结构（8b）提供的连接点的下方和后方。2. 根据权利要求 1 所述的自行车后换挡器支架，其特征在于，所述的第二连接结构（8b）的形式是一大致圆形孔。3. 根据权利要求 2 所述的自行车后换挡器支架，其特征在于，具有一连接螺栓（16），穿过所述大致圆形孔并被拧紧，以将所述支架体和所述后换挡器安装延伸部（14）互相连接。4.根据权利要求1所述的自行车后换挡器支架，其特征在于，所述的定位结构（8c）的位置邻近所述第二连接结构（8b）。5.根据权利要求2所述的自行车后换挡器支架，其特征在于，所述的定位结构（8c）是从所述板的表面上延伸的一个凸台。6.根据权利要求5所述的自行车后换挡器支架，其特征在于，所述的定位结构（8c）是通过压制形成的。

在本案专利申请的审批过程中，株式会社岛野提交的原始文本的权利要求1的内容为："1.一种在自行车车架的后叉端的供安装换挡器的延伸部上形成的连接结构将后换挡器连接到自行车车架上的后换挡器支架，该后换挡器支架包括：一个支架体；设在该支架体一端近旁，用于将所述后换挡器连接到该支架体上的第一连接结构；设在该支架体另一端近旁，用于将该支架体连接到所述自行车车架的所述连接结构上的第二连接结构；和用于与所述供安装换挡器的延伸部接触从而使后换挡器相对于所述后叉端以一种预定的姿势定位的定位结构。"中华人民共和国国家专利局（后更名为国家知识产权局）在其发出的第一次审查意见通知书中，认为现有技术已公开了一种将自行车后拨链器安装于自行车后叉端的自行车后拨链器安装支架，权利要求1限定的技术方案相对于对比文件公开的已有技术不具备新颖性。后来株式会社岛野将本案专利的权利要求1修改为如下内容："1.一种用于将后换挡器（100）连接到自行车车架（50）上的后换挡器支架，所述自行车车架具有形成在自行车车架的后叉端（51）的换挡器安装延伸部（14）上的连接结构（14a），所述后换挡器支架包括：一个支架体（8）；设在所述支架体（8）一端近旁，用于将所述后换挡器（100）连接到所述支架体（8）上的第一连接结构（8a）：设在所述支架体（8）另一端近旁，用于将所述支架体（8）连接到所述自行车车架（50）的所述连接结构（14a）上的第二连接结构（8b）；以及用于与所述换挡器安装延伸部（14）接触从而使所述后换挡器（100）相对于所述后叉端（51）以一种预定的姿势定位的定位结构（8c）；其特征在于：所述第一连接结构（8a）和所述第二连接结构（8b）的布置应使当所述支架体（8）安装在所述后叉端（51）上时，所述的第一连接结构（8a）提供的连接点从所述后叉端（51）看是在第二连接结构（8b）提供的连接点的下方和后方。"株式会社岛野在该次专利说明书上称："本发明提供一种支架，当被连接到安装换挡器的延伸部上时，该支架为将要安装在自行车车架上的换挡器提供一个适当的连接位置，这样，被连接到该支架上的换挡器就易于呈现一个适当的安装姿势。"国家知识产权局在其发出的第二次审查意见通知书中，认为现有技术已公开了一种用于将换挡器连接到自行车车架上的连接机构，权利要求 1 限定的技术方案相对于对比文件公开的已有技术不具备新颖性。株式会社岛野针对国家知识产权局的第二次审查意见，作了如下陈述："申请人对新权利要求 1 作了进一步限定，更清楚地描述本发明与已有对比文件的自行车换挡器的安装方式是不同的特征；对比文件公开的换挡器是直接安装在自行车车架后叉端的换挡器安装延伸部上，而本发明是将上述后换挡器的上述支架件（5）连接到上述支架的支架体（8）的一端，然后再将上述支架体（8）的另一端连接至自行车车架后叉端（51）的换挡器安装延伸部（14）上。"根据国家知识产权局的第二次审查意见，株式会社岛野将本案专利权利要求 1 再一次作了修改，将其修改成授权文本的权利要求 1。

日骋公司在其企业产品样本中许诺销售被诉侵权产品 RD-HG-30A、RD-HG-40A 型自行车后拨链器。上海市黄浦区第一公证处应上海市 ×× 律师事务所申请，对上海市 ×× 律师事务所人员于 2003 年 1 月 15 日在日骋公司处向日骋公司购买被诉侵权产品 RD-HG-30A、RD-HG-40A 型自行车后拨链器的过程进行了证据保全公证，并对所购被诉侵权产品进行了封存。因该被诉侵权产品尚未被安装在自行车上，因此没有本案专利权利要求 1 中的"所述自行车车架具有形成在自行车车架的后叉端（51）的换挡器安装延伸部（14）上的连接结构（14a）"这一技术特征，也无法看出被诉侵权产品安装在自行车上的具体安装方法。株式会社岛野认为被诉侵权产品在使用过程中只能借助本案专利提供的安装方法被安装在如本案专利权利要求 1 所述的自行车车架上，否则就不能使用。日骋公司则认为被诉侵权产品因缺乏本案专利权利要求 1 中所述的自行车车架及其对应于车架的有关必要技术特征，因此不构成侵权。2004 年 9 月 9 日一审法院应株式会社岛野的申请，赴日骋公司生产经营场所进行证据保全。经查看，未发现被诉侵权产品 RD-HG-30A、RD-HG-40A 型自行车后拨链器及制造被诉侵权产品的专用模具。株式会社岛野为本案已聘请律师调查、取证及诉讼，但株式会社岛野为本案所支付的律师费因提供的证据尚有欠缺，尚不能认定，除此之外，株式会社岛野为本案已支出的合理费用共计 3592.85 元。

一审法院认为，株式会社岛野是本案专利的专利权人，本案专利处于有效状态，受法律保护。关于被诉侵权产品 RD-HG-30A、RD-HG-40A 型自行车后拨链器实物是否系日骋公司制造的问题，因被诉侵权产品系上海市 ×× 律师事务所人员到日骋公司生产经营场所购买，购买过程有上海市黄浦区第一公证处公证证明，该被诉侵权产品上有日骋公司的"SUNRUN"商标，因此被诉侵权产品可以认定系日骋公司制造。因株式会社岛野提供的被诉侵权产品尚未被安装在自行车上，因此自然不具备权利要求 1 中的"所述自行车车架具有形成在自行车车架的后叉端（51）的换挡器安装延伸部（14）上的连接结构（14a）"的技术特征，也不清楚具体的安装方式。株式会社岛野认为被诉侵权产品在实际使用过程中必然要具备本案专利所述的所有必要技术特征，而日骋公司对此表示否定，因此本案焦点在于被诉侵权产品在使用中是否必然要具备本案专利所述的所有必要技术特征。比较本案专利的授权文本与原始公开文本中权利要求 1 的内容，可以清楚地看出株式会社岛野为获得本案专利授权在保护内容和范围上所作的明显缩小的修改。株式会社岛野第一次公开的原始文本的权利要求 1 对后换挡器支架所安装的自行车车架结构及具体安装方式并没有作限定，修改后的第二次公开的原始文本的权利要求 1 对后换挡器支架所安装的自行车车架结构作了限定，即"所述自行车车架具有形成在自行车车架的后叉端（51）的换挡器安装延伸部（14）上的连接结构（14a）"，也即该后换挡器支架一定要安装在专利所述结构的自行车车架上才能构成侵权，该特定的自行车车架结构构成了专利的必要技术特征之一，最后的授权文本除对上述自行车车架结构作同样的限定外，对具体的安装方式也作了限定，在此前提下株式会社岛野才获得了本案专利的授权。因此本案专利权利要求 1 所述的特定的自行车车架结构及特定的安装方式是本案专利的两个必要技术特征。按株式会社岛野所述，即认为被诉侵权产品在实际使用过程中必然要具备本案专利所述的所有必要技术特征，那么株式会社岛野在第一次撰写专利权利要求书时就会将所有的必要技术特征全部撰写清楚，否则就变成了无法实施的专利，而事实并非如此。在株式会社岛野未对特定的自行车车架结构及特定的安装方法限定前，国家知识产权局认为该"后换挡器支架"属已有技术，缺乏新颖性，不能授予专利。这一方面说明了该"后换挡器支架"可以安装在其他结构的自行车车架上，否则就谈不上属已有技术；另一方面也说明了株式会社岛野原来希望该"后换挡器支架"安装的自行车车架范围广，只因无法获得专利授权，所以才对该"后换挡器支架"安装的自行车车架结构及安装方法作了限定。由此可见，株式会社岛野认为被诉侵权产品在使用过程中只能借助本案专利提供的安装方法被安装在如权利要求 1 中所述结构的自行车车架上，否则就不能使用的观点与事实不符，也与株式会社岛野在专利申请过程中的情况不符，该观点不予采信。专利的权利要求是由发明的技术特征组成的完整的技术方案，发明专利权的保护范围以其权利要求的内容为准，法院确定专利权保护范围必须严格依照权利要求，不能任意减少权利要求里的技术特征，扩大专利保护范围，也不能允许专利权人在申请专利时为了获得专利权而限制缩小保护范围，获得专利权后又作出相反的解释。既然本案专利后换挡器支架可以安装在其他结构的自行车车架上，而被诉侵权产品因尚未被安装在自行车上，对其安装后是否会具备"所述自行车车架具有形成在自行车车架的后叉端（51）的换挡器安装延伸部（14）上的连接结构（14a）"这一必要技术特征及安装方式是否如本案专利权利要求所述并不清楚，因此该被诉侵权产品是否构成侵权的比对条件尚不具备，株式会社岛野认为被诉侵权产品已构成侵权的诉请不成立，不予支持。依照《中华人民共和国民事诉讼法》第64条第1款、《中华人民共和国专利法》第56条第1款的规定，浙江省宁波市中级人民法院于2005年3月15日作出（2004）甬民二初字第240号民事判决，驳回株式会社岛野的诉讼请求。案件受理费7010元，证据保全费1000元，合计8010元，由株式会社岛野负担。

　　株式会社岛野不服一审判决，向浙江省高级人民法院提出上诉。二审法院重点对如下证据进行了审查。（1）一审期间，株式会社岛野提供了《中华人民共和国行业标准—自行车工业标准—自行车车架》（QB1880-93），欲证明根据行业标准生产的自行车车架应当具有本案专利所述的延伸部，被诉侵权产品安装在自行车上必须借助该安装延伸部，由此该技术特征必然落入本案专利保护范围。经一审庭审质证，日骋公司认为，该行业标准不是本案专利说明书的组成部分，不能用于对专利权利要求的范围进行解释，与本案没有关联性。该行业标准提供了车架技术规范，不仅包括了具有延伸部的车架，也包括了不具有延伸部的车架，即行业标准并不要求所有的自行车车架必须具有延伸部，该标准也不能得出将被诉侵权产品安装在自行车上必然落入专利的保护范围，更不能用于解释本案专利的保护范围。据此，一审法院认为该证据与本案没有关联性，并无不当。（2）一审庭审中，日骋公司认为其生产的产品可以安装在没有延伸部的自行车车架上，并当庭进行了演示。株式会社岛野认为日骋公司将其产品直接安装在没有延伸部的自行车上，增加了一个垫圈，属增加了技术特征，不能视为没有落入专利保护范围，并对取消垫圈后的安装效果进行演示。对该节庭审事实，一审法院没有在判决书中予以判定，存在不妥之处。二审法院认为，根据一审庭审的演示，被诉侵权产品可以通过增加垫圈的方式直接安装在没有支架延伸部的自行车上。以增加垫圈的方式进行安装是一种公开的、常规的机械安装技术，不能视为被诉侵权产品安装在没有支架延伸部的自行车上就不能正常使用。由此，一审判决认定被诉侵权产品可以安装在其他结构的自行车车架上，并无不当。（3）二审庭审中株式会社岛野提供了两份证据保全公证文书：一是2005年5月9日上海市黄浦区第一公证处出具的公证书。载明：2005年5月6日上海市××律师事务所人员与公证人员一起到上海新国际博览中心举行的第十五届中国国际自行车展览会上，取得了杭州骏骐车业有限公司自行车上使用的日骋公司生产的被诉侵权产品的安装状态实例。欲以证明被诉侵权产品只能安装在特定的自行车车架上。二是2005年6月13日杭州市拱墅区公证处出具的公证书。载明：2005年5月23日浙江××律师事务所人员与公证人员一起到浙江自行车市场内，取得了杭州江凯五金交电化工有限公司出售的由深圳喜德胜自行车有限公司生产的山地自行车侵害了本案专利的状态实例。欲以证明日骋公司生产的被诉侵权产品只能以实例表示的特定方式安装在该特定的自行车车架上。经庭审质证，日骋公司认为：关于公证书一，杭州骏骐车业有限公司与日骋公司无关，其展示的自行车也与日骋公司无关联；从公证取证的照片中，不能反映后拨链器的结构，与专利技术无法比对；公证取证的自行车车架不是日骋公司生产，日骋公司也没有在其车架上安装后拨链器的行为。关于公证书二，不能反映深圳喜德胜自行车有限公司与日骋公司之间有关联；取证的照片不能看出后拨链器与车架的结构，车架也不是日骋公司生产，安装后拨链器的行为也不是日骋公司进行。二审法院认为，上述公证文书的真实性在日骋公司不能提供充分证据推翻的情况下予以认定；但两份公证文书的内容不能证明两个自行车生产厂商与日骋公司之间存在法律上的关联，也不能证明后拨链器与车架之间的安装行为系由日骋公司完成；从安装方式看，最多证明有两个自行车生产厂商将被诉侵权产品通过某一相同的方式将后换挡器连接安装在自行车后车架的延伸部，不能证明所有被诉侵权产品要与自行车后车架连接必须采取该方法。故该两个证据尚不能证明日骋公司存在侵犯本案专利权的行为。（4）株式会社岛野在上诉时提出取证申请，要求二审法院到杭州骏骐车业有限公司对自行车整车的装配情况进行调查，查清被诉侵权产品的真实使用状态。二审法院经审查认为，株式会社岛野在二审庭审中已经通过公证取证的方式提供了该方面的证据，且该申请不符合《最高人民法院关于民事诉讼证据的若干规定》第15条和第17条的规定，故不予准许。

　　二审法院认为，根据本案专利权利要求书的记载，本案专利的主要技术特征包括结构特征和安装特征两部分。对此株式会社岛野表示认同。将被诉侵权产品与本案专利的结构特征相比，两者相同，双方当事人对此亦无异议。本案的争议焦点是被诉侵权产品是否具有本案专利的安装特征。一审法院结合权利人在专利审批中为确保其专利具有新颖性，对专利权利要求的保护范围作了限制承诺的书面声明，对本案专利的安装特征进行了界定，并无不当。根据独立权利要求 1 及专利权人在专利审批时的书面声明，本案专利的安装特征是：所述自行车车架具有形成在自行车车架的后叉端（51）的换挡器安装延伸部（14）上的连接结构（14a）；所述第一连接结构（8a）和所述第二连接结构（8b）的布置应使当所述支架体（8）安装在所述后叉端（51）上时，所述的第一连接结构（8a）提供的连接点是在所述第二连接结构（8b）提供的连接点的下方和后方。即至少具备以下两个安装特征：（1）具有后叉端的自行车车架；（2）安装在车架后叉端的延伸部上。而日骋公司生产的被诉侵权产品仅具备专利权利要求中的结构特征，日骋公司没有进行安装行为，被诉侵权产品不具有专利权利要求中的安装特征，没有落入本案专利保护范围，不构成专利侵权。株式会社岛野在二审庭审中进一步提出，虽然日骋公司自己没有进行安装，但他人要使用被诉侵权产品必然要按照本案专利安装特征表述的方式进行安装，至少构成间接侵权。对此，二审法院认为，我国专利法律、法规尚没有关于专利间接侵权的规定，司法实践中认定构成专利间接侵权，要以存在专利直接侵权为前提。本案中不存在直接侵权，故不能认定日骋公司构成间接侵权。据上，本案专利包括结构特征和安装特征两部分，但被诉侵权产品仅具备本案专利的结构特征，日骋公司没有进行安装行为，该被诉侵权产品也可以按本案专利限定外的其他方式进行安装，故日骋公司的行为不构成专利侵权。一审判决认定事实清楚，适用法律正确。根据《中华人民共和国民事诉讼法》第 153 条第 1 款第（1）项的规定，浙江省高级人民法院于 2005 年 10 月 28 日作出（2005）浙民三终字第 145 号民事判决，判决如下：驳回上诉，维持原判。二审案件受理费 7010 元，由株式会社岛野负担。

株式会社岛野不服二审判决，向本院申请再审。本院于 2009 年 10 月 20 日作出（2008）民监字第 197 号民事裁定，指令浙江省高级人民法院再审。再审阶段，双方当事人均未提供新证据。

浙江省高级人民法院再审认为，本案争议焦点为被诉侵权产品是否落入本案专利保护范围。首先，关于株式会社岛野提出的原审判决对本案专利权利要求 1 的技术特征的划分及认定被诉侵权产品未落入专利保护范围是否妥当的问题。本案专利权利要求 1 为：1）前序部分。一种用于将后换挡器（100）连接到自行车车架（50）上的自行车后换挡器支架，所述后换挡器具有支架件（5）、用于支撑链条导向装置（3）的支撑件（4），以及一对用于连接所述支撑件（4）和所述支架件（5）的连接件（6、7），所述自行车车架具有形成在自行车车架的后叉端（51）的换挡器安装延伸部（14）上的连接结构（14a），所述后换挡器支架包括：一个由大致呈 L 形板构成的支架体（8）；设在所述支架体（8）一端近旁，用于将所述后换挡器（100）的所述支架件（5）连接到所述支架体（8）上、可绕第一轴线（91）枢转的第一连接结构（8a）；设在所述支架体（8）另一端近旁，用于将所述支架体（8）连接到所述自行车车架（50）的所述连接结构（14a）上的第二连接结构（8b）；以及用于与所述换挡器安装延伸部（14）接触从而使所述后换挡器（100）相对于所述后叉端（51）以一种预定的姿势定位的定位结构（8c）。2）特征部分。其特征在于：所述第一连接结构（8a）和所述第二连接结构（8b）的布置应使当所述支架体（8）安装在所述后叉端（51）上时，所述第一连接结构（8a）提供的连接点是在所述第二连接结构（8b）提供的连接点的下方和后方。根据上述权利要求的表述，其主要技术特征应包括结构特征和安装特征两部分，其中体现安装特征的表述为："所述自行车车架具有形成在自行车车架的后叉端（51）的换挡器安装延伸部（14）上的连接结构（14a）；所述第一连接结构（8a）和所述第二连接结构（8b）的布置应使当所述支架体（8）安装在所述后叉端（51）上时，所述第一连接结构（8a）提供的连接点是在所述第二连接结构（8b）提供的连接点的下方和后方。"即，本案专利至少具备两个安装特征：（1）具有后叉端的自行车车架；（2）支架体安装在自行车后叉端上。株式会社岛野在再审阶段对上述本案专利技术特征的划分予以否认，既不符合专利权利要求的表述，也与其在二审过程中认同这一划分的看法及申请专利时的明确陈述（"本发明与对比文件 3 的自行车换挡器的安装方式是不同的特征"）自相矛盾。虽然被诉侵权产品结构特征与本案专利产品相同，但由于本案专利权利要求包括了具体的安装特征，而被诉侵权产品尚未被安装在自行车上，安装后是否必然具备专利权利要求所述安装特征尚不明确。申请再审人认为被诉侵权产品实际使用中必然会具备本案专利所述的所有必要技术特征。但是，一方面，在株式会社岛野对特定的自行车车架结构及安装方法作出明确限定前，国家知识产权局认为后换挡器支架属已有技术，缺乏新颖性，说明该"后换挡器支架"不仅能安装在具有后叉端的自行车车架上，也可以安装在其他结构的自行车车架上。另一方面，日骋公司在一审法庭上演示了通过增加垫圈方式将被诉侵权产品直接安装在设有支架延伸部的自行车上,说明常规的机械安装技术即可避免该被诉侵权产品落入专利保护范围,故株式会社岛野的上述推论依据并不充分。株式会社岛野尚无法证明日骋公司的行为构成侵犯本案专利权。其次,关于株式会社岛野所称原审判决对两份重要证据或者不予采信或者未进行质证的问题。就株式会社岛野提交的《中华人民共和国行业标准——自行车工业标准——自行车车架》(QB1880-93)而言,该行业标准并不要求所有的自行车车架必须具有延伸部,不能用于解释本案专利的保护范围,更无法证明被诉侵权产品落入专利保护范围,原审判决对该证据不予采信并无不妥。一审期间,当事人各自当庭演示了被诉侵权产品在自行车上的安装效果情况,一审判决未对该情况予以表述,但二审判决作了相应纠正。故株式会社岛野的相关申请再审理由亦不能成立。综上,本案专利的主要技术特征包括结构特征和安装特征,虽然被诉侵权产品具备了专利的结构特征,但由于日骋公司未实施安装行为,而株式会社岛野无法证明被诉侵权产品必然具备专利权要求所述的安装特征,故日骋公司的被诉行为不构成侵权。株式会社岛野的申请再审理由不能成立,不予支持。原审判决认定事实及适用法律并无不当,应予维持。依照《中华人民共和国民事诉讼法》第186条第1款、第153条第1款第(1)项之规定,浙江省高级人民法院于2010年8月26日作出(2009)浙民再字第135号民事判决,维持该院(2005)浙民三终字第145号民事判决。

株式会社岛野不服再审判决,向本院申请再审。其主要理由如下:(一)再审判决关于本案专利保护范围的确定以及侵权判定适用法律错误。1.确定专利权保护范围的依据是权利要求书中明确记载的必要技术特征,而非权利要求书中的所有文字。权利要求中出现的说明性、用途性、描述性的文字和语句,能够起到帮助理解权利要求的作用,但不影响权利要求的保护范围。本案专利的主题是后换挡器支架,而不是自行车或后换挡器,关于自行车后换挡器支架的技术特征是本案专利的必要技术特征,而与其他产品有关的技术特征很明显并不构成本案专利的必要技术特征。技术特征"所述后换挡器具有支架件(5)、用于支撑链条导向装置(3)的支撑件(4),以及一对用于连接所述支撑件(4)和所述支架件(5)的连接件(6、7)""所述自行车车架具有形成在自行车车架的后叉端(51)的换挡器安装延伸部(14)上的连接结构(14a)"的作用在于对后换挡器及自行车车架作出定义性的描述,从而明确二者的具体应用领域和使用范围,与本案专利的技术主题无关。上述两个技术特征并没有限定后换挡器支架的部件或特征,只是限定了后换挡器支架的用途。

只要被诉侵权产品覆盖了所有必要技术特征，并可以被用于将后换挡器连接到自行车车架上，即落入本案专利保护范围，并不需要被诉侵权产品实际安装在特定的自行车上。2. 本案专利权利要求1为一项产品权利要求，对于一项包含有用途及功能特征的产品权利要求，其保护主题仍然是产品，而不是这一产品的使用、安装行为。再审判决错误地将权利要求1的技术特征划分为结构特征和安装特征两类，并进一步认定专利权利要求1至少具备两个安装特征：具有后叉端的自行车车架；支架体安装在自行车后叉端上。而所谓安装特征是指行为人的安装行为。这一划分与认定明显于法无据、缺乏逻辑，违背了技术特征的基本含义。3. 本案专利权利要求1中的技术特征"所述第一连接结构（8a）和所述第二连接结构（8b）的布置应使当所述支架体（8）安装在所述后叉端（51）上时，所述第一连接结构（8a）提供的连接点是在所述第二连接结构（8b）提供的连接点的下方和后方"是对后换挡器支架的一种功能性描述，只要具备本案专利权利要求1所限定的结构特征的后换挡器支架能够被安装在本案权利要求1限定的自行车车架上，其第一连接结构和第二连接结构的位置关系即呈现为该技术特征所描述的状态。4. 被诉侵权产品RD-HG-40A的结构图与本案专利说明书附图1、附图5几乎完全相同，构成对本案专利的字面侵权。再审判决将本案专利的技术特征划分为结构特征和安装特征两类，从而导致对权利要求保护范围的错误理解。再审判决将行为人是否实施安装行为作为判定侵权的依据，明显违反专利法的规定。事实上，将本案专利权利要求1所限定的自行车配件安装于自行车，是行为人使用专利产品的行为。（二）再审判决关于被诉侵权产品不仅可以安装在具有后叉端的自行车车架上，也可以安装在其他结构的自行车车架上的事实认定缺乏依据。1. 被诉侵权产品也可以安装在其他结构的自行车车架上，是日骋公司的一家之言，没有任何事先存在的业已安装的实际产品，也没有相应的文献、第三方的证言等可以支持。2. 日骋公司在一审庭审时演示了通过添加垫圈的方式将被诉侵权产品直接安装在没有后叉端换挡器安装延伸部的自行车上。但是，这种安装并非工业化/产业化安装，只是暂时将被诉侵权产品安装在这样的自行车上。被诉侵权产品出售时并无垫圈，相反却有螺栓（M10）和定位结构（8c）。日骋公司采用垫圈恰恰是为了补偿被诉侵权产品上定位结构（8c）留出的空隙，加垫圈的安装方式无法准确定位后换挡器在车架上的位置，也不符合工业化生产的要求。（三）再审判决关于本案专利审查档案对专利保护范围有所限制的认定缺乏事实依据。1. 本案专利在审查的过程中，第一次修改加入了附图标记并调整了描述方式，第二次修改将与该技术主题的用途相关的"后换挡器"进行了说明，这种用途限定并未对产品本身的结构产生影响。本案专利的后换挡器支架在整体上被审查后具备新颖性和创造性，并未对权利要求的保护范围进行任何限制性修改或承诺。2.本案专利与现有技术的区别在于将后换挡器通过一个支架体（8）连接（安装）于具有后叉端换挡器安装延伸部的自行车车架上。应该说，后换挡器和具有后叉端换挡器安装延伸部的自行车车架都是本案专利申请日之前已经有的，而权利要求1中描述的后换挡器支架是本发明为了改进后换挡器换挡性能的具有专利性的技术方案。国家知识产权局在审查本案专利申请时从未作出过"后换挡器支架属已有技术"的结论。（四）再审判决关于证据的认定存在错误。1.本案专利涉及一种自行车工业生产的零部件，必须遵循一定的产业标准，否则无法安装匹配。《中华人民共和国行业标准—自行车工业标准—自行车车架》（QB1880-1993）能够证明自行车车架可以具有延伸部，被诉侵权产品可以安装在这种自行车上。同时，该标准可以证明日骋公司加垫圈安装的行为没有产业标准依据。再审判决对于该份证据未予认定，存在错误。2.本案一审及二审庭审过程中，株式会社岛野当庭演示了将被诉侵权产品组配在自行车上，该证据恰恰能证明被诉侵权产品能够实现本案专利权利要求1所限定的后换挡器支架的用途，能够安装于被本案专利权利要求所限定的自行车车架上，该产品具备权利要求1的全部技术特征。再审法院对此未进行认定，存在错误。综上，株式会社岛野根据《中华人民共和国民事诉讼法》第179条第1款第（2）项、第（6）项和第（12）项的规定，请求撤销（2009）浙民再字第135号再审判决、（2005）浙民三终字第145号民事判决以及（2004）甬民二初字第240号民事判决；改判支持其全部诉讼请求，诉讼费用由日骋公司承担。

日骋公司提交意见认为：（一）专利权保护范围由记载在权利要求中的全部技术特征限定，凡是写入独立权利要求的技术特征，都是必要技术特征，均不应当被忽略。本案专利权利要求1记载的用途功能特征或者使用条件特征，因为明确写入独立权利要求，均属于必要技术特征，在对比时均应纳入考虑之列。本案专利的保护对象不是后换挡器支架本身，也不是装配有支架体的后换挡器，而是后换挡器通过支架体安装于车架延伸部的装配方案。（二）被诉侵权产品缺乏本案专利多项必要技术特征，不落入专利权保护范围。被诉侵权产品不具有车架，没有形成支架体与车架的安装连接关系，没有体现后换挡器安装于车架后必然具有"所述第一连接结构（8a）提供的连接点是在所述第二连接结构（8b）提供的连接点的下方和后方"

这一预定姿势，因此不构成侵权。（三）被诉侵权产品缺少的多项必要技术特征正是株式会社岛野在专利授权程序中修改的技术特征，这些强调和增加的技术特征对专利保护范围具有实质性影响，限制了专利权利要求1的保护范围。根据本案专利审查档案的记载，株式会社岛野在本案专利实审过程中作了如下修改：1.将专利公开文本中权利要求1"后换挡器支架"名称前的定语内容调整修改为对车架结构予以明确限定的特征，以强调"后叉端的换挡器安装延伸部"与实审中引用的对比文件1的车架（12）的"垂直下降组件"是对应特征，从而使本案专利的"支架体8"不同于对比文件1的"悬挂构件（18）"。2.将"支架体（8）"划入前序部分作为与现有技术共有的特征，并将"支架体（8）"装配到车架上体现的"后方和下方"的预定姿势位置关系作为唯一的特征部分。其修改的理由是对权利要求1作进一步限定，更清楚地描述本发明与对比文件的自行车换挡器的安装方式是不同的特征。这表明，专利权人强调和确定"不同的安装方式"是本案专利的唯一区别特征。3.将专利公开文本中权利要求1记载的换挡器限定为"由支架件（5）、导向装置（3）、支撑件（4）、连接件（6、7）构成"，使"支架体（8）"区别于对比文件3的"基座件（1）"。这一修改表明，后换挡器及其支架体是现有技术，其本身不具有专利授权条件，只有将后换挡器利用支架体与特定的自行车车架装配，才符合授权条件。（四）株式会社岛野以本案专利为母案申请了另一后换挡器分案专利，该分案专利由于在修改过程中删除自行车车架等有关技术特征被国家知识产权局专利复审委员会（以下简称专利复审委员会）以修改超范围为由宣告全部无效。因此，本案不应忽视自行车车架及安装结构特征。（五）本案被诉侵权产品是通用的支架体，并非只能用于具有后换挡器安装延伸部的车架后叉端。（六）本案专利存在多项可能被宣告无效的理由，本案应中止审理。日骋公司已经向专利复审委员会提交了针对本案专利的无效宣告请求并被受理。

本院审理查明，原一、二审判决及再审判决查明的事实属实。

本院另查明：在原一、二审及再审过程中，株式会社岛野一直以本案专利权利要求1为依据主张权利。

为证明被诉侵权产品只能安装在本案专利限定的具有换挡器安装延伸部连接结构的自行车车架后叉端上，株式会社岛野在原一、二审过程中提交了如下证据：本案被诉侵权产品RD-HG-30A、RD-HG-40A型自行车后换挡器及其支架实物（一审证据6）；《中华人民共和国行业标准—自行车工业标准—自行车车架》（QB1880-93）

（一审证据18）；株式会社岛野当庭演示了将被诉侵权产品组配在具有换挡器安装延伸部连接结构的自行车车架后叉端上；（2005）沪黄一证经字第5137号公证书和（2005）杭拱证经字第475号公证书（二审补充证据）。

本案被诉侵权产品是一个大致呈L形的板，两端各有一个圆形的螺栓孔，其一端与自行车后换挡器连接，在远离后换挡器的螺栓孔位置附近有一个凸起部位，该凸起部位从板的表面向上延伸出来。可见，被诉侵权产品具有专利权利要求1关于支架体的结构特征，即一个由大致呈L形板构成的支架体；设在所述支架体一端近旁，用于将所述后换挡器的所述支架件连接到所述支架体上、可绕第一轴线枢转的第一连接结构；设在所述支架体另一端近旁，用于将所述支架体连接到所述自行车车架的所述连接结构上的第二连接结构；以及用于与所述换挡器安装延伸部接触从而使所述后换挡器相对于所述后叉端以一种预定的姿势定位的定位结构。同时，与被诉侵权产品连接的后换挡器具有本案专利权利要求1中所述的特征，即该后换挡器具有支架件、用于支撑链条导向装置的支撑件以及一对用于连接所述支撑件和所述支架件的连接件。《中华人民共和国行业标准—自行车工业标准—自行车车架》（QB1880-1993）是我国原轻工业部发布的具有强制性的行业标准，该标准第7页图10显示了两种类型的自行车车架平插接片，其中一种具有后叉端延伸部，另一种没有后叉端延伸部。根据（2005）沪黄一证经字第5137号公证书的记载，2005年5月6日上海市××律师事务所人员与公证人员一起到上海新国际博览中心举行的第十五届中国国际自行车展览会会场，上海市××律师事务所人员在杭州骏骐车业有限公司的展位上取得该公司产品说明书一份，并在会展现场拍摄照片17张。该公证书所附照片显示，杭州骏骐车业有限公司生产的自行车的后叉端具有换挡器安装延伸部，被诉侵权产品连同后换挡器安装在该自行车后叉端上，与被诉侵权产品连接的后换挡器上标有日骋公司的"SUNRUN"商标。根据（2005）杭拱证经字第475号公证书的记载，2005年5月23日浙江××律师事务所委托代理人杨××与公证人员一起到浙江自行车市场内杭州江凯五金交电化工有限公司摊位，杨××以普通消费者身份购买了深圳喜德胜自行车有限公司生产的山地自行车一辆，并对该自行车进行了拍照。该公证书所附照片显示，该山地自行车后叉端具有换挡器安装延伸部，被诉侵权产品连同后换挡器安装在该山地自行车后叉端上，与被诉侵权产品连接的后换挡器上标有日骋公司的"SUNRUN"商标。

为证明本案被诉侵权产品可以安装在不具有后换挡器安装延伸部的自行车车架

后叉端上，日骋公司在原审庭审中进行了实际安装演示。在演示时，日骋公司通过在被诉侵权产品与车架后叉端之间增加一个垫圈的方式，弥补被诉侵权产品凸起部造成的间隙，从而将被诉侵权产品直接安装在没有后换挡器安装延伸部的自行车后叉端上。株式会社岛野认为，需要通过垫圈弥补被诉侵权产品凸起部造成的间隙，恰恰说明该凸起部的对应部位是本专利限定的后叉端；加入垫圈不是正常的工业化生产方式，且不牢靠，并对取消垫圈后的安装效果进行演示。在本案再审审查和审理过程中，本院要求日骋公司提交有关将被诉侵权产品安装在不具有后叉端延伸部上且在市场上已经商业流通的自行车的证据，日骋公司始终未能提供。

关于本案专利文件的修改过程，本院另查明如下事实：株式会社岛野提交的原始公开文本的权利要求书记载："1.一种在自行车车架的后叉端的供安装换挡器的延伸部上形成的连接结构将后换挡器连接到自行车车架上的后换挡器支架，该后换挡器支架包括：一个支架体；设在该支架体一端近旁，用于将所述后换挡器连接到该支架体上的第一连接结构；设在该支架体另一端近旁，用于将该支架体连接到所述自行车架的所述连接结构上的第二连接结构；和用于与所述供安装换挡器的延伸部接触从而使后换挡器相对于所述后叉端以一种预定的姿势定位的定位结构。2.如权利要求1所述的后换挡器支架，其中所述支架体为一块大致呈L形的板，所述的第一连接结构和第二连接结构为基本上圆的螺栓孔，而所述的定位结构的位置邻近所述的第二连接结构。3.如权利要求2所述的后换挡器支架，其中所述的定位结构是从所述板的表面上基本上垂直地延伸的一个凸出部。4.如权利要求1所述的后换挡器支架，其中所述的第一连接结构和第二连接结构的布置应使当所述支架体安装在所述后叉端上时，所述的第二连接结构提供的连接点从所述后叉端看是在第一连接结构提供的连接点的下方和后方。"1997年5月22日，原国家专利局向株式会社岛野发出第一次审查意见通知书。该通知书引用本案专利优先权日前的US5082303号美国专利（对比文件1）和EP0013136号欧洲专利（对比文件2），认为本案专利权利要求1不符合新颖性的要求，权利要求2和3不符合创造性的要求，权利要求4不符合《专利法》第26条第4款的规定，因此该专利申请将被驳回。该通知书正文记载了如下内容："2.权利要求4进一步限定了权利要求1的技术方案。但是，该权利要求因不符合《专利法》第26条第4款是不能被接受的。也就是讲，该权利要求由于得不到说明书的支持是不能被接受的。具体地讲，从其说明书实施例（如图1所示）可以清楚地了解到，其第二连接结构提供的连接点从后叉端看时显然是位于第一连接结构提供的连接点的上方和后方，而并非是其下方和后方。因此，该权利要求由于得不到说明书的支持是不能被接受的。需要特别说明的是，即使申请人根据说明书的内容将其修改为'……上方和后方'使其符合《专利法》第 26 条第 4 款之规定，则这样的技术方案也将由于不符合《专利法》第 22 条第 3 款有关创造性之规定，是不能被接受的。这是因为，根据实际需要设计两连接点的相对位置对于本领域普通技术人员是容易做到的。而且，对比文件 2 公开的后拨链器安装支架的两连接点即符合上述相对位置关系——参见对比文件 1 的图 10。同时，采用这种结构也并未产生任何新的意外效果。"针对上述意见通知书，株式会社岛野对权利要求书进行了修改，并提交了意见陈述书。本次修改主要是将原权利要求 1 和 4 合并为新的权利要求 1，对前序部分作文字修改，使权利要求 1 的主体更加明确，并对原权利要求 2 和 3 作个别文字修改。本次修改后权利要求书记载了如下内容："1. 一种用于将后换挡器（100）连接到自行车车架（50）上的自行车后换挡器支架，所述自行车车架具有形成在自行车车架的后叉端（51）的换挡器安装延伸部（14）上的连接结构（14a），所述后换挡器支架包括：一个支架体（8）；设在所述支架体（8）一端近旁，用于将所述后换挡器（100）连接到所述支架体（8）上的第一连接结构（8a）；设在所述支架体（8）另一端近旁，用于将所述支架体（8）连接到所述自行车车架（50）的所述连接结构（14a）上的第二连接结构（8b）；以及用于与所述换挡器安装延伸部（14）接触从而使所述后换挡器（100）相对于所述后叉端（51）以一种预定的姿势定位的定位结构（8c）；其特征在于：所述第一连接结构（8a）和所述第二连接结构（8b）的布置应使当所述支架体（8）安装在所述后叉端（51）上时，所述第一连接结构（8a）提供的连接点从所述后叉端（51）看是在第二连接结构（8b）提供的连接点的下方和后方。2. 如权利要求 1 所述的后换挡器支架，其特征在于，所述支架体（8）是由一块大致呈 L 形的板构成的，所述第一连接结构（8a）和第二连接结构（8b）的形式为基本上圆的螺栓孔，而所述定位结构（8c）的位置邻近所述第二连接结构（8b）。3. 如权利要求 2 所述的后换挡器支架，其特征在于，所述的定位结构（8c）是从所述板的表面上延伸的一个凸出部。"株式会社岛野还在该次意见陈述书中陈述了如下意见："（一）申请人现参照对比文件 1 来描述现有技术。对比文件 1 中所述的悬挂构件（18）是垂直下降组件的一个可更换部分。由于下述的原因，该对比文件 1 并没有建议或公开如本发明申请中记载的支架体（8）：1）该对比文件 1 的发明名称是'可更换的下降组件'，因此其只涉及垂直下降组件，其并不涉及本发明申请所述的支架体（8）。2）该对比文件1的权利要求1中记载了'一种垂直组'，其包括：一垂直下降构件（16）；一悬挂构件（18）；一用于将悬挂构件连接至下降组件上的装置；……'，这说明在该对比文件1中的悬挂构件（18）是垂直下降组件的一部分。……4）对比文件1的图2中所示的垂直下降组件的设计，与本申请中所述的带后拨链器安装延伸部（14）的后叉端（51）的设计相同，本申请的图5中已最清楚地显示了带后拨链器安装延伸部（14）的后叉端（51）的结构。5）对比文件1的图1中所示的后拨链器是直接装配型，其中，拨链器（50）被直接安装到垂直下降组件中，而没有使用如本申请所述的支架体（8）。6）在对比文件1中没有提到或者公开用于将后拨链器（50）连接到悬挂构件（18）上的如本申请中所述的支架体（8）。7）过去，一直将垂直下降组件应用于直接装配型后拨链器，迄今尚未有将带有支架体的后拨链器连接至垂直下降组件上。本发明申请所述的支架体使得将后拨链器连接至垂直下降组件上成为可能。8）对比文件1的图3中所示的垂直下降组件（16），并没有公开出或提到将直接装配型后拨链器连接至其上。相反，所示出的是将拨链器安装至悬挂构件（18）上。这就附加指出了，该垂直下降组件（16）并不是被配置成用来安装拨链器，并且该悬挂构件（18）需要被考虑作为有时要进行拆卸的下降组件（16）的一部分，而不是考虑作为一个支架。……（二）关于对比文件2（EP0013136），该对比文件2中所述的叉端是一个水平方向开槽的下降组件。对比文件2并没有公开或者提出本发明申请的特征。特别是，支架体没有被连接至垂直下降（组件）或者L形板上。（三）关于本发明，在新修改的权利要求1的前序部分中提及：'一种用于将后换挡器（100）连接到自行车车架（50）上的后换挡器支架，所述自行车车架具有形成在自行车车架的后叉端（51）的换挡器安装延伸部（14）上的连接结构（14）。'可见本发明公开的支架体（8）是连接至垂直下降（组件）上的。因此，本发明关于支架体（8）的主体及特征是清楚的，具有新颖性和创造性。……本申请权利要求2中限定了'支架体（8）是由一块大致呈L形的板构成的'特征。这是一项重要的特征，使支架体（8）能够连接至下降组件（悬挂构件18）上而同时保持后拨链器处于如说明书中所述的适当姿势。申请人相信，该附加特征也是具有新颖性和创造性的……。"针对株式会社岛野的上述意见陈述书，国家知识产权局发出了第二次审查意见通知书，该通知书引用US4690663号美国专利作为对比文件3，认为本专利申请修改后权利要求1不具备新颖性，权利要求2不具备创造性。该意见陈述书正文记载了如下内容：

"1.独立权利要求1请求保护一种将后换挡器连接到自行车车架上的后换挡器支架，对比文件3公开了一种用于将后换挡器连接到自行车车架上的连接机构，其中具体披露了以下技术内容：基座件（1）[相当于本申请中的支架件（8）]的一端通过水平轴（6）和通孔（11）[相当于本申请中的第二连接结构（8b）]连接到自行车车架的后叉端的换挡连接器安装延伸部上的螺纹孔（101b）[相当于本申请中的连接结构（14a）]上，另一端通过销（20、21）及相应的销孔]相当于本申请中的第一连接结构（8a）]连接后换挡器，调整螺钉（40）[相当于本申请中的定位结构（8c）]的端部紧靠换挡器安装延伸部上的制动部（101a）从而使后换挡器相对于后叉端定位，并且从附图4上可以看出，销（20、21）及相应的销孔的位置是在通孔（11）的下方和后方。由此可知，对比文件3已经公开了权利要求1的全部技术特征，并且它们属于相同的技术领域。因此，权利要求1请求保护的技术方案相对于对比文件公开的现有技术不是新的，不符合《专利法》第22条第2款有关新颖性的规定。"针对第二次审查意见通知书，株式会社岛野对权利要求书进行了进一步修改，并提交了第二次意见陈述书。本次修改主要是对新权利要求1作了进一步限定，更清楚地描述本发明与对比文件3的自行车换挡器的安装方式是不同的特征，将权利要求2作文字修改并分拆出新从属权利要求4，补充了新从属权利要求3和6。株式会社岛野在第二次意见陈述书中陈述了如下意见："该对比文件3是本申请的同一申请人的一份美国在先专利，其公开了一种自行车后换挡器，其中也并没有公开如本申请中所记载的支架体（8）。该对比文件3中提到的'基座件（1）'实际上是换挡器四连杆机构之中的一个组成构件，其一端通过水平轴（6）和通孔（11）连接到自行车车架后叉端的换挡器安装延伸部上的螺纹孔（101b）。因此，该'基座件（1）'并不相当于本申请中的'支架体（8）'，可以说，该对比文件3公开的换挡器是直接安装在自行车车架后叉端的换挡器安装延伸部上。与此不同，本发明公开的是一种将后换挡器（100）连接到自行车车架（50）上的自行车后换挡器支架，具体地说，所述后换挡器具有支架件（5）、用于支撑链条导向装置（3）的支撑件（4）以及一对用于连接所述支撑件（4）和所述支架件（5）的连接件（6、7），而本发明是将上述后换挡器的上述支架件（5）连接到上述支架的支架体（8）的一端，然后再将上述支架体（8）的另一端连接至自行车车架后叉端（51）的换挡器安装延伸部（14）上。"本次修改后该专利申请获得授权，其提交的二次修改后的权利要求书与授权文本中权利要求书一致。

本院再审审理过程中，株式会社岛野提交了两份新证据：国家知识产权局专利收费收据（2012 年 1 月 19 日）（证据 1）和（2011）京中信内经证字第 6943 号公证书（证据 2）。证据 1 用以证明本案专利仍处于有效状态；证据 2 用以证明被诉侵权产品图片出现在日骋公司于 2011 年在中国北方国际自行车电动车展览会上散发的产品宣传册中，日骋公司仍在实施侵犯本案专利的行为，并请求在确定损害赔偿时考虑该情节。日骋公司对上述两份证据的真实性均无异议，但对证据 2 的证明目的有异议，认为该证据不能实现株式会社岛野的证明目的，日骋公司仅仅是许诺销售被诉侵权产品，并不能证明存在实际的制造和销售行为。对于上述两份证据，本院认证如下：关于证据 1，株式会社岛野提供了该证据的原件，日骋公司对该证据的真实性没有异议，本院予以采信；关于证据 2，该证据是公证机关制作的公证书，日骋公司对该证据的真实性无异议，且与本案有关联，本院予以采信。结合上述两份证据，本院查明如下事实：2011 年 3 月 31 日，北京市××律师事务所委托代理人梁××、王××来到位于天津市西青区友谊南路与外环线交口西北角的天津梅江会展中心，在第十一届中国北方国际自行车电动车展览会日骋公司 5B36 号展位前，由王××以普通参观者身份对该展位进行了拍照，并从该展位处领取了标有"SUNRUNINDUSTRY&TRADE"字样的宣传册一本。北京市中信公证处的公证人员对上述过程进行了公证，并出具了（2011）京中信内经证字第 6943 号公证书。该公证书所附的日骋公司宣传册第 32 页和第 33 页分别载有本案被诉侵权产品 RD-HG-30A、RD-HG-40A 型自行车后拨链器图片。截至目前，本案专利仍处于有效状态。

本院再审审理过程中，日骋公司提出中止本案诉讼的申请，并提交了国家知识产权局无效宣告请求受理通知书、专利权无效宣告请求书及相关对比文件作为证据。经查，日骋公司已于 2012 年 1 月 9 日向专利复审委员会提出宣告本案专利权无效的请求，并已被受理。在无效宣告程序中，日骋公司提交了 US4690663 号美国专利说明书（对比文件 1）、EP0013136 号欧洲专利公开说明书（对比文件 2）和 US4612004 号美国专利说明书（对比文件 3）三份对比文件，其主要的无效理由在于：本案专利独立权利要求 1 及引用权利要求 1 的权利要求 2～6 均缺乏必要技术特征，不符合《专利法实施细则》第 21 条第 2 款的规定；本案专利不符合《专利法》第 33 条规定，存在修改超范围的问题；本案专利不符合《专利法》第 26 条第 4 款的规定，权利要求书没有以说明书为依据；本案专利权利要求 1 是现有技术公开的技术特征的简单拼凑，不符合《专利法》第 22 条第 3 款的规定，缺乏创造性，权利要求 2～6

亦均缺乏创造性。

日骋公司在本院审理过程中还提出了现有技术抗辩，主张其被诉侵权产品利用的是现有技术。日骋公司主张的现有技术包括两种类型：一是其在无效宣告程序中提交的对比文件1（US4690663号美国专利）结合公知常识；二是《中华人民共和国轻工业行业标准—自行车拨链器》（QB/T1895-1993）图2、图6、图10与《中华人民共和国行业标准—自行车工业标准—自行车车架》（QB1880-1993）图10的组合。

本院认为，本案侵权行为发生在2008年修正的专利法施行之前，应适用2000年修正的专利法。结合本案当事人的申请再审理由、被申请人的答辩及本案事实，本案当事人争议的焦点问题在于：本案专利权利要求1中的使用环境特征对权利要求保护范围是否具有限定作用及其限定程度；本案被诉侵权产品是否必然用于本案专利权利要求1限定的自行车车架；本案被诉侵权产品是否落入本案专利保护范围；本案是否应中止诉讼；被申请人的现有技术抗辩是否成立；本案是否应中止诉讼；本案民事责任的承担。

一、关于本案专利权利要求1中的使用环境特征对权利要求保护范围是否具有限定作用及其限定程度

使用环境特征是指权利要求中用来描述发明所使用的背景或者条件的技术特征。关于使用环境特征对权利要求保护范围的限定作用及其程度，本院分析如下。

首先，关于使用环境特征对于保护范围的限定作用。凡是写入权利要求的技术特征，均应理解为专利技术方案不可缺少的必要技术特征，对专利保护范围具有限定作用，在确定专利保护范围时必须加以考虑。已经写入权利要求的使用环境特征属于权利要求的必要技术特征，对于权利要求的保护范围具有限定作用。本案专利的保护主题是"自行车后换挡器支架"，但是权利要求1在描述该后换挡器支架的结构特征的同时，也限定了该后换挡器支架所用以连接的后换挡器以及自行车车架的具体结构。这些关于后换挡器支架所连接的后换挡器及自行车车架的特征实际上限定了后换挡器支架所使用的背景和条件，属于使用环境特征，对于权利要求1所保护的后换挡器支架具有限定作用。权利要求1所保护的后换挡器支架所使用的自行车车架的特征是，"所述自行车车架具有形成在自行车车架的后叉端（51）的换挡器安装延伸部（14）上的连接结构（14a）"（以下简称使用环境特征1）。权利要求1所保护的后换挡器支架所使用的后换挡器的特征是，"所述后换挡器具有

支架件（5）、用于支撑链条导向装置（3）的支撑件（4），以及一对用于连接所述支撑件（4）和所述支架件（5）的连接件（6、7）"（以下简称使用环境特征2）。它们与权利要求1的其他特征一起，组成一个完整的技术方案，共同限定了权利要求1的保护范围。

其次，关于使用环境特征对于保护范围的限定程度。此处的限定程度是指使用环境特征对权利要求的限定作用的大小，具体地说是指该种使用环境特征限定的被保护的主题对象必须用于该种使用环境还是可以用于该种使用环境即可。使用环境特征对于保护范围的限定程度需要根据个案情况具体确定。一般情况下，使用环境特征应该理解为要求被保护的主题对象可以使用于该种使用环境即可，不要求被保护的主题对象必须用于该种使用环境。但是，如果本领域普通技术人员在阅读专利权利要求书、说明书以及专利审查档案后可以明确而合理地得知被保护对象必须用于该种使用环境，那么该使用环境特征应被理解为要求被保护对象必须使用于该特定环境。本案专利权利要求1对所保护的后换挡器支架限定了两个使用环境特征，对此分别分析如下：

第一，关于使用环境特征1（即自行车车架的结构特征）。本案专利申请在实质审查过程中经过了多次修改。针对国家知识产权局第一次审查意见通知书所提到的对比文件1（US5082303号美国专利），为了将本专利申请所要求保护的后换挡器支架与该对比文件公开的悬挂构件（18）相区别，株式会社岛野在意见陈述书中明确指出，对比文件1中所述的悬挂构件（18）是垂直下降组件一部分，由垂直下降构件（16）、悬挂构件（18）以及用于将悬挂构件（18）连接至下降构件上的装置（16）等组合起来才相当于本案专利申请中的带后拨链器安装延伸部（14）的后叉端（51）的结构。根据株式会社岛野所述，本案专利所保护的后换挡器支架只能与带后拨链器安装延伸部的后叉端相连接，而不能成为自行车车架后叉端垂直下降组件的构成部分。针对国家知识产权局第一次审查意见通知书所提到的对比文件2（EP0013136号欧洲专利），为了将本专利申请所要求保护的后换挡器支架与该对比文件公开的下降组件相区别，株式会社岛野在意见陈述书中明确指出，该对比文件所述的叉端是一个水平方向开槽的下降组件，该对比文件并没有公开或者提出本发明申请的特征，特别是支架体没有被连接至垂直下降组件或L形板上。这一意见表明，本专利所保护的后换挡器支架必须安装在具有换挡器安装延伸部的自行车车架后叉端上，而不能安装在具有水平方向开槽的下降组件的自行车车架后叉端上。

因此，对于使用环境特征1，应该理解为本案专利所保护的自行车后换挡器支架必须使用在具有使用环境特征1的自行车车架后叉端上。

第二，关于使用环境特征2（即后换挡器的结构特征）。针对国家知识产权局第二次审查意见通知书所提到的对比文件3（US4690663号美国专利），为了将本专利申请所要求保护的后换挡器支架与该对比文件公开的基座件（1）相区别，株式会社岛野再次修改了权利要求（1），增加了关于后换挡器的结构特征。株式会社岛野在意见陈述书中明确指出，该对比文件提到的基座件（1）实际上是换挡器四连杆机构之中的一个组成构件，其一端通过水平轴（6）和通孔（11）连接到自行车车架后叉端的换挡器安装延伸部上的螺纹孔（101b），故该基座件（1）并不相当于本申请中的支架体（8）。株式会社岛野还进一步指出，该对比文件3公开的换挡器是直接安装在自行车车架后叉端的换挡器安装延伸部上，与此不同，本发明公开的是一种将后换挡器（100）连接到自行车车架（50）上的自行车后换挡器支架，后换挡器具有支架件（5）、用于支撑链条导向装置（3）的支撑件（4）以及一对用于连接所述支撑件（4）和所述支架件（5）的连接件（6、7），而本发明是将上述后换挡器的上述支架件（5）连接到上述支架的支架体（8）的一端，然后再将上述支架体（8）的另一端连接至自行车车架后叉端（51）的换挡器安装延伸部（14）上。根据株式会社岛野所述，本专利所保护的后换挡器支架必须与后换挡器的支架件（5）相连接，而不能成为后换挡器自身的组成部分。可见，本专利所保护的后换挡器支架必须用于权利要求1所述的具有支架件（5）、用于支撑链条导向装置（3）的支撑件（4）以及一对用于连接所述支撑件（4）和所述支架件（5）的连接件（6、7）的后换挡器上。因此，对于使用环境特征2，应该理解为本案专利所保护的自行车后换挡器支架必须用于具有使用环境特征2的后换挡器上。

综上，本案专利的使用环境特征对于保护范围具有限定作用，本案专利所保护的自行车后换挡器支架必须用于该使用环境。株式会社岛野关于本案专利权利要求中出现的使用环境特征不构成本案专利的必要技术特征，不影响权利要求的保护范围的申请再审理由不能成立，不予支持。

二、关于本案被诉侵权产品是否必然用于本案专利权利要求1限定的自行车车架

本案被诉侵权产品具有权利要求1关于支架体的结构特征和关于后换挡器的使用环境特征，双方当事人并无争议。同时，株式会社岛野提供的（2005）沪黄一证

经字第 5137 号公证书、（2005）杭拱证经字第 475 号公证书等证据能够证明，被诉侵权产品也实际被应用在具有专利权利要求 1 所限定的自行车车架上。双方当事人对此亦无争议。双方争议的问题在于，本案被诉侵权产品是否必然用于本案专利权利要求 1 限定的自行车车架，或者说被诉侵权产品是否可以被应用于不具有本案专利权利要求 1 所述特征的自行车车架上。对此分析如下。

首先，本案被诉侵权产品的特定结构决定了其与权利要求所述的自行车车架的特定匹配关系。根据本院查明的事实，被诉侵权产品在远离后换挡器的螺栓孔位置附近有一个从板的表面向上延伸出来的凸起部位。该凸起部位客观上需要与自行车车架后叉端的特定位置相配合，才能实现定位作用。

其次，本案当事人在原审庭审中的实际演示可以辅助说明被诉侵权产品的实际安装状态。为证明本案被诉侵权产品可以安装在不具有后叉端延伸部的自行车车架上，日骋公司通过在被诉侵权产品与车架后叉端之间增加一个垫圈的方式，弥补被诉侵权产品凸起部造成的间隙，从而将被诉侵权产品直接安装在没有后叉端延伸部的自行车车架上。但是，日骋公司对外销售被诉侵权产品时并没有附带垫圈，这种安装方式不是通常的工业化生产方式，且会影响定位效果。同时，针对本院关于提交有关将被诉侵权产品安装在不具有后叉端延伸部上且在市场上已经商业流通的自行车证据，日骋公司始终未能提供。

最后，关于自行车车架的有关行业标准可以辅助证明被诉侵权产品的实际安装状态。《中华人民共和国行业标准—自行车工业标准—自行车车架》（QB1880-1993）是我国原轻工业部发布的具有强制性的行业标准，其公开了两种类型的自行车车架平插接片，其中一种具有后叉端延伸部，另一种没有后叉端延伸部。该具有后叉端延伸部的自行车车架具备专利权利要求 1 关于车架的限定特征。由于将被诉侵权产品安装在没有后叉端延伸部的自行车车架上并非通常的工业化生产方式，且影响定位效果，故将被诉侵权产品安装在具有后叉端延伸部的车架上几乎成为必然选择。

由此可见，将被诉侵权产品安装在具有后叉端延伸部的自行车车架上，是被诉侵权产品唯一合理的商业用途，在日骋公司未能提交进一步的有效反证的情况下，可以认为本案被诉侵权产品在商业上必然用于本案专利权利要求 1 限定的自行车车架。

三、关于本案被诉侵权产品是否落入本案专利保护范围

首先，需要明确本案专利权利要求 1 的保护范围。根据本案专利权利要求 1 的记载，其保护范围由以下必要技术特征所限定：1.使用环境特征：一种用于将后换

挡器连接到自行车车架上的自行车后换挡器支架，所述后换挡器具有支架件、用于支撑链条导向装置的支撑件以及一对用于连接所述支撑件和所述支架件的连接件，所述自行车车架具有形成在自行车车架的后叉端的换挡器安装延伸部上的连接结构。2. 后换挡器支架结构特征：一个由大致呈 L 形板构成的支架体；设在所述支架体一端近旁，用于将所述后换挡器的所述支架件连接到所述支架体上、可绕第一轴线枢转的第一连接结构；设在所述支架体另一端近旁，用于将所述支架体连接到所述自行车车架的所述连接结构上的第二连接结构；以及用于与所述换挡器安装延伸部接触从而使所述后换挡器相对于所述后叉端以一种预定的姿势定位的定位结构。3. 后换挡器支架安装后的位置特征：所述第一连接结构和所述第二连接结构的布置应使当所述支架体安装在所述后叉端上时，所述第一连接结构提供的连接点是在所述第二连接结构提供的连接点的下方和后方。

其次，关于技术特征的对比。根据前述，本案被诉侵权产品在商业上必然用于本案专利权利要求 1 限定的自行车车架，因此被诉侵权产品具备权利要求 1 关于自行车车架的环境特征。同时，被诉侵权产品具有权利要求 1 关于支架体的结构特征和关于后换挡器的使用环境特征。因此，被诉侵权产品具备了权利要求 1 除后换挡器支架安装后的位置特征之外的全部特征。

最后，关于后换挡器支架安装后的位置特征。被诉侵权产品在远离后换挡器的螺栓孔位置附近有一个从板的表面向上延伸出来的凸起部位。由于本案被诉侵权产品在商业上必然用于本案专利权利要求 1 限定的自行车车架，当本案被诉侵权产品的凸起部位与权利要求所述的自行车车架安装匹配时，必然呈现出第一连接结构提供的连接点在所述第二连接结构提供的连接点的下方和后方这一位置关系特征。

因此，被诉侵权产品具备本案专利权利要求 1 的全部技术特征，落入本案专利权利要求 1 的保护范围。株式会社岛野的相应申请再审理由成立，应予支持。

四、关于被申请人的现有技术抗辩是否成立

日骋公司主张的现有技术包括两种类型：一是其在无效宣告程序中提交的对比文件 1（US4690663 号美国专利）所公开的悬挂构件结合公知常识；二是《中华人民共和国轻工业行业标准—自行车拨链器》（QB/T1895-1993）图 2、图 6、图 10 与《中华人民共和国行业标准—自行车工业标准—自行车车架》（QB1880-1993）图 10 的组合。

关于第一种现有技术抗辩。由于 US4690663 号美国专利所述的悬挂构件是垂直下

降构件一部分，由垂直下降构件、悬挂构件以及用于将悬挂构件连接至下降构件上的
装置等组合起来相当于本案专利申请中的带后拨链器安装延伸部的后叉端的结构，因
此该悬挂构件与本案专利所保护的后换挡器支架不具有对应性。同时，即使认定该悬
挂构件与本案专利所保护的后换挡器支架具有对应性，该专利也没有公开关于支架体
呈 L 形等技术特征，日骋公司提交的证据也不能证明在本专利申请日前将支架体设计
为 L 形属于本领域普通技术人员公知常识。因此，该现有技术抗辩不能成立。

关于第二种现有技术抗辩。《中华人民共和国轻工业行业标准—自行车拨链器》（QB/
T1895-1993）图 2、图 6 和图 10 公开了一款安装在不具有后叉端延伸部上的换挡器
接片，该接片与本案专利限定的使用环境不同，且没有公开本案专利有关后换挡器支
架呈 L 形以及支架上的定位结构的特征。《中华人民共和国行业标准—自行车工业标
准—自行车车架》（QB1880-1993）图 10 公开了一款具有后叉端延伸部的自行车车架。
因此，即使把两者结合起来，仍然没有公开本案专利关于后换挡器支架呈 L 形以及支
架上的定位结构的特征。该现有技术抗辩亦不能成立。

五、关于本案是否应中止诉讼

日骋公司在本院再审过程中请求中止本案审理。本案专利是发明专利，根据《最
高人民法院关于审理专利纠纷案件适用法律问题的若干规定》第 11 条的规定，人
民法院可以不中止诉讼。同时，经过审理，本院已经查明了本案的事实和法律问题，
可以作出结论，不需要以无效程序的结论作为本案依据，人民法院可以不中止诉讼。
因此，对于日骋公司的上述主张，本院不予支持。

六、关于本案民事责任的承担

由于本案被诉侵权产品落入本案专利保护范围，日骋公司生产和销售被诉侵权
产品的行为构成侵犯本案专利权，应当承担停止侵害、消除危险、赔偿损失的民事
责任。

关于具体民事责任的承担方式，结合株式会社岛野的诉讼请求，本院分析评判
如下：第一，本案证据表明，日骋公司制造和销售了本案侵权产品，且该制造和销
售行为仍在继续，停止制造和销售侵权产品是停止侵害的必要措施之一，对于株式
会社岛野关于判令日骋公司立即停止制造和销售侵权产品的诉讼请求，本院予以支
持；第二，销毁尚未售出的剩余侵权产品是消除危险的必要措施之一，可以防止侵
权产品进入销售渠道，若日骋公司存在尚未售出的侵权产品，应当予以销毁。对于
株式会社岛野关于判令日骋公司销毁所有剩余侵权产品的诉讼请求，本院予以支持；

第三，一审法院曾应株式会社岛野的申请，赴日骋公司生产经营场所进行证据保全，但经查看未发现制造侵权产品 RD-HG-30A、RD-HG-40A 型自行车后拨链器的专用模具，本案现有证据不能证明制造侵权产品需要专用模具。对于株式会社岛野关于判令日骋公司销毁制造侵权产品专用模具的诉讼请求，本院不予支持；第四，日骋公司在其不同时期印制的产品宣传册中均印有本案侵权产品 RD-HG-30A、RD-HG-40A 型自行车后拨链器，此种行为属于许诺销售行为，销毁印有本案侵权产品的尚未发放的产品宣传资料，是消除危险的必要措施之一。日骋公司若存有印有本案侵权产品的尚未发放的产品宣传资料，应当销毁。对于株式会社岛野关于判令日骋公司销毁剩余的印有侵权产品的宣传资料的诉讼请求，本院予以支持；第五，株式会社岛野在本案中未提交证据证明日骋公司在互联网上发布有本案侵权产品的广告，日骋公司亦不承认其在互联网上发布有本案侵权产品的广告，因此，对于株式会社岛野关于判令日骋公司删除互联网上有关侵权产品的广告的诉讼请求，本院不予支持；第六，株式会社岛野在本案中没有提供充分证据证明其因侵权行为所受到的损失或者侵权人因侵权获得的利益，也没有专利许可使用费可以参照，本院根据专利权的类别、侵权人侵权的性质和情节等因素合理确定损害赔偿数额。株式会社岛野在一审过程中为本案已支出了购买本案侵权产品费用80元、证据保全费用1000元、查阅工商行政档案费592.5元、翻译费750元、差旅费1170.35元，共计3592.85元，该笔费用均为调查和制止本案侵权行为所必需。株式会社岛野在一审过程中还提交了律师服务费统计清单、律师代理费收费发票、中信实业银行出具的贷记通知等作为证据，以证明其为本案已经支付的律师费。根据株式会社岛野提交的律师服务费统计清单的记载，按照每位律师每小时3000元计收，截至2004年7月，合计律师费共计442 500元。该笔费用的数额与律师代理费收费发票、中信实业银行出具的贷记通知相符，可以相互印证。日骋公司虽对上述律师费的数额提出质疑，但并未提出充分的事实和理由，且律师费以每小时3000元计收并不违反有关法律、行政法规以及行政规章的规定，本院予以支持。在本案二审过程中，株式会社岛野为证明侵权产品只能安装在本案专利限定的具有换挡器安装延伸部的连接结构的自行车车架后叉端上，又以公证形式进行了证据保全。在本案再审审理过程中，株式会社岛野为证明日骋公司的被诉侵权行为仍在继续，再次以公证形式进行了证据保全。株式会社岛野虽未对其在一审结束后支出的证据保全费用提供相关票据作为证明，但是委托公证行为已经实际发生，客观上需要支付公证费用，本院在确定损害赔偿

额时对此一并予以考虑。在本院庭审中，株式会社岛野主张其所谓的经济损失30
万元包括了所支出的合理费用。鉴于株式会社岛野为调查和制止本案侵权行为所支
出的合理费用即已经超出了其诉讼请求的数额30万元，本院对其请求判令日骋公
司赔偿30万元的诉讼请求予以全额支持。

综上，本案被诉侵权产品落入本案专利保护范围，日骋公司生产和销售RD-
HG-30A、RD-HG-40A型自行车后拨链器产品的行为侵犯了株式会社岛野的本案专
利权。原审法院对本案事实的认定有所失误，适用法律亦有不当之处，应予纠正。
依据《中华人民共和国专利法》（2000年修正）第56条第1款，《中华人民共和
国民事诉讼法》第186条第1款、第153条第1款第（2）项、第（3）项之规定，
判决如下：

（1）撤销浙江省高级人民法院（2009）浙民再字第135号民事判决、（2005）
浙民三终字第145号民事判决和浙江省宁波市中级人民法院（2004）甬民二初字第
240号民事判决；

（2）宁波市日骋工贸有限公司立即停止制造和销售落入ZL94102612.4号发明
专利保护范围的RD-HG-30A、RD-HG-40A型自行车后拨链器，销毁剩余上述侵权产
品及印有侵权产品的宣传资料；

（3）宁波市日骋工贸有限公司于本判决送达之日起15日内，赔偿株式会社岛
野因本案侵权行为造成的损失以及为调查、制止本案侵权行为所支付的合理开支共
计30万元；

（4）驳回株式会社岛野的其他诉讼请求。

如果未按本判决指定的期间履行给付金钱义务，应当依照《中华人民共和国民
事诉讼法》第229条之规定，加倍支付迟延履行期间的债务利息。

一审案件受理费7010元，证据保全费1000元，合计8010元，二审案件受理
费7010元，均由宁波市日骋工贸有限公司负担。

本判决为终审判决。

2012年12月11日

四、案件相关问题解析

（一）使用环境特征对于权利要求保护范围的限定作用

如本案判决中所述，使用环境特征是指权利要求中用来描述发明所使用的背景或者条件的技术特征，这一定义北京市高级人民法院也在《北京市高级人民法院专利侵权判定指南》中进行了明确。

本案争议焦点在于使用环境特征对于权利要求保护范围的限定作用及其程度，对此，2012年的法律法规无明确的规定，也因此开启了对该问题的讨论。

本案原审原告认为权利要求中出现的使用环境特征不构成本案专利的必要技术特征，不影响权利要求的保护范围；而本案被告认为写入权利要求的使用环境特征应当考虑，且涉案侵权产品存在与权利要求所述使用环境特征不同的使用方式，因而未落入涉案专利保护范围，不构成侵权。

本案最高人民法院再审的观点为：首先，凡是写入权利要求的技术特征，均应理解为专利技术方案不可缺少的必要技术特征，对专利保护范围具有限定作用，在确定专利保护范围时必须加以考虑。其次，使用环境特征对于保护范围的限定程度需要根据个案情况具体确定，一般情况下，使用环境特征应该理解为要求被保护的主题对象可以使用于该种使用环境即可，不要求被保护的主题对象必须用于该种使用环境。但是，如果本领域普通技术人员在阅读专利权利要求书、说明书以及专利审查档案后可以明确而合理地得知被保护对象必须用于该种使用环境，那么该使用环境特征应被理解为要求被保护对象必须使用于该特定环境。

众所周知，判断专利侵权的要点在于被诉侵权产品或技术是否与涉案专利的权利要求相同或等同。因此，如果使用环境特征已写入权利要求，则应当予以考虑，最高人民法院的观点与我国法律规定相吻合。但是对于如何考虑，本案判决观点认为应当"根据个案情况具体确定"，区分"必须使用于"与"可以使用于"该使用环境两种情况，具体区分的依据在于本领域普通技术人员在阅读权利要求书、说明书、专利审查档案后的理解，若本领域普通技术人员理解为"可以使用于"，则只要涉案产品可以适用于涉案专利所描述的使用环境，那么则可认定为侵权；如果本领域普通技术人员理解为"必须使用于"，则只要涉案产品存在与涉案专利所描述的使用环境不同的其他使用环境，则认定不侵权。

　　根据本案的具体情况，本案法官认为涉案专利的使用环境特征对于保护范围具有限定作用，本案专利所保护的自行车后换挡器支架必须用于该使用环境。

　　最高人民法院根据上述认定方式，结合案件的具体情况，在（2014）民提字第40号"青岛太平货柜有限公司与中国国际海运集装箱（集团）股份有限公司等侵害发明专利权纠纷申请再审案"中，最高人民法院认定"本案权利要求仅对运输平台和特定顶角件的使用环境作了限定，该使用环境特征只能解释为可以或者能够用于堆码非标准集装箱"，即认定了"使用环境特征应该理解为要求被保护的主题对象可以使用于该种使用环境即可，不要求被保护的主题对象必须用于该种使用环境"。

　　对于使用环境特征限定范围问题，2016年，出台的《最高人民法院关于审理侵犯专利权纠纷案件应用法律若干问题的解释（二）》第9条规定："被诉侵权技术方案不能适用于权利要求中使用环境特征所限定的使用环境的，人民法院应当认定被诉侵权技术方案未落入专利权的保护范围。"

　　此规定从另一个方面规定了使用环境特征的限定作用，部分人可能会认为该规定是直接认定使用环境特征为"可以使用于"的情况，而排除了"必须使用于"的情况。但是笔者认为，该条款实际上仍然没有具体明确该问题。笔者认为不能将该条款直接理解为"被诉侵权技术方案能适用于权利要求中使用环境特征所限定的使用环境的，人民法院应当认定被诉侵权技术方案落入专利权的保护范围"。对于该条款的具体理解，还需等待后续案例的具体认定。

（二）被诉产品是否必须实际使用该环境特征

　　在专利侵权案件中，若涉案专利权利要求对使用环境特征进行了描述，但被告可能是仅将涉案侵权产品作为零部件销售，不能明确其使用环境特征，此种情况该如何进行侵权判断？

　　从本案中可以反映出，认定被诉侵权技术方案具备了权利要求记载的使用环境特征，不以被诉侵权技术方案实际使用该环境特征为前提。如本案中，被诉侵权产品未被实际安装于具体的使用环境中，原被告通过分析涉案专利的申请材料、分析被诉侵权产品的具体结构、提交行业技术标准、公证其他厂家使用涉案侵权产品的方式、当庭演示等方式进行举证，而法院结合原被告证据、被控侵权产品的具体商业用途等进行判断，为后续此类案件的处理提供了借鉴方案。

（三）无效宣告程序并不必然导致中止审理

司法实践中，往往很多专利、商标诉讼中，被告会启动无效宣告程序，其目的在于从源头解决问题或争取取证时间，但无效宣告并不必然导致中止审理。首先，无效宣告申请必须在答辩期内提出，否则法院除认为有必要情形外，不中止审理。[①] 其次，针对不同专利纠纷，中止审理的规定也不同，本案系侵犯发明专利权纠纷，根据《最高人民法院关于审理专利纠纷案件适用法律问题的若干规定》（以下简称《若干规定》）第11条规定[②]，法院可以不中止诉讼；如为侵犯实用新型、外观设计专利纠纷，根据《若干规定》第9条[③]、11条规定，除五种情形法院可以不中止审理外，法院应当中止诉讼。此外，《侵犯专利权纠纷司法解释（二）》第3条规定了一种特殊情形法院应当中止诉讼：因明显违反《专利法》第26条第3款、第4款导致说明书无法用于解释权利要求，且不属于本解释第4条[④]规定的情形，专利权因此被请求宣告无效的。

---

① 《最高人民法院关于审理专利纠纷案件适用法律问题的若干规定》第10条规定："人民法院受理的侵犯实用新型、外观设计专利权纠纷案件，被告在答辩期间届满后请求宣告该项专利权无效的，人民法院不应当中止诉讼，但经审查认为有必要中止诉讼的除外。"

② 《最高人民法院关于审理专利纠纷案件适用法律问题的若干规定》第11条规定："人民法院受理的侵犯发明专利权纠纷案件或者经专利复审委员会审查维持专利权的侵犯实用新型、外观设计专利权纠纷案件，被告在答辩期间内请求宣告该项专利权无效的，人民法院可以不中止诉讼。"

③ 《最高人民法院关于审理专利纠纷案件适用法律问题的若干规定》第9条规定："人民法院受理的侵犯实用新型、外观设计专利权纠纷案件，被告在答辩期间内请求宣告该项专利权无效的，人民法院应当中止诉讼，但具备下列情形之一的，可以不中止诉讼：

（一）原告出具的检索报告或者专利权评价报告未发现导致实用新型或者外观设计专利权无效的事由的；

（二）被告提供的证据足以证明其使用的技术已经公知的；

（三）被告请求宣告该项专利权无效所提供的证据或者依据的理由明显不充分的；

（四）人民法院认为不应当中止诉讼的其他情形。"

④ 《最高人民法院关于审理侵犯专利权纠纷案件应用法律若干问题的解释（二）》第4条规定："权利要求书、说明书及附图中的语法、文字、标点、图形、符号等存有歧义，但本领域普通技术人员通过阅读权利要求书、说明书及附图可以得出唯一理解的，人民法院应当根据该唯一理解予以认定。"

五、案件启示及建议

　　鉴于本案纠纷主要因使用环境特征争议而展开了长达 9 年的诉讼，且即使依据《侵犯专利权纠纷司法解释（二）》第 9 条的规定，在被诉侵权产品没有用于专利权利要求中的使用环境时，仍需要专利权人证明其可以使用于该环境中，无形中增加了专利权人的维权成本，故建议专利权人在撰写专利权利要求时，如无十分必要，应避免将使用环境特征放入权利要求中。

　　对于本案被诉侵权人而言，建议不要抱侥幸心理，认为只要不使用在权利要求所述的使用环境中，就不会构成侵权，根据本案和现行规定可知，认定侵权不以实际使用在权利要求中使用环境为前提。

第十章

专利侵权案赔偿问题

主要原理：专利侵权案赔偿的实务研究及建议

素材：济南三星灯饰有限公司与江苏宝德照明器材有限公司、伊宁市新合建设工程有限责任公司侵犯外观设计专利权纠纷

一、案情简介

案外人贾亚强是专利号 ZL201030299317.2 "景观灯（J0909）"外观设计专利的专利权人，其于 2011 年取得该专利。

济南三星灯饰有限公司（以下简称济南三星公司）是"景观灯（J0909）"外观专利的独占实施许可人。2012 年，其通过与贾亚强签订专利实施许可合同的方式，以 15 万元对价获得了该专利的独占许可。

2013 年，济南三星公司发现在新疆伊宁市伊犁河大桥景观大道上安装的路灯灯具侵犯了其路灯的涉案外观设计专利权，于是将江苏宝德照明器材有限公司（以下简称江苏宝德公司）、伊宁市新合建设工程有限责任公司（以下简称伊宁新合公司）诉至法院。

一审法院在比对了济南三星公司提交的专利证书中的外观设计图片与被诉侵权产品照片后认为，被诉侵权产品落入涉案外观设计专利的保护范围，伊宁新合公司与江苏宝德公司需承担侵权责任，但因涉案侵权产品为伊宁新合公司从江苏宝德公司处购得，伊宁新合公司能够证明涉案侵权产品的合法来源，故不承担赔偿责任，一审法院最终判决江苏宝德照明器材有限公司赔偿济南三星灯饰有限公司经济损失 50 万元。

江苏宝德公司不服一审判决提起上诉，认为一审法院判决涉案专利有效错误，济南三星公司为专利权人错误，在其能够证明合法来源的情况下判决其承担赔偿责任错误，且一审法院主观认定济南三星公司的损失为 50 万元也没有依据。

但二审法院在审理后维持原判，驳回了江苏宝德公司的上诉。

二、法学原理及分析

（一）被诉侵权产品是否落入外观设计保护范围问题

《中华人民共和国专利法》

第十一条第二款　外观设计专利权被授予后，任何单位或者个人未经专利权人许可，都不得实施其专利，即不得为生产经营目的制造、许诺销售、销售、进口其外观设计专利产品。

本条为侵犯外观设计专利起诉理由的规定，即不得在未经专利权人许可的情况下实施他人享有专利权的专利。

第五十九条第二款 外观设计专利权的保护范围以表示在图片或者照片中的该产品的外观设计为准，简要说明可以用于解释图片或者照片所表示的该产品的外观设计。

《最高人民法院关于审理侵犯专利权纠纷案件应用法律若干问题的解释》

第八条 在与外观设计专利产品相同或者相近种类产品上，采用与授权外观设计相同或者近似的外观设计的，人民法院应当认定被诉侵权设计落入专利法第五十九条第二款规定的外观设计专利权的保护范围。

以上条款规定了在相同或相近种类产品上，被诉侵权设计与授权外观设计在固定于图片或照片中的外观设计相同或近似的，应该判定落入外观设计保护范围。

《最高人民法院关于审理侵犯专利权纠纷案件应用法律若干问题的解释》

第九条 人民法院应当根据外观设计产品的用途，认定产品种类是否相同或者相近。确定产品的用途，可以参考外观设计的简要说明、国际外观设计分类表、产品的功能以及产品销售、实际使用的情况等因素。

第十条 人民法院应当以外观设计专利产品的一般消费者的知识水平和认知能力，判断外观设计是否相同或者近似。

第十一条 人民法院认定外观设计是否相同或者近似时，应当根据授权外观设计、被诉侵权设计的设计特征，以外观设计的整体视觉效果进行综合判断；对于主要由技术功能决定的设计特征以及对整体视觉效果不产生影响的产品的材料、内部结构等特征，应当不予考虑。

下列情形，通常对外观设计的整体视觉效果更具有影响：

（一）产品正常使用时容易被直接观察到的部位相对于其他部位；

（二）授权外观设计区别于现有设计的设计特征相对于授权外观设计的其他设计特征；

被诉侵权设计与授权外观设计在整体视觉效果上无差异的，人民法院应当认定两者相同；在整体视觉效果上无实质性差异的，应当认定两者近似。

以上条款规定了判断外观设计是否相近或相似的比对标准，即以一般消费者的判断能力，通过整体比较与重点比较的方法，判断被诉侵权设计与授权外观设计是否近似。

（二）可以证明合法来源的不承担赔偿责任问题

《中华人民共和国专利法》

第七十条 为生产经营目的使用、许诺销售或者销售不知道是未经专利权人许可而制造并售出的专利侵权产品，能证明该产品合法来源的，不承担赔偿责任。

本条规定了合法来源抗辩的法律依据，即仅在己方实施了使用、许诺销售、销售这三方面行为时，能够提供充分证据证明有合法来源的，可以不承担侵犯外观设计专利的赔偿责任。

（三）侵犯专利权的赔偿数额问题

《中华人民共和国专利法》

第六十五条 侵犯专利权的赔偿数额按照权利人因被侵权所受到的实际损失确定；实际损失难以确定的，可以按照侵权人因侵权所获得的利益确定。权利人的损失或者侵权人获得的利益难以确定的，参照该专利许可使用费的倍数合理确定。赔偿数额还应当包括权利人为制止侵权行为所支付的合理开支。

权利人的损失、侵权人获得的利益和专利许可使用费均难以确定的，人民法院可以根据专利权的类型、侵权行为的性质和情节等因素，确定给予一万元以上一百万元以下的赔偿。

《最高人民法院关于审理侵犯专利权纠纷案件应用法律若干问题的解释》

第十六条 人民法院依据专利法第六十五条第一款的规定确定侵权人因侵权所获得的利益，应当限于侵权人因侵犯专利权行为所获得的利益；因其他权利所产生的利益，应当合理扣除。

侵犯发明、实用新型专利权的产品系另一产品的零部件的，人民法院应当根据该零部件本身的价值及其在实现成品利润中的作用等因素合理确定赔偿数额。

侵犯外观设计专利权的产品为包装物的，人民法院应当按照包装物本身的价值及其在实现被包装产品利润中的作用等因素合理确定赔偿数额。

《最高人民法院关于审理专利纠纷案件适用法律问题的若干规定》

第二十一条 权利人的损失或者侵权人获得的利益难以确定，有专利许可使用费可以参照的，人民法院可以根据专利权的类型、侵权行为的性质和情节、专利许可的性质、范围、时间等因素，参照该专利许可使用费的倍数合理确定赔偿数额；没有专利许可使用费可以参照或者专利许可使用费明显不合理的，人民法院可以根据专利权的类型、侵权行为的性质和情节等因素，依照专利法第六十五条第二款的规定确定赔偿数额。

以上条款为侵犯外观设计专利赔偿的法律依据，即法院以权利人的实际损失、侵权人获得的利益、专利许可使用费的倍数、法院酌定中的一项作为确定赔偿数额的依据。且依据以上法条，在能够确定专利权人实际损失的情况下，并不能以侵权人获得的利益确定赔偿数额，并依此类推。

三、案件介绍

案由

案由：侵犯外观设计专利权纠纷

案号

一审案号：（2014）乌中民三初字第 217 号

二审案号：（2015）新民三终字第 64 号

案件当事人

一审原告、二审被上诉人：济南三星灯饰有限公司

一审被告、二审上诉人：江苏宝德照明器材有限公司

一审被告、二审被上诉人：伊宁市新合建设工程有限责任公司

案件法律文书

新疆维吾尔自治区高级人民法院民事判决书

（2015）新民三终字第 64 号

上诉人（原审被告）：江苏宝德照明器材有限公司

被上诉人（原审原告）：济南三星灯饰有限公司

被上诉人（原审被告）：伊宁市新合建设工程有限责任公司

上诉人江苏宝德照明器材有限公司（以下简称江苏宝德公司）因与被上诉人济南三星灯饰有限公司（以下简称济南三星公司）、伊宁市新合建设工程有

限责任公司（以下简称伊宁新合公司）侵犯外观设计专利权纠纷一案，不服2014年12月16日作出（2014）乌中民三初字第217号民事判决，向本院提起上诉。本院依法组成合议庭，于2015年10月12日公开开庭审理了本案。上诉人江苏宝德公司的委托代理人李××，被上诉人济南三星公司的委托代理人罗××，被上诉人伊宁新合公司的委托代理人崔××到庭参加诉讼。本案现已审理终结。

原审法院经审理查明：贾亚强于2010年9月2日向国家知识产权局申请了名称为"景观灯（J0909）"的外观设计专利，并于2011年4月6日获得授权公告取得专利权，专利号为ZL201030299317.2，该专利至今合法有效。2012年9月12日，贾亚强与济南三星公司签订了专利实施许可合同，将"景观灯（J0909）"的外观专利，授予济南三星公司实施，许可方式为独占实施许可。2013年，济南三星公司发现在新疆伊宁市伊犁河大桥（老桥）南岸东西两侧景观大道上安装的路灯灯具，侵犯了其路灯的涉案外观设计专利权。2014年8月28日，济南三星公司委托代理人与伊犁哈萨克自治州公证处公证人员至上述路段，对安装在上述路段的景观灯外观现状进行了现场拍摄，并制作了（2014）新伊州民证字第3012号公证书。庭审中，原审法院对被诉侵权产品照片与济南三星公司提交的专利证书中的外观设计图片进行了比对。经比对，从主视图的视角看，涉案外观设计整体呈现为花瓶状，上半部分顶灯罩呈瓶口向上伞状打开，灯杆系圆柱体垂直地面，在灯罩与灯杆间有圆形连接物，灯杆、灯罩上均有条形装饰物。而被诉侵权产品外观除在灯杆与灯罩的连接物处有细微差异外，整体视觉效果与涉案专利的设计基本相同，差异细微。2013年8月14日，伊宁新合公司与江苏宝德公司签订《伊犁河南岸景观道路项目景观灯产品购销安装合同》一份，合同约定双方就伊犁河南岸景观道路项目景观灯达成协议，由江苏宝德公司向伊宁新合公司提供景观灯8米的BDJ-005100套，总价250万元。伊宁新合公司认可伊犁河南岸景观道路项目中的景观灯系其安装，但该批景观灯系从江苏宝德公司购进并向江苏宝德公司支付了部分款项，对此江苏宝德公司认可上述事实。

原审法院认为，本案争议焦点为：（1）济南三星公司是否享有涉案外观设计专利的专利权及该专利权是否合法有效；（2）被诉侵权设计是否落入了涉案外观设计专利的保护范围；（3）若侵权事实成立，济南三星公司和伊宁新合公司应否承担本案的侵权责任；（4）济南三星公司所诉经济损失的赔偿依据。第一，济南三星公司是否享有涉案外观设计专利的专利权及该专利权是否合法有效。贾亚强于2010年9月2日向国家知识产权局申请了名称为"景观灯（J0909）"的外观设计专利，并于2011年4月6日获得授权公告取得专利权，专利号为ZL201030299317.2。2012年9月12日，贾亚强与济南三星公司签订了专利实施许可合同，将"景观灯（J0909）"的外观专利，授予济南三星公司实施，许可方式为独占实施许可。济南三星公司按期缴纳了相关费用，该专利至今合法有效。依照相关法律规定，外观设计专利权被授予后，任何单位或者个人未经权利人许可，在其专利权有效期内，都不得实施其专利，即不得为生产经营目的制造、许诺销售、销售、进口其外观设计专利产品。第二，被诉侵权设计是否落入了涉案外观设计专利的保护范围。涉案专利产品与被诉侵权产品属同种类产品。根据我国专利法以及相关司法解释的规定，外观设计专利权的保护范围以表示在图片或者照片中的该外观设计专利产品为准，认定外观设计是否相同或者近似时，应当根据授权外观设计、被诉侵权设计的设计特征，以外观设计的整体视觉效果进行综合判断。经比对，从整体视觉上看，被控侵权产品与涉案专利基本相同，差异细微。根据相关司法解释的规定，在与外观设计专利产品相同或者相近似种类的产品上，采用与授权外观设计相同或者近似的外观设计的，应当认定被诉侵权设计落入了外观设计专利权的保护范围。故被诉侵权产品上所体现的设计特征落入了济南三星公司享有的涉案外观设计专利权的保护范围。第三，伊宁新合公司将涉案被诉侵权灯具已安装完毕，济南三星公司请求其停止使用的诉讼请求，原审法院认为，专利权是一项财产权，在侵权责任方式上应主要采用财产型责任方式，即以救济被侵权人的财产损失为主，被诉侵权灯具已经安装并使用至今，如果拆除，只会造成社会资源的不必要浪费，故原审法院对于济南三星公司要求伊宁新合公司停止使用已安装完毕的侵权灯具的诉讼请求不予支持。依照《中华人民共和国专利法》第70条的规定，为生产经营目的使用、许诺销售或者销售不知道是未经专利权人许可而制造并售出的专利侵权产品，能证明产品合法来源的，不承担赔偿责任。经核实，伊宁新合公司安装在伊犁河大桥（老桥）南岸东西两侧的景观灯系自江苏宝德公司购进，故本案的相应赔偿责任应由江苏宝德公司承担。对于江苏宝德公司辩称其所出售的被诉侵权产品购自新都区浪樱灯具厂的抗辩理由，原审法院认为江苏宝德公司所举证据不足以证明该灯具厂向其出售的产品与本案被诉侵权产品之间具有关联性，故对该抗辩理由不予支持。第四，济南三星公司所诉经济损失的赔偿依据。本案中，由于权利人未就侵权人因侵权所获得的利润提交直接证据予以证实，在综合考虑涉案专利权类型、侵权人的经营规模、侵权行为的范围、期间以及侵权产品的销售价格、产品利润、济南三星公司的合理支出等因素，原审法院酌情确定江苏宝德公司应赔偿的数额。综上，依照《中华人民共和国专利法》第11条第2款、第59条第2款、第65条，《最高人民法院关于审理侵犯专利权纠纷案件应用法律若干问题的解释》第4条、第8条，《最高人民法院关于民事诉讼证据的若干规定》第2条第1款、《中华人民共和国民事诉讼法》第134条第1款之规定，判决如下：（1）江苏宝德照明器材有限公司自本判决生效之日起立即停止侵害济南三星灯饰有限公司享有的专利号为ZL201030299317.2"景观灯（J0909）"的外观设计专利权的行为；（2）江苏宝德照明器材有限公司于本判决生效之日起10日内赔偿原告济南三星灯饰有限公司经济损失50万元；（3）驳回济南三星灯饰有限公司对伊宁市新合建设工程有限责任公司的诉讼请求。

江苏宝德公司不服一审判决上诉称：一审法院认定事实不清，且程序违法。（1）济南三星公司在一审庭审中提供的专利证书复印件、专利实施许可合同复印件及公证书一份，我公司对其真实性不予认可，且济南三星公司未提供专利年费缴费发票以证明所拥有专利合法有效。一审法院就简单认定为有效专利及济南三星公司为该专利权人，这显然违反了《专利法》第44条第1款规定。一审法院认为复印件的证据真实性由法官在庭后认证，可以用于本案，这与《民事诉讼法》第66条规定和《最高人民法院关于民事诉讼证据的若干规定》第47条规定相冲突，无形中剥夺了上诉人宝德公司的质证权利；同时对被上诉人济南三星公司提供的公证书内容提出的质疑，因该公证书中内容无法反映侵权产品数量及侵权产品的来源。（2）被上诉人伊宁新合公司提供产品购销安装合同和付款凭证就能证明产品从上诉人江苏宝德公司购买的，有合法来源，难道上诉人江苏宝德公司提供与第三人新都区浪樱灯具厂签订的工程合同、付款手续和收款收据及运输发票就不能证明其产品有合法来源，为什么在同一个案件中，采取两种不同认定标准。（3）被上诉人伊宁新合公司提供产品购销安装合同只能证明伊宁新合公司与上诉人江苏宝德公司发生业务关系，无法证明被上诉人济南三星公司所诉侵权产品就是上诉人江苏宝德公司销售给被上诉人伊宁新合公司的路灯，况且上诉人江苏宝德公司在庭审中提供江苏宝德公司与新都区浪樱灯具厂签订工程合同和图纸两张、江苏宝德公司付款手续和新都区浪樱灯具厂出具的收款收据、货物运输合同等相关证据足以证明上诉人江苏宝德公司销售给被上诉人伊宁新合公司的路灯产品是从新都区浪樱灯具厂购买的。（4）被上诉人济南三星公司在一审中没有提供任何证据证明被上诉人济南三星公司所遭受的损失，只是被上诉人代理人口头陈述每张灯所获取利润大约7000元，并没有得到上诉人江苏宝德公司认可。而一审法院对上诉人江苏宝德公司在一审中所提出答辩和质证意见并没有采纳，认定事实部分，仅凭主观认定，单方进行选择性认定。一审法官在被上诉人济南三星公司没有提供任何有关损失的证据前提下主观认定损失为50万元没有依据。如果本案侵权成立，本案所涉的专利为外观设计专利，其价值远远没有发明和实用新型专利的实用价值，纵观目前国内各家法院对外观设计专利侵权产品的赔偿数额每件侵权产品赔偿损失约为200元至500元之间不等，而一审法院法官判决如此巨额赔偿数额，让上诉人十分不解。请求二审法院：（1）撤销乌鲁木齐市中级人民法院（2014）乌中民三初第217号民事判决书；（2）发回一审法院重新审理或驳回被上诉人济南三星公司在一审中对上诉人江苏宝德公司的诉讼请求；（3）本案的一审、二审诉讼费用均由被上诉人济南三星公司承担。

济南三星公司答辩称：（1）关于专利权效力的问题，在原审中我公司提交了专利证书、年费缴费凭证复印件及公证书，开庭后我公司又向法院提交了原件，原审法院又通知我公司和伊宁新合公司核实了原件的真实性；（2）关于灯具的数量和销售合同是否履行的问题，上诉人在一审中对销售合同没有否认，我公司也提供了上诉人所销售的灯具进行安装的事实；（3）上诉人与成都新都区浪樱灯具厂的关系与本案无关，从上诉人提供的证据可看出，它们之间合同约定的灯具是运往福建的；（4）关于损失问题，一般灯具市场的规则，三分之一是成本，三分之一是利润，还有三分之一是回扣，我公司认为原审法院判令的赔偿数额其实是低了。综上，我公司认为原审法院认定事实清楚，程序合法，判决准确，请求依法驳回上诉人的上诉请求。

伊宁新合公司答辩称，我公司通过合法的销售渠道购买了涉案产品，能够证明产品的合法来源，不应当承担赔偿责任，原审判决适用法律正确，请求依法予以维持。

二审中，江苏宝德公司提交新证据1份，全国组织机构代码信息核查网页打印件1份，证明成都新都区浪樱灯具厂是真实存在的。济南三星公司质证认为，对真实性、合法性和关联性均不认可。伊宁新合公司对该证据的真实性、合法性及关联性均不认可。因该证据是上诉人自行打印的网页且无其他证据予以佐证，本院对该证据的真实性不予确认。

伊宁新合公司提交新证据 1 份，中国建设银行网上银行电子回单复印件，证明在本案一审开庭之后其公司又给济南三星公司支付了 70 万元。江苏宝德公司质证，该电子回单为复印件，对真实性不予认可。济南三星公司质证，对该证据的真实性认可。因为该电子回单为复印件，本院对其真实性不予确认。

二审中，宝德公司对济南三星公司提交的专利证书及年费缴费凭证原件质证，对真实性予以认可，但是认为不能证明该专利为有效专利，应当提交专利证书的副本。本院对专利证书及年费缴费凭证的真实性予以确认。

二审查明，贾亚强与济南三星公司签订的"专利实施许可合同"第 5 条约定：专利许可使用费为 15 万元。

二审查明的其他事实与一审查明的事实一致，本院予以确认。

本院认为，本案的争议焦点为：（1）本案涉案专利是否为有效专利；（2）江苏宝德公司是否构成合法来源；（3）原审判决江苏宝德公司赔偿济南三星公司 50 万元是否适当。

关于本案涉案专利是否为有效专利的问题。济南三星公司在原审开庭之后提交了涉案专利证书的原件及年费缴费凭证的原件，原审法院电话通知江苏宝德公司的委托代理人到庭质证，江苏宝德公司的委托代理人在规定的时间未到庭质证，原审法院经核对后确认了济南三星公司在开庭时提交的专利证书、年费缴费凭证复印件的真实性，由此确认涉案专利为有效专利不违反法律规定。在二审中，江苏宝德公司认可专利证书及年费缴费凭证的真实性，不认可涉案专利为有效专利，但是未提供证明该专利权已经终止、无效或转让等反驳证据，故本院确认该专利权处于有效状态。由"专利证书"及"专利实施许可合同"可知，涉案专利的专利权人为贾亚强，济南三星公司是经过专利权人许可的独占实施的被许可人，济南三星公司作为专利权的独占实施被许可人在专利权受到侵害的时候作为原告提起侵权之诉不违反法律规定。

关于江苏宝德公司是否构成合法来源的问题。《中华人民共和国专利法》第 70 条规定：为生产经营目的使用、许诺销售或者销售不知道是未经专利权人许可而制造并售出的专利侵权产品，能证明该产品合法来源的，不承担赔偿责任。江苏宝德公司企业法人营业执照载明其经营项目包括生产照明器材、城市及道路照明工程设计及安装等，与本案权利人济南三星公司系同业经营存在竞争关系，其应当具有较强的审查能力，较一般照明器材销售者应有更加审慎的审查义务，但江苏宝德公司未能提供证据证明其已尽到应有的审查注意义务仍"不知道是未经专利权人许可而售出的专利侵权产品"。且江苏宝德公司提供的"工程合同""货物配载服务合同书"、付款凭证及银行转账凭证不能形成完整的证据链条，以证明涉案产品就是从四川新都区浪樱灯具厂购进的。故江苏宝德公司关于其构成合法来源的抗辩不成立，本院不予支持。

关于原审判决江苏宝德公司赔偿济南三星公司50万元是否适当的问题。《中华人民共和国专利法》第65条第2款的规定确定赔偿数额。经查，在专利权人贾亚强与济南三星公司签订的"专利实施许可合同"第5条约定，专利许可使用费为15万元。原审法院虽然未参照专利许可使用费的倍数而是依照《中华人民共和国专利法》第65条第2款的规定酌情确定了江苏宝德公司应赔偿的数额。但根据涉案专利权的类型、江苏宝德公司侵权行为的性质和情节，结合专利许可的性质、范围等因素，参照该专利许可使用费的倍数，本院认为原审法院确定的50万元赔偿数额较合理，本院予以维持。

综上所述，原审判决认定事实清楚，适用法律正确，依法应予维持。上诉人江苏宝德公司的上诉请求无事实和法律依据，本院不予支持。依照《中华人民共和国民事诉讼法》第170条第1款第（2）项、第175条之规定，判决如下：

驳回上诉、维持原判。

一审案件受理费11 800元（济南三星灯饰有限公司已预交），由济南三星灯饰有限公司负担4425元，江苏宝德照明器材有限公司公司负担7375元。

二审案件受理费8800元（江苏宝德照明器材有限公司已预交），由江苏宝德照明器材有限公司负担。

本判决为终审判决。

2015年10月28日

四、案件相关问题解析

（一）合法来源问题

本案中，江苏宝德公司认为在伊宁新合公司提供了合同以及付款凭证的情况下，法院认定伊宁新合公司能够证明合法来源，不承担侵权责任，而在其提供了"工程合同""货物配载服务合同书"、付款凭证及银行转账凭证的情况下法院却不认定其具有合法来源，判令其承担赔偿责任存在错误。

纵观本案，一、二审法院对该问题的观点，起决定性作用的是江苏宝德公司提供的一系列合同发票无法证明其安装在新疆伊宁市伊犁河大桥景观大道的路灯是从第三方处合法购得，而另一个理由是江苏宝德公司作为主营照明灯具的企业应比一般企业具有更强的审查能力，较一般照明器材销售者应有更加审慎的审查义务。

因笔者并未能查看本案中江苏宝德公司提供的合同以及发票，故无法对证据的关联性发表意见，但从济南三星公司的答辩意见中我们可以推理出，江苏宝德公司与第三方合同约定的灯具是运往福建，和安装在新疆的灯具无法相对应。笔者认为，如果江苏宝德公司能够提供更为充分具体的证据，法院并不能单凭江苏宝德公司需要尽到更多的审查义务而不支持其合法来源的抗辩。

（二）法院将赔偿数额确定在 50 万元是否合理

本案一审法院通过法院酌定将赔偿额固定在 50 万元，后二审法院在审理中查明系争专利的许可使用费为 15 万元，并维持了一审法院的判决。从专利的类型来看，系争专利为外观设计专利，从侵权的性质及情节来看，本案中的灯具安装合同总价250 万元，根据济南三星公司提供的证据，侵权范围在新疆伊宁市伊犁河大桥景观大道附近，从以上几方面判断并结合以往的审判案例来看，50 万元的赔偿数额有些偏高。但从另一方面，专利赔偿的限额已经上升至 100 万元，原先小打小闹式的赔偿已经并不适合我国对于知识产权的保护力度，法院的判决在一定程度上对外界发出了警示。

五、案件启示及建议

（一）侵犯专利权的赔偿规则

我国专利法及其司法解释的规定，人民法院确定专利案件赔偿数额时按照以下顺序及规则进行。

1. 被侵权人的实际损失

根据《最高人民法院关于审理专利纠纷案件适用法律问题的若干规定》，实际损失可以由专利权人减少之销售量乘以每件专利产品的合理利润确定。

2. 侵权人所获利益

以侵权人所获利益确定赔偿数额的前提是无法确定被侵权人的实际损失，而所获利益同样可以由侵权产品在市场上销售的总数乘以每件专利产品的合理利润确定。

此处的合理利润又分为营业利润以及销售利润，一般采用营业利润计算，但是针对以侵权为业的专利侵权人，可以按照销售利润计算。

3. 专利许可使用费的倍数

参考专利许可使用费确定侵权赔偿的前提是无法举证证明被侵权人的实际损失以及侵权人所获得的利益，如专利权人在许可他人使用专利权时签订有专利许可使用合同，那么当时确定的专利许可使用费在将来发生专利侵权需要确定专利侵权赔偿时即起到了作用，法院可以依据当时的专利许可使用费，通过综合考量专利权的类型、侵权行为的性质和情节、专利许可的性质、范围、时间等因素确定被诉专利侵权人最终需要以专利许可使用费的几倍来承担赔偿责任。依据修订之前的《最高人民法院关于审理专利纠纷案件适用法律问题的若干规定》，尚有参照专利许可使用费 1～3 倍确定赔偿数额的限制，但在 2015 年 2 月 1 日以后，1～3 倍的规定已经被修订后的合理倍数所取代，从整个立法的倾向来看，专利赔偿的数额有日渐增加之势。

4. 法院酌定

在权利人的损失、侵权人获得的利益和专利许可使用费均难以确定的情况下，法院可以根据专利权类型、侵权行为的性质和情节等因素，在 1 万元至 100 万元之间行使自由裁量。

需要注意的是，赔偿数额还应包括专利权人为制止侵权行为所支付的合理开支，如律师费、公证费、翻译费、差旅费、鉴定费等。并且，无论采取哪种确定方法，赔偿金额都只针对侵权行为本身可能给专利权人带来的影响。侵犯专利权的产品如果属于另一产品的零部件、外包装的，应当根据该零部件或外包装本身的价值、占产品整体重要程度及净利润的比例等因素综合判断来确定合理的赔偿数额。确定侵权人因侵权所获得的利益，应当限于侵权人因侵犯专利权行为所获得的利益；因其他权利所产生的利益，应当合理扣除。

（二）证明被侵权人的实际损失或侵权人所获利益的举证难度

虽然法院酌定是专利侵权案件当中最后的确定侵权赔偿责的方法，但却是在法律实践当中使用最多的。纵观我国专利侵权判例不难发现，我国绝大多数专利侵权案件均是由法院酌定赔偿金额。造成这一现象的原因，一方面在于举证被侵权人的实际损失或侵权人的所获利益存在难度；另一方面在于权利人事前准备不足，缺乏固定证据的意识。

在实践中，常见的举证权利人实际损失的方式是举证其公司整体销售利润较之前年度下降，如在河南活顶尖机械有限公司诉代文峰、邢台恒瑞机械有限公司侵害实用新型专利权纠纷案中，原告举证了"河南活顶尖机械有限公司审计报告"证明自 2011 年至 2012 年 12 月以来，原告河南活顶尖公司在中钢集团邢台机械轧辊有限公司的活顶尖销售数量及销售利润逐渐下降。但是最终判决认定"对于邢台恒瑞公司赔偿数额的确定，庭审过程中，原告虽然提供了由于被告的侵权行为导致其在中钢集团邢台机械轧辊有限公司的销售额逐年下降从而造成其销售利润巨大损失的审计报告，但是由于该审计报告的数据基础系原告河南活顶尖公司自 2006 年以来的年销售数据变化情况，该销售数据涉及多个专利、多种型号的活顶尖产品，同时考虑到销售情况的变化还可能受到市场环境、营销技巧等多重因素的影响，因此该审计报告不能作为认定损害赔偿的直接证据"。后法院酌定赔偿数额为 50 万元。

从该判决中不难看出，举证权利人实际损失的难点在于：（1）经营过程中本身存在商业风险，无法证明利润减少是直接由于侵权人的侵权行为导致；（2）商家通常存在多款产品，难以举证证明损失确实是由于侵权人的行为导致权利人某款产品销量减少而造成。同样，想要证明侵权人所获利益也存在类似难度。因此按照专利许可使用费的倍数以及法院酌定赔偿成为更为常见的赔偿数额确定方法。

（三）侵权行为人的主观态度对赔偿数额的影响

笔者认为，在这几种考虑因素之中，专利权类型尚容易确定，而侵权行为的性质和情节却存在一定的举证难度，比如说如何固定侵权行为所涉及的范围，如何认定侵权行为所持续的时间，以上因素均需要专利权人在诉讼过程中耗费大量的时间调查取证却依旧难以取得。虽然在包括专利在内的知识产权领域中，一般认为侵权行为的归责原则实行无过错或推定过错原则，即只要存在侵害事实，无需考虑行为人的主观过错即可认定构成侵权。《专利法》在侵权行为构成方面，已经放弃了过错责任之一要件，而是主观无过错。[①] 但笔者认为，侵权人的主观态度仍能在一定程度上增加赔偿数额，正如最高人民法院规定的以侵权人所获利益计算赔偿数额时，若侵权人以侵权为业，按照销售利润计算赔偿数额。虽然全面赔偿原则并不具惩罚性质，但是，如被法院判令停止侵权后侵权人再次实施侵权行为的赔偿数额是否需要增加呢？笔者发现，不少在专利纠纷案件中达成和解的企业同时在协议中约定了专利权人如发现侵权人再次侵犯专利权人权益的可以获得一笔额外的赔偿金，这种做法既没有突破全面赔偿原则又带有一定的惩罚性质，有一定借鉴意义。

（四）建议

（1）建议专利权人对不同产品分别标注价格、分别记账并进行审计。为避免在诉讼过程中无法证明某一特定产品的销量、利润减少数额等，建议企业在日常销售过程中就对不同产品采取分别记账、统计，具体为在销售合同中即明确标明各类产品的名称、型号、单价、销售数量，并分别开具发票、分别记账，必要时每年年终进行审计。

（2）建议专利权人时刻关注行业动向，定期对客户进行回访，必要时从第三方处进行取证。想要直接从侵权人处拿到其销售盈利的证据存在较大难度，建议权利人在得知侵权人侵权事实后，对下游客户进行访问，收集侵权人销售的相关证据，包括但不限于销售量、销售范围、影响力等，而后再提起诉讼。

（3）如前所述，侵权人的主观恶意程度通常会对赔偿数额产生影响，因此若侵权人能够尽早停止侵权行为，则可以在一定程度上减轻赔偿数额，因此建议侵权人尽早停止侵权行为以减轻赔偿数额。

---

① 徐晔岐："论专利侵权行为"，载光明网 http://court.gmw.cn/html/article/201303/05/121555.shtml，最后访问时间：2016年3月21日。

（4）侵犯专利权纠纷的被告如果其行为确实构成侵权，但被告依然想要继续使用该专利，可以与权利人签订专利权许可协议或专利权转让协议，双方友好协商解决侵权问题。

第十一章

专利权许可合同纠纷及
专利权许可、转让注意事项

主要原理：常见专利许可、转让合同纠纷及专利权许可、转让合同必备条款等注意事项

素材：上海多环油烟净化设备有限公司与广东万和新电气股份有限公司实用新型专利实施许可合同纠纷案

一、案情简介

2010 年 11 月 10 日，第三人何维斌与广东万和新电气股份有限公司（以下简称万和新公司）签订"专利普通实施许可协议"，将何维斌享有的"侧吸式单电机双风轮吸排油烟净化机"等 5 项实用新型专利权以普通实施许可方式许可给被告使用，同时约定了许可期限、费用及支付方式。2010 年 12 月，第三人何维斌将该 5 项专利转让给原告上海多环油烟净化设备有限公司（以下简称多环公司）并将"专利普通实施许可协议"中授权许可方的权利义务概况转让给原告多环公司。而该 5 项专利中有一项编号为 ZL200420090383.8 的实用新型专利由于未缴费已于 2009 年 9 月 23 日被终止。在专利许可过程中，被告万和新公司未按合同约定向原告多环公司支付 2011 年第一季度与第二季度的专利许可费 50 万元，原告因此起诉被告万和新公司。

庭审过程中，被告万和新公司辩称：作为合同继承者的原告，明知该专利已过期却没及时告知被告的行为是对被告的欺诈；原告在合同履行期间导致专利权被终止，是原告违约在先；5 项专利作为一整体，一项被终止，其余的 4 项价值也失去了，故被告不再支付许可使用费。

本案的焦点在原告多环公司未能保证许可专利的有效性，在 5 项许可专利中有 1 项被终止，构成了违约。而原告违约行为能否成为被告万和新公司不履行合同义务的理由。法院对此进行了解答，对专利普通许可纠纷具有借鉴意义。

二、法学原理及分析

（一）债权转让问题所涉及法条

《中华人民共和国合同法》

第七十九条　债权人可以将合同的权利全部或者部分转让给第三人，但有下列情形之一的除外：

（一）根据合同性质不得转让；

（二）按照当事人约定不得转让；

（三）依照法律规定不得转让。

第八十条 债权人转让权利的，应当通知债务人。未经通知，该转让对债务人不发生效力。

债权人转让权利的通知不得撤销，但经受让人同意的除外。

该两个法条规定了债权人可以将债权转让给第三人，但在通知债务人后才发生效力。需要注意的是，如果当事人约定、法律规定或者根据合同性质不得转让的也不能转让，例如只与特定人群签订的经济适用房的买卖合同不能将其权利义务进行转让。而债务人转让债务却不只是通知那么简单了，根据《中华人民共和国合同法》第 84 条，债务人将合同的义务全部或者部分转移给第三人的，应当经债权人同意。总结下来就是：债权转移要通知；债务转移须同意。

（二）专利实施许可合同当事人的义务所涉及法条

《最高人民法院关于审理技术合同纠纷案件适用法律若干问题的解释》

第二十六条 专利实施许可合同让与人负有在合同有效期内维持专利权有效的义务，包括依法缴纳专利年费和积极应对他人提出宣告专利权无效的请求，但当事人另有约定的除外。

上述法条规定了专利许可的转让人不仅在专利转让时需要保证专利权是有效的，还要保证在专利实施许可合同有效期内一直维持专利权是有效的。

（三）"专利实施许可合同"一方未付许可费合同构成违约涉及法条

《中华人民共和国合同法》

第六十条 当事人应当按照约定全面履行自己的义务。

第九十四条 有下列情形之一的，当事人可以解除合同：

（一）因不可抗力致使不能实现合同目的；

（二）在履行期限届满之前，当事人一方明确表示或者以自己的行为表明不履行主要债务；

（三）当事人一方迟延履行主要债务，经催告后在合理期限内仍未履行；

（四）当事人一方迟延履行债务或者有其他违约行为致使不能实现合同目的；

（五）法律规定的其他情形。

第一百零七条　当事人一方不履行合同义务或者履行合同义务不符合约定的，应当承担继续履行、采取补救措施或者赔偿损失等违约责任。

第一百零九条　当事人一方未支付价款或者报酬的，对方可以要求其支付价款或者报酬。

第一百二十条　当事人双方都违反合同的，应当各自承担相应的责任。

上述法条规定了合同双方当事人都应当履行自己的义务，如一方非根本性违约，则合同仍然成立。另一方不能因一方的非根本性违约，而私自不履行自己的义务，因为此时合同仍然有效，如果不履行义务也属于违反合同约定，应当各自承担相应的责任。

三、案件介绍

案由
案由：侵害实用新型专利权纠纷

案号
一审案号：（2011）沪二中民五（知）初字第 81 号

案件当事人
一审原告：上海多环油烟净化设备有限公司

一审被告：广东万和新电气股份有限公司

一审第三人：何维斌

案件法律文书

上海市第二中级人民法院民事判决书

（2011）沪二中民五（知）初字第 81 号

原告：上海多环油烟净化设备有限公司

被告：广东万和新电气股份有限公司

第三人：何维斌

原告上海多环油烟净化设备有限公司（以下简称多环公司）诉被告广东万和新电气股份有限公司（以下简称万和新公司）实用新型专利实施许可合同纠纷一案，本院于 2011 年 6 月 15 日受理后，依法组成合议庭，于 2011 年 10

月 17 日公开开庭进行审理，原告的委托代理人田××和被告的委托代理人郝
××到庭参加诉讼。2011 年 10 月 27 日，本院依法追加第三人何维斌参加诉讼。
2011 年 11 月 7 日，本院第二次公开开庭进行审理，原告及第三人的共同委托
代理人田××、被告的委托代理人郝××和第三人何维斌到庭参加诉讼。本案
现已审理终结。

原告多环公司诉称：2010 年 11 月 10 日，第三人何维斌（甲方）与被告万和
新公司（乙方）签订"专利普通实施许可协议"，将何维斌享有的"侧吸式单电机
双风轮吸排油烟净化机"等 5 项实用新型专利权以普通实施方式许可给被告万和新
公司实施，约定 2010 年的专利许可费为人民币（以下币种均为人民币）30 万元，
被告已依约支付完毕。另约定 2011 年的专利许可费合计为 100 万元，支付方式为
每个季度支付 25 万元。2010 年 12 月，何维斌将其在"专利普通实施许可协议"中
甲方的权利义务转让给原告多环公司享有。嗣后，经原告多次催讨，被告仍未支付
2011 年上半年两个季度的专利许可费。请求判令被告：（1）向原告支付 2011 年
第一季度和第二季度的 5 项实用新型专利许可费合计 50 万元；（2）支付原告迟延
履行违约金 15 万元。

被告万和新公司辩称：第一，根据"专利普通实施许可协议"约定，甲方授权
被告实施 5 项实用新型专利的期限为该 5 项专利的剩余有效期，甲方应当确保该 5
项专利在剩余的保护期内维持专利权有效。2010 年 12 月 10 日，被告发现"专利
普通实施许可协议"附件所列的第一项核心专利即第 ZL200420090383.8 号实用新型
专利权，由于未缴纳专利年费已于 2009 年 9 月 23 日被终止。被告认为何维斌在签
订"专利普通实施许可协议"时明知第 ZL200420090383.8 号实用新型专利权终止的
事实，但故意对被告隐瞒。2010 年 11 月 30 日，原告在办理 5 项专利权转让手续
时也应当知道第 ZL200420090383.8 号实用新型专利权已经终止，但其仍没有及时通
知被告。因此，原告构成对被告的欺诈。第二，依照"专利普通实施许可协议"约
定，原告有维持 5 项专利权有效的义务。原告在合同履行期间导致专利权被终止，
构成违约。因原告违约在先，因此被告没有继续履行合同的义务，也没有支付违约
金的义务。第三，"专利普通实施许可协议"将 5 项专利作为一个整体许可被告实施，
鉴于其中第一项专利即第 ZL200420090383.8 号实用新型专利是核心专利，因该项专
利权终止，导致其余 4 项专利对于被告均无实施价值。因此，第 ZL200420090383.8
号专利权终止后，被告不应再向原告支付专利许可使用费。综上，请求驳回原告的

全部诉讼请求。

第三人何维斌述称：2010年11月30日，第三人将"专利普通实施许可协议"中甲方的权利义务概括转让给原告。第三人于2011年7月才知悉"专利普通实施许可协议"附件中的第一项专利权即第ZL200420090383.8号实用新型专利权已被终止。第三人不同意被告关于原告违约在先的抗辩意见，也不同意被告关于第一项专利即第ZL200420090383.8号实用新型专利是5项专利中的核心专利的主张，因为"专利普通实施许可协议"附件中所列的5项专利是按照专利申请日和授权日的时间先后顺序排列的，并不存在所谓的核心专利。综上，第三人同意原告起诉的请求和理由。

经审理查明：

2010年11月10日，何维斌（甲方）与被告万和新公司（乙方）签订"专利普通实施许可协议"一份，约定的内容包括：（1）甲方将其享有的"侧吸式单电机双风轮吸排油烟净化机"等5项专利权（详见附件一）以普通实施许可方式许可乙方实施，授权使用期限为所涉专利的专利权剩余有效期……。（5）专利许可使用费的计算与支付：乙方向甲方一次性支付第一年5项专利许可费合计39万元；第二年即2011年5项专利许可费合计100万元，分4个季度支付，每季度末以前支付25万元，以转账方式汇入专利权人指定账号……。（6）双方承诺严格履行协议，甲方如有违反，同意支付乙方违约金为当年专利许可费的15%；乙方如有违反，同意支付甲方违约金为当年专利许可费的15%……。（9）甲方仅可以将本协议附件所述5项专利权转让给原告多环公司，原告多环公司受让后即为本协议的甲方，承担甲方在本协议中的权利义务。

"专利普通实施许可协议"附件一"许可专利明细"记载的5项实用新型专利的发明名称、专利号、申请日和授权日分别为：（1）一种鼓风式双风道油烟净化机、ZL200420090383.8、2004年9月23日、2005年10月12日；（2）一种侧吸式双风道油烟净化机、ZL200520046567.9、2005年11月16日、2006年10月18日；（3）侧吸式单电机双风轮吸排油烟净化机、ZL200620038722.7、2006年1月5日、2007年4月4日；（4）一种用于酒店餐饮业及家庭厨房的卫生、防火型油烟净化机、ZL200620046835.1、2006年10月16日、2007年11月7日；（5）一种网罩式双层结构的抽油烟机油烟分离器、ZL200820157307.2、2008年12月18日、2010年3月10日。

2010年11月12日，被告万和新公司通过原告多环公司的账户向何维斌支付2010年度5项专利许可费39万元。

2010年12月，经国家知识产权局核准，"专利普通实施许可协议"附件一"许可专利明细"记载的5项实用新型专利中除第ZL200420090383.8号专利外的另4项实用新型专利的专利权人由何维斌变更为原告多环公司。

2011年5月10日和同年5月19日，原告多环公司先后两次以书面形式向被告万和新公司催讨所涉5项实用新型专利在2011年第一季度的许可费25万元，并向被告万和新公司提供了原告多环公司的银行账号。

2011年9月16日，国家知识产权局出具的第733546号"专利登记簿副本"记载：名称为"一种鼓风式双风道油烟净化机"，专利号为ZL200420090383.8实用新型专利，申请日为2004年9月23日，授权日为2005年10月12日，专利权人为何维斌。法律状态：截至办理本专利登记簿副本之日，该专利权已终止。年费缴纳至2009年9月22日。专利权终止的原因：未按照期限缴纳或缴足年费和滞纳金。专利权终止日期：2009年9月23日。

2011年9月28日，广东省广州市广州公证处出具的（2011）粤穗广证内经字第114068号公证书记载：2011年9月22日，被告万和新公司的委托代理人宋××在公证人员的监督下，在该公证处操作计算机上网，进行证据保全。在国家知识产权局网站上打印网页获知：国家知识产权局于2010年12月1日公告第ZL200420090383.8号专利因未缴年费，专利权于2009年9月23日终止。

被告万和新公司的工商登记信息记载：该公司设立于2003年12月29日，所属行业为家用电力器具制造，注册资本人民币2亿元。经营范围包括生产、销售燃气热水器、燃气采暖热水炉、电热水器、燃气灶具、消毒柜、电磁炉、电饭煲、电炒锅、抽油烟机、电开水柜、电开水瓶、空气清新器、脉冲变压器、冰箱除臭器、桑拿浴箱、燃气空调、燃气用具、燃气烤炉、太阳能热水器、太阳能集热器及上述产品的安装、维修和配件销售；经营货物进出口、技术进出口业务（法律、行政法规禁止的项目除外；法律、行政法规限制的项目须取得许可后方可经营）。

另查明，第三人何维斌系原告多环公司的法定代表人。

以上事实，由原告多环公司提交的"专利普通实施许可协议"、银行转账电子回单、国家知识产权局"手续合格通知书""专利许可催款通知书"、被告万和新公司的工商登记信息、被告万和新公司提交的第 ZL200420090383.8 号专利的"专利登记簿副本"、（2011）粤穗广证内经字第 114068 号公证书、当事人陈述和本院审理笔录等佐证，本院予以确认。

本院认为：（1）关于原告多环公司的第一项诉讼请求，即原告多环公司要求被告万和新公司支付 5 项涉案专利在 2011 年前两个季度的许可使用费合计 50 万元的请求。首先，我国《合同法》第 79 条规定，债权人可以将合同的权利全部或者部分转让给第三人。本案中，何维斌已将"专利普通实施许可协议"中甲方的权利义务概括转让给原告多环公司，因此，原告多环公司依法可以向被告万和新公司主张相关的权利。其次，我国《合同法》第 60 条第 1 款规定，当事人应当按照合同约定全面履行自己的义务。本案中，"专利普通实施许可协议"约定，何维斌许可被告万和新公司实施 5 项实用新型专利权，被告万和新公司依约应在 2011 年度每个季度支付许可使用费合计 25 万元。但是，"专利普通实施许可协议"在实际履行过程中，鉴于其中的第 ZL200420090383.8 号专利权已被终止，被告万和新公司未能依约实施该项专利权，原告多环公司也未能实际从何维斌处受让第 ZL200420090383.8 号专利权。因此，原告多环公司向被告万和新公司主张第 ZL200420090383.8 号专利权的许可使用费于法无据，本院不予支持。但是，原告多环公司向被告万和新公司主张其余 4 项专利在 2011 年前两个季度的许可使用费于法有据，本院予以支持。被告万和新公司关于第 ZL200420090383.8 号专利系涉案 5 项专利中的核心专利的主张依据不足，本院不予采信。被告万和新公司关于因第 ZL200420090383.8 号专利权被终止，因此其可以不支付其余 4 项专利权的许可使用费的抗辩主张于法无据，本院不予支持。最后，关于被告万和新公司应当向原告多环公司支付的专利许可使用费金额的计算问题。虽然"专利普通实施许可协议"对涉案 5 项专利中每项专利的具体许可使用费并无明确约定，但鉴于该 5 项专利均系同一技术领域的实用新型专利，在各方当事人均未能举证充分证明涉案 5 项专利具有明显不同价值的情况下，本院综合本案实际情况，酌情平均计算该 5 项专利在 2011 年的使用费，即每项专利在 2011 年的许可使用费各为 20 万元。据此，被告万和新公司应向原告多环公司支付涉案 4 项有效专利在 2011 年前两个季度的许可使用费合计 40 万元。

（2）关于原告多环公司的第二项诉讼请求，即原告多环公司关于要求被告万和新公司支付违约金 15 万元的请求。首先,《最高人民法院关于审理技术合同纠纷案件适用法律若干问题的解释》第 26 规定,专利实施许可合同让与人负有在合同有效期内维持专利权有效的义务,包括依法缴纳专利年费和积极应对他人提出宣告专利权无效的请求,但当事人另有约定的除外。本案中,鉴于"专利普通实施许可协议"签订时及合同签订后,作为合同甲方的何维斌或原告多环公司未能维持第 ZL200420090383.8 号专利权有效,导致被告万和新公司事实上未能依约取得第 ZL200420090383.8 号专利的实施权。对此,作为"专利普通实施许可协议"甲方的何维斌或者原告多环公司负有相应的过错责任。因此,被告万和新公司关于原告多环公司违约在先的抗辩意见理由成立,本院予以采纳。其次,我国《合同法》第 120 条规定,当事人双方都违反合同的,应当各自承担相应的责任。本案中,鉴于作为合同甲方的原告多环公司违约在先,在双方对"专利普通实施许可协议"实际履行情况发生争议的情况下,且当事人对于其中 4 项有效专利的具体许可使用费金额在合同中并未明确约定,争议发生后也未能协商一致,导致被告万和新公司未能及时支付其余 4 项专利许可使用费。因此,本院对原告多环公司要求被告万和新公司支付迟延履行违约金 15 万元的诉讼请求不予支持。

综上,依照《中华人民共和国合同法》第 60 条第 1 款、第 79 条、第 109 条、第 120 条和《最高人民法院关于审理技术合同纠纷案件适用法律若干问题的解释》第 26 条之规定,判决如下:

(1)被告广东万和新电气股份有限公司在本判决生效之日起 10 日内向原告上海多环油烟净化设备有限公司支付第 ZL200520046567.9 号、第 ZL200620038722.7 号、第 ZL200620046835.1 号和第 ZL200820157307.2 号共 4 项实用新型专利权在 2011 年第一季度及第二季度的普通实施许可使用费合计人民币 40 万元;

(2)对原告上海多环油烟净化设备有限公司的其余诉讼请求不予支持。

如果被告广东万和新电气股份有限公司未按判决指定的期间履行给付金钱义务,应当依照《中华人民共和国民事诉讼法》第 229 条之规定,加倍支付迟延履行期间的债务利息。

本案案件受理费人民币 10 300 元,由原告上海多环油烟净化设备有限公司负担人民币 3962 元,被告广东万和新电气股份有限公司负担人民币 6338 元。

如不服本判决,可在判决书送达之日起 15 日内,向本院递交上诉状,并按照对方当事人的人数提出副本，上诉于上海市高级人民法院。

2011 年 12 月 12 日

四、案件相关问题解析

（一）关于债权转移的问题

在本案中，原告多环公司起诉被告万和新公司后，进行了第一次开庭审理，不久法院就依法[①]追加第三人何维斌参加诉讼。第三人何维斌与被告万和新公司签订的"专利普通实施许可协议"，将涉案的 5 个专利许可给被告使用。后何维斌与原告多环公司签订专利权转让合同，将涉案的 5 个专利转让给原告多环公司，同时将与被告万和新的许可合同中许可人的权利义务转让给了原告多环公司。但其中一项专利已被宣告无效，所以该无效专利并未因专利权转让合同而转让给被告。故原告多环公司与被告万和新公司之间的诉讼会直接影响到第三人何维斌的利益，因此法院依职权追加了何维斌作为本案的"无独立请求权第三人"。

根据合同的相对性，"专利普通实施许可协议"最初的主体是第三人何维新及被告万和新公司，原告多环公司并不能向被告万和新公司索要该合同项下的专利许可费。但本案出现了一个债权的转移，根据《合同法》第 79 条，第三人何维斌将"专利普通实施许可协议"下，收取被告万和新公司的专利实施许可使用费的权利转移给了原告多环公司，在何维斌根据《合同法》第 80 条将该转让通知被告万和新公司后，债权的转让发生效力。因此原告多环公司才有法律依据向被告万和新公司索要专利许可费。

在类似专利许可协议转让中，我们需要注意的是，作为原债权人一定要保留将债权转让给第三人的通知发给债务人以及债务人确认收到该通知的证据。否则，债务人有权认为原债权人的转让债权行为对债务人不发生效力。

---

①《中华人民共和国民事诉讼法》第 56 条第 2 款规定，对当事人双方的诉讼标的，第三人虽然没有独立请求权，但案件处理结果同他有法律上的利害关系的，可以申请参加诉讼，或者由人民法院通知他参加诉讼。人民法院判决承担民事责任的第三人，有当事人的诉讼权利义务。

（二）专利实施许可合同转让时专利让与人的义务问题

在本案中由于第三人何维斌未能及时缴费，致使"专利普通实施许可协议"中约定转让的 5 项专利中，有 1 项专利在签订该协议之前就被终止，而当第三人何维斌将该协议项下的债权转让给原告多环公司后，多环公司作为该协议的继受人也没及时将该已终止专利进行恢复。根据《最高人民法院关于审理技术合同纠纷案件适用法律若干问题的解释》第 26 条规定，无论是何维斌还是多环公司，在其作为专利许可授权方时，都有义务缴纳专利年费并积极应对他人提出宣告专利权无效的请求，来保证专利权的有效性。这就是专利实施许可合同中专利让与人的基本义务。由于多环公司没有履行该义务，虽然没有造成根本性违约，但多环公司的部分违约仍然造成了在先违约，使得在主张被告违约金的时候，法院没有支持多环公司的诉讼请求。

结合现实，在专利实施许可合同中，除将专利许可他人使用，收取专利许可费外，当事人还需注意如下内容：

根据《合同法》第 344 条①，在订立专利实施许可合同的时候，专利许可授权方一定要确保该专利是有效的，即确保授权专利在授权期内有效且该专利没有被宣告无效。同时根据《合同法》第 345 条②，在专利实施许可合同签订后，除了保证该专利是有效的之外，专利许可授权人还有义务对专利被许可人交付实施专利有关的技术资料，并提供必要的技术指导，使被许可人能够真正实施该专利。

如果专利实施许可合同许可授权人在该合同有效期内未按时缴费或因授权人的原因被宣告无效，根据《最高人民法院关于印发全国法院知识产权审判工作会议关

---

① 《中华人民共和国合同法》第 344 条规定，专利实施许可合同只在该专利权的存续期间内有效。专利权有效期限届满或者专利权被宣布无效的，专利权人不得就该专利与他人订立专利实施许可合同。

② 《中华人民共和国合同法》第 345 条规定，专利实施许可合同的让与人应当按照约定许可受让人实施专利，交付实施专利有关的技术资料，提供必要的技术指导。

于审理技术合同纠纷案件若干问题的纪要的通知》6.1 条[①]的规定，被许可人可以《合同法》第 94 条第（4）项，当事人一方迟延履行债务或者有其他违约行为致使不能实现合同目的为由，解除合同。因此，作为专利许可授权人，一定要保证授权专利在合同有效期内有效，否则不但会有被解除合同的风险，同时还要承担相应的违约责任。

专利普通实施许可协议当事人除上述所述的许可人应尽义务外，根据《专利法实施细则》第 14 条第 2 款[②]，在订立的"专利普通实施许可协议"生效后，3 个月内向国务院专利行政部门即专利局进行备案。

综上，"专利普通实施许可协议"的授权许可方，在进行授权许可时：

（1）具有保证授权许可专利至少在合同期内有效的责任，包括按时缴费、积极应对他人提出的宣告专利权无效请求等；

（2）具有让被许可人合理实施许可专利的义务，包括向被许可人交付实施专利有关的技术资料，并提供必要的技术指导等；

（3）在"专利普通实施许可协议"生效后，3 个月内向国务院专利行政部门备案。

五、案件启示及建议

（一）专利实施许可合同违约情况下的当事人的决策与启示

本案争议的焦点之一是在明确原告多环公司未履行合同义务，保证 5 项许可专利的有效性时，被告万和新公司能否依据原告在先违约的事实而不履行自己的合同义务。

---

①《最高人民法院关于印发全国法院知识产权审判工作会议关于审理技术合同纠纷案件若干问题的纪要的通知》第 6.1 条规定：专利实施许可合同让与人应当在合同有效期内维持专利权有效，但当事人另有约定的除外。

在合同有效期内，由于让与人的原因导致专利权被终止的，受让人可以依据《合同法》第 94 条第（4）项的规定解除合同，让与人应当承担违约责任；专利权被宣告无效的，合同终止履行，并依据专利法的有关规定处理。

②《中华人民共和国专利法实施细则》第 14 条第 2 款规定：专利权人与他人订立的专利实施许可合同，应当自合同生效之日起三个月内向国务院专利行政部门备案。

首先，在合同仍然有效时，我国《合同法》第 66 条到第 68 条规定了三大合同履行抗辩权：同时履行抗辩权①、先履行抗辩权②以及不安抗辩权。③在本案中，由于原告多环公司没有不安履行抗辩权所述的情况，同时涉案的"专利普通实施许可协议"没有明显的先后履行顺序，所以被告不能用不安抗辩及先履行抗辩来拒绝履行自己的合同义务。根据同时履行抗辩权，当事人互负债务，没有先后履行顺序的，应当同时履行，乙方在对方履行债务不符合约定时，有权拒绝其相应的履行要求。结合本案，合同标的中 5 项许可专利中的一项专利在合同有效期间失效，根据同时履行抗辩权，被告万和新公司有权拒绝支付这一项失效专利的许可费用，但不能拒绝支付其他 4 项有效的专利许可费。

其次，根据《合同法》第 91 条④第 (2) 项的规定，合同解除，合同权利义务终止。而合同的解除又分为法定解除和约定解除，约定解除即双方协商一致解除合同或在合同中约定解除合同的条件，在条件达成时合同解除。而法定解除需满足《合同法》第 94 条 5 种情形之一的，可以解除合同。其中第 (2)、(3)、(4) 项的规定，可以归纳为违约所造成的结果严重，使合同目的落空或不可期待，即根本违约。也就是说，只有在一方根本性违约时才能够解除合同。而非根本性违约，根据《合同法》第 107 条，只能主张对应的损失赔偿。结合本案，"专利普通实施许可协议"许可了 5 项专利，而其中只有 1 项专利失去有效性，而另外 4 项都符合合同约定的条件。如果将该合同作为一个整体，每个专利都是相对独立的或是关联性不大，则只能作

---

①《中华人民共和国合同法》第 66 条规定，当事人互负债务，没有先后履行顺序的，应当同时履行。一方在对方履行之前有权拒绝其履行要求。一方在对方履行债务不符合约定时，有权拒绝其相应的履行要求。

②《中华人民共和国合同法》第 67 条规定，当事人互负债务，有先后履行顺序，先履行一方未履行的，后履行一方有权拒绝其履行要求。先履行一方履行债务不符合约定的，后履行一方有权拒绝其相应的履行要求。

③《中华人民共和国合同法》第 68 条规定，应当先履行债务的当事人，有确切证据证明对方有下列情形之一的，可以中止履行：（一）经营状况严重恶化；（二）转移财产、抽逃资金，以逃避债务；（三）丧失商业信誉；（四）有丧失或者可能丧失履行债务能力的其他情形。当事人没有确切证据中止履行的，应当承担违约责任。

④《中华人民共和国合同法》第 91 条规定，下列情形之一的，合同的权利义务终止：（一）债务已经按照约定履行；（二）合同解除；（三）债务相互抵销；（四）债务人依法将标的物提存；（五）债权人免除债务；（六）债权债务同归于一人；（七）法律规定或者当事人约定终止的其他情形。

为非根本性违约。在庭审过程中,被告答辩称该项失效专利与其他4项专利密不可分,但并未能提交相关证据来证明。所以该合同在原告非根本性违约的情况下还是有效的。

最后,根据《合同法》第60条,在合同仍然有效的情况下,被告仍具有履行合同项下被许可人支付许可费的义务。而原告也有权要求被告履行合同义务,支付专利许可费。而在法院判定是否支持原告主张,让被告支付违约金时,引用了《合同法》第120条,当事人双方都违反合同的,应当各自承担相应的责任。即原告在先违约的情况下,也需为其违约行为承担责任。从最终的诉讼结果来看,原告要回了4项有效专利的许可费40万元,但未取得被告违约而需支付的15万违约金。

本案例对于在实施普通许可涉及违约的情况时具有启示意义。首先,在发现一方有违约情形时,守约方可以结合《合同法》第94条,先判断该违约行为是根本性违约还是非根本性违约。如是根本性违约,那守约方可主张解除合同或是提出抗辩并不履行自身合同义务;如是非根本性违约,守约方不得无故停止履行合同义务,因为此时合同仍然有效,守约方不履行义务的行为将导致守约方违约而承担相应的违约责任。其次,守约方在保持守约地位时,可以主张违约方的违约责任,如继续履行、恢复原状等,在对方确不能履行的情况下,还可主张同时履行抗辩权、先履行抗辩权或不安抗辩权,主张拒绝履行自身合同义务。

在专利普通实施许可纠纷中,许多情况下都是将多项专利一同许可给他人使用的,在这种情况下,当事人要注意所有授权许可专利的效力,如为关联性专利,建议在合同中写明,或双方出具声明,一揽子专利需全部有效,一项无效则一揽子专利的价值都归于零。

(二)专利实施许可合同必备条款

为避免专利实施许可合同的纠纷,需要严格审核专利实施许可合同。国家知识产权局官网公布了专利实施许可合同的模板及签订指南,该模板基本结构为:第一条 名词和术语(定义条款);第二条 专利许可的方式与范围;第三条 专利的技术内容;第四条 技术资料的交付;第五条 使用费及支付方式;第六条 验收的标准与方法;第七条 对技术秘密的保密事项;第八条 技术服务与培训(本条可签订从合同）；第九条　后续改进的提供与分享；第十条　违约及索赔；第十一条　侵权的处理；第十二条　专利权被撤销和被宣告无效的处理；第十三条　不可抗力；第十四条　税费；第十五条　争议的解决方法；第十六条　合同的生效、变更与终止；第十七条　其他。

国家知识产权局公布的该专利实施许可合同（试用）模板基本涵盖了专利实施许可法律关系中可能涉及的双方大部分的权利义务及其他相关问题，对专利实施许可合同当事人在签订过程中具有指导性作用，在签署专利实施许可合同时，当事人可以以该模板为基础来签署合同。

笔者在此需要补充的是，根据《专利法实施细则》第14条，专利权人在专利实施许可合同生效后3个月应当向专利局进行备案。需要注意的是，这里的备案与商标实施许可合同中的备案效力不一样，我国对专利许可合同未备案的并没有规定相关的处罚或是权利限制，未备案的专利实施许可合同符合合同约定生效条件仍为生效合同。但根据《专利法实施细则》第14条的表述，笔者还是建议专利权利人对该合同进行备案，一方面这是法律明文规定的；另一方面如果出现纠纷，备案证明文件可以有效证明许可人与被许可人之间的许可关系。

此外，根据《最高人民法院关于审理技术合同纠纷案件适用法律若干问题的解释》第25条，专利实施许可分为"独占实施许可""排他实施许可"以及"普通实施许可"，专利实施许可合同当事人在合同中须明确约定许可类型，如约定不明确或没有约定的就视为普通实施许可；如约定被许可人可以再许可的，再许可合同为普通实施许可。合同当事人也可以增加再许可条款，来确定被许可人是否有再许可权，或是被许可人再许可他人使用须经原许可人同意等条款。

（三）专利转让合同必备条款

本案由于转让人何维斌是受让人万和新公司公司法定代表人，故而对专利转让并没有太多的规定。而在实务中，专利转让人与受让人无关联关系的情况下，规范专利转让合同的必备条款可以有效避免合同当事人的风险。笔者在此分析归纳了专利转让合同必备条款如下。

1. 标的确认条款

标的即转让的专利，其中需要明确专利的名称、专利的申请日、公开日、申请号、专利号以及专利的有效期限。

2. 资料交付条款

转让方向受让方交付所有的关于该专利的文件包括：

(1) 向国家知识产权局专利局递交的全部专利申请文件包括说明书、权利要求书、附图、摘要及摘要附图、请求书、意见陈述书以及著录事项变更、权利丧失后恢复权利的审批确定，代理委托书等；

(2) 国家知识产权局专利局发给转让方的所有文件包括受理通知书、中间文件、授权决定、专利证书及副本等；

(3) 转让方已经许可他人实施专利的文件包括实施许可合同书及其附件等；

(4) 国家知识产权局专利局出具的专利权有效证明文件，包括最近一次专利年费缴费凭证或专利局的专利法律状态登记簿、专利撤销或无效请求，国家知识产权局专利局或专利复审委员会或人民法院作出的维持专利权有效决定的文书等。

除上述文件外，双方还需约定文件交付的时间、地点及方式。

3. 转让费支付条款

双方根据具体情况可以约定转让费的具体数额以及支付的方式。

4. 转让登记条款

根据《专利法》第 10 条 ① 规定，专利转让的要向专利局登记，专利权在登记之日起才正式转让。转让合同的签署只是确立了债权关系，登记后才发生物权关系。因此双方约定登记的具体时间尤为重要，合同当事人可以通过支付方式及违约责任来约束登记行为。如约定"在登记公告后支付剩余转让费""如因一方原因，未能在约定时间向有关行政部门进行商标转让登记，一方应承担违约责任，赔偿另一方违约金 × 元"等。

---

① 《中华人民共和国专利法》第 10 条规定：专利申请权和专利权可以转让。

中国单位或者个人向外国人、外国企业或者外国其他组织转让专利申请权或者专利权的，应当依照有关法律、行政法规的规定办理手续。

转让专利申请权或者专利权的，当事人应当订立书面合同，并向国务院专利行政部门登记，由国务院专利行政部门予以公告。专利申请权或者专利权的转让自登记之日起生效。

5. 无效及撤销条款

根据我国《专利法》第 47 条 [①] 规定，宣告无效的专利权自始不存在，但在后的专利无效宣告并不影响在先的专利权转让合同效力，但专利权人的恶意造成他人损失的，应当赔偿。因此如果专利被宣告无效，虽然受让人自始没有专利权，但非恶意并不因此而为先前行为承担赔偿责任，同时由于转让合同有效，受让人可以在合同中约定专利无效或撤销，转让人的违约责任，如"本合同项下专利权在转让后因转让前事由被撤销或被宣告无效，致使受让人失去专利权的，转让人需赔偿受让人违约金 × 元。如实际损失大于前款违约金的，则转让人需赔偿受让人实际损失，包括但不限于……"而作为转让方，则可以约定与之相反的，在专利权转让后若专利权无效，与转让人无责的条款。

6. 过渡性条款

由于从合同签署日到专利局登记公告日之间有一个时间差，即从不稳定的债权关系转变为稳定的物权关系还有一段不稳定的期间。因此双方可以在合同中约定过渡性条款来避免不稳定期间可能造成的风险，如约定"在本合同签字盖章后至专利局登记公告之日，转让人应维持专利的有效性，在这一期间所要缴纳的年费、续展费等费用由转让方支付"或"在本合同签字盖章后，维持该专利权有效的一切费用由受让方承担"等。

7. 违约及赔偿条款

这是民事合同中让双方履行合同的保障性条款，合同当事人应当设定违约赔偿条款对上述条款的实现提供保障。

8. 其他条款

专利转让合同也属于民事合同，因此民事合同的必备条款也适用于专利转让合同，包括合同生效条款、合同变更与解除条款、争议解决条款等民事合同基本条款。

---

① 《中华人民共和国专利法》第 47 条规定：宣告无效的专利权视为自始即不存在。

宣告专利权无效的决定，对在宣告专利权无效前人民法院作出并已执行的专利侵权的判决、调解书，已经履行或者强制执行的专利侵权纠纷处理决定，以及已经履行的专利实施许可合同和专利权转让合同，不具有追溯力。但是因专利权人的恶意给他人造成的损失，应当给予赔偿。

依照前款规定不返还专利侵权赔偿金、专利使用费、专利权转让费，明显违反公平原则的，应当全部或者部分返还。

第十二章

恶意提起知识产权诉讼的
损害责任问题

主要原理：企业在受到恶意诉讼后可以进行维权

素材：浙江省永康市仕宇工贸有限公司与苏州帝宝商贸有限公司提起知识产权诉讼损害责任纠纷案

一、案情简介

2013 年 10 月 31 日，苏州帝宝商贸有限公司（以下简称帝宝公司）向上海市第一中级人民法院提起诉讼，诉称浙江省永康市仕宇工贸有限公司（以下简称仕宇公司）侵犯其实用新型专利。但经仕宇公司代理人调查发现，涉案专利已于 2013 年 6 月 8 日从帝宝公司转让至太仓含章贸易有限公司（以下简称含章公司）和崔凤红名下。帝宝公司后被迫撤诉。

仕宇公司认为，帝宝公司明知其不是涉案专利的专利权人，仍通过展览会报警、侵权诉讼等手段故意污蔑、骚扰，从而达到影响仕宇公司正常生产经营的目的，对仕宇公司恶意提起诉讼，导致其付出大量的人力和物力，也损害了其在业内多年来积累的良好企业声誉。故仕宇公司提起诉讼，要求帝宝公司在《中国知识产权报》上刊登向仕宇公司公开赔礼道歉函，并赔偿名誉损失费人民币 20 万元，另要求帝宝公司赔偿仕宇公司经济损失 6 万元。

帝宝公司答辩称不存在恶意诉讼，且若第三人侵害专利权的，仍有权通过诉讼维权，所以不应承担赔偿责任，且仕宇公司也未因帝宝公司的诉讼产生任何损失。

二、法学原理及分析

（一）恶意提起知识产权诉讼损害责任纠纷属性问题及其法律规定

《中华人民共和国民法通则》

第一百零一条　公民、法人享有名誉权，公民的人格尊严受法律保护，禁止用侮辱、诽谤等方式损害公民、法人的名誉。

第一百零六条　公民、法人违反合同或者不履行其他义务的，应当承担民事责任。公民、法人由于过错侵害国家的、集体的，侵害他人财产、人身的应当承担民事责任。

没有过错，但法律规定应当承担民事责任的，应当承担民事责任。

第一百二十条　公民的姓名权、肖像权、名誉权、荣誉权受到侵害的，有权要求停止侵害，恢复名誉，消除影响，赔礼道歉，并可以要求赔偿损失。

法人的名称权、名誉权、荣誉权受到侵害的，适用前款规定。

《中华人民共和国侵权责任法》

第二条 侵害民事权益，应当依照本法承担侵权责任。

本法所称民事权益，包括生命权、健康权、姓名权、名誉权、荣誉权、肖像权、隐私权、婚姻自主权、监护权、所有权、用益物权、担保物权、著作权、专利权、商标专用权、发现权、股权、继承权等人身、财产权益。

第三条 被侵权人有权请求侵权人承担侵权责任。

第十五条 承担侵权责任的方式主要有：

（一）停止侵害；

（二）排除妨碍；

（三）消除危险；

（四）返还财产；

（五）恢复原状；

（六）赔偿损失；

（七）赔礼道歉；

（八）消除影响、恢复名誉。

以上承担侵权责任的方式，可以单独适用，也可以合并适用。

第十九条 侵害他人财产的，财产损失按照损失发生时的市场价格或者其他方式计算。

第二十条 侵害他人人身权益造成财产损失的，按照被侵权人因此受到的损失赔偿；被侵权人的损失难以确定，侵权人因此获得利益的，按照其获得的利益赔偿；侵权人因此获得的利益难以确定，被侵权人和侵权人就赔偿数额协商不一致，向人民法院提起诉讼的，由人民法院根据实际情况确定赔偿数额。

《中华人民共和国民事诉讼法》

第十三条 民事诉讼应当遵循诚实信用原则。

当事人有权在法律规定的范围内处分自己的民事权利和诉讼权利。

第六十四条 当事人对自己提出的主张，有责任提供证据。

当事人及其诉讼代理人因客观原因不能自行收集的证据，或者人民法院认为审理案件需要的证据，人民法院应当调查收集。

企业具有名誉权且受到我国法律保护，侵害企业名誉权的，应当承担侵权责任，权利人可以请求侵权方停止侵害、赔偿损失、赔礼道歉、消除影响、恢复名誉。但认定侵犯名誉权需要行为人客观上有损害企业名誉的事实；其次要求行为人主观上存在过错且由于行为人的侵权行为给权利人造成了损失。

（二）专利侵权问题及其法律规定

《中华人民共和国专利法》

第十条　专利申请权和专利权可以转让。

中国单位或者个人向外国人、外国企业或者外国其他组织转让专利申请权或者专利的，应当依照有关法律、行政法规的规定办理手续。

转让专利申请权或者专利权的，当事人应当订立书面合同，并向国务院专利行政部门登记，由国务院专利行政部门予以公告。专利申请权或者专利权的转让自登记之日起生效。

第十一条　发明和实用新型专利权被授予后，除本法另有规定的以外，任何单位或者个人未经专利权人许可，都不得实施其专利，即不得为生产经营目的制造、使用、许诺销售、销售、进口其专利产品，或者使用其专利方法以及使用、许诺销售、销售、进口依照该专利方法直接获得的商品。

第六十条　未经专利权人许可，实施其专利，即侵犯其专利权，引起纠纷的，由当事人协商解决；不愿协商或者协商不成的，专利权人或者利害关系人可以向人民法院起诉，也可以请求管理专利工作的部门处理。管理专利工作的部门处理时，认定侵权行为成立的，可以责令侵权人立即停止侵权行为，当事人不服的，可以自收到处理通知之日起十五日内依照《中华人民共和国行政诉讼法》向人民法院起诉；侵权人期满不起诉又不停止侵权行为的，管理专利工作的部门可以申请人民法院强制执行。进行处理的管理专利工作的部门应当事人的请求，可以就侵权专利权的赔偿数额进行调节；调解不成的，当事人可以依照《中华人民共和国民事诉讼法》向人民法院起诉。

若权利人发现他人实施了侵犯其专利的行为，可向法院提起诉讼，要求侵权行为人停止侵权、赔偿损失等，但是需要首先保证权利人本身的专利权不存在瑕疵，专利仍处于有效状态，若转让给他人或存在其他权利限制，如属于共同共有的，应当获得共有人的同意。

（三）恶意诉讼及相关法律规定

《中华人民共和国专利法》

第四十七条 宣告无效的专利权视为自始即不存在。

宣告专利权无效的决定，对在宣告专利权无效前人民法院作出并已执行的专利侵权的判决、调解书，已经履行或者强制执行的专利侵权纠纷处理决定，以及已经履行的专利实施许可合同和专利权转让合同，不具有追溯力。但是因专利权人的恶意给他人造成的损失，应当给予赔偿。

依照前款规定不返还专利侵权赔偿金、专利使用费、专利权转让费，明显违反公平原则的，应当全部或者部分返还。

《中华人民共和国专利法》对于恶意专利诉讼有原则性的规定，即因专利权人的恶意给他人造成的损失，应当给予赔偿。

三、案件介绍

案由

案由：恶意提起知识产权诉讼损害责任纠纷

案号

一审案号：（2014）闵民三（知）初字第 1032 号

案件当事人

一审原告：浙江省永康市仕宇工贸有限公司

一审被告：苏州帝宝商贸有限公司

案件法律文书

上海市闵行区人民法院民事判决书

（2014）闵民三（知）初字第 1032 号

原告：浙江省永康市仕宇工贸有限公司

被告：苏州帝宝商贸有限公司

本院受理原告浙江省永康市仕宇工贸有限公司（以下简称仕宇公司）与被告苏州帝宝商贸有限公司（以下简称帝宝公司）因恶意提起知识产权诉讼损害责任纠纷

一案，本院于 2014 年 7 月 28 日受理后，依法组成合议庭于 2014 年 9 月 23 日公开开庭进行了审理。原告的委托代理人董××，被告的法定代表人庄××及其委托代理人杨××、支××到庭参加诉讼。本案现已审理终结。

原告浙江省永康市仕宇工贸有限公司诉称，2013 年 8 月 2 日，帝宝公司法定代表人庄承威在龙阳路 2345 号 W5 展馆报警，声称仕宇公司展出的魔术折叠衣架仿冒其专利设计，并要求警方处理。2013 年 10 月 31 日，帝宝公司向上海市第一中级人民法院提起诉讼，诉称仕宇公司侵犯其实用新型专利，故要求仕宇公司承担侵权责任并赔偿损失人民币 20 万元。该院受理了此案，并向仕宇公司发出了应诉通知书和开庭传票。仕宇公司为应诉，于 2013 年 12 月 20 日委托了浙江杭州金通专利事务所有限公司专利代理人为其诉讼代理人，双方签订委托代理合同并支付前期代理费 25 000 元。经仕宇公司代理人调查发现，涉案专利已于 2013 年 6 月 8 日从帝宝公司转让至太仓含章贸易有限公司（以下简称含章公司）和崔凤红名下。帝宝公司后被迫撤诉。仕宇公司认为，帝宝公司明知其不是涉案专利的专利权人，仍通过展览会报警、侵权诉讼等手段故意污蔑、骚扰，从而达到影响仕宇公司正常生产经营的目的，对仕宇公司恶意提起诉讼，导致其付出大量的人力和物力，也损害了其在业内多年来积累的良好企业声誉。故仕宇公司提起诉讼，要求帝宝公司在《中国知识产权报》上刊登向仕宇公司公开赔礼道歉函，并赔偿名誉损失费人民币 20 万元，另要求帝宝公司赔偿仕宇公司经济损失 6 万元。

诉讼中，仕宇公司明确第二项诉讼请求中的经济损失包括为原专利侵权诉讼案件支付的律师费 4 万元、差旅费 445 元、管辖异议费用 100 元，为参展支出的住宿费 3470 元、展会期间的餐饮费 750 元，并折算场馆的展位费 40 650 元和 21 100 元展位装潢费中的部分费用。

被告苏州帝宝商贸有限公司辩称，帝宝公司原是涉案专利权人，帝宝公司于 2013 年 12 月 23 日对仕宇公司提起侵犯专利诉讼，国家知识产权局专利局于 2014 年 1 月 6 日核准同意帝宝公司将专利权转让与含章公司和崔凤红，且若第三人侵害专利权的，仍有权通过诉讼维权。后帝宝公司发现仕宇公司侵犯涉案专利，并在阿里巴巴网站上销售侵权商品。故帝宝公司不存在恶意诉讼，不应承担赔偿责任，帝宝公司也未通过诉讼保全造成仕宇公司损失。

仕宇公司为支持其诉讼请求，提供证据如下：

1.（2013）沪一中民五（知）初字第 218 号民事起诉状、上海市第一中级人民法院传票两份及撤诉民事裁定书，证明帝宝公司恶意起诉仕宇公司。

2. 上海市公安局备案（事）件接报回执单，证明帝宝公司恶意骚扰，扰乱仕宇公司正常经营，并以此作为证据起诉仕宇公司侵犯其专利。

3. 专利登记簿副本，证明帝宝公司起诉前已经将专利转让给了第三方。

4. 帝宝公司的专利侵权诉讼委托代理合同及发票，证明由于帝宝公司的恶意诉讼造成仕宇公司支出的诉讼代理费用的损失。

5. 帝宝公司在原侵害专利权诉讼案件中提交的委托代理合同，证明仕宇公司在本案中支出的代理费用的合理性。

6. 上海市第一中级人民法院的管辖异议裁定书，证明仕宇公司为提出管辖异议支出费用 100 元。

7. 展位费、展位装修费、餐饮费、住宿费、停车费等发票，证明仕宇公司因展览支付的展位费和相应的装修费用，及为应诉支出的相关差旅费用。

帝宝公司对仕宇公司的证据提出质证意见如下：对仕宇公司提出的证据 1 ~ 6 的真实性无异议，但认为证据 2 不能证明帝宝公司存在恶意，对证据 3 认为权利变更生效时间是 2014 年 1 月 6 日，帝宝公司是在 2013 年 12 月 23 日提起侵害专利权诉讼的，对证据 4 认为不能证明仕宇公司的损失，对证据 5 认为不能证明仕宇公司收取诉讼代理费的合理性。对证据 7 中未提交原件的装潢费发票和过路费单据的真实性不予认可，展位费发票是北京某公司于 2012 年 12 月出票的，故与本案无关。

帝宝公司为支持其辩称，提供证据如下：

1.（2013）沪一中民五（知）初字第 218 号受理案件通知书、举证通知书，证明帝宝公司于 2013 年 12 月 23 日对仕宇公司向上海市第一中级人民法院提起侵害实用新型专利权纠纷一案。

2. 实用新型专利权证书，证明 2013 年 4 月 20 日，帝宝公司获得专利权。

3. 实用新型专利权评价报告，证明该专利经检索有效。

4. 专利登记簿副本及权利转让协议书，证明该专利经行政核准于 2014 年 1 月 6 日予以转让，专利权人变更为含章公司和崔凤红。

5. 上海市公安局案（事）件接报回执单，证明 2013 年 8 月 2 日仕宇公司在展位上销售仿冒帝宝公司专利的产品。

6.（2013）苏太证民内字第 1815 号公证书，证明仕宇公司至今仍在阿里巴巴网上销售侵害帝宝公司专利的产品。

7.民事诉状及（2014）沪一中民五（知）初字第 63 号受理案件通知书。

仕宇公司对帝宝公司证据提出质证意见如下：对证据的真实性无异议，但对证据 6 认为，帝宝公司于 2013 年 11 月 26 日委托公证时已将专利转让他人，故对公证书的合法性有异议。

本院认为，对仕宇公司提出的证据，证据 7 中装潢费发票和部分过路费单据为复印件，帝宝公司不予认可，且仕宇公司未能提交原件，故不符合证据形式要件，其证据效力本院不予认定。对仕宇公司提供的其余证据，证据形式符合法律规定，其证据效力本院予以认定。对于帝宝公司提供的证据，仕宇公司对其真实性未提出异议，证据 6 也符合公证之形式要件，故帝宝公司提出的证据，其证据效力本院予以确认。

在质证、认证的基础上，结合当事人的陈述，本院确认本案的法律事实如下：

2013 年 4 月 24 日，国家知识产权局对一种可折叠收纳衣架向帝宝公司作为专利权人授予专利权，专利号为 ZL 2012 2 0554320.8，发明人系庄承威。

2013 年 8 月 2 日，仕宇公司在上海市龙阳路 2345 号举办的第 107 届中国日用百货商品交易会暨中国现代家庭用品博览会 W5 展馆展出魔术折叠衣架。庄承威（系帝宝公司法定代表人）认为仕宇公司展出的衣架侵犯了上述专利，要求仕宇公司将衣架撤下展架未果，故报警。警方了解情况后，告知双方通过法律途径解决纠纷。

2013 年 11 月 26 日，经帝宝公司申请，江苏省太仓市公证处对仕宇公司发布于阿里巴巴网站上的"新型伸缩衣架"的产品介绍进行了网络证据保全，并于 2013 年 12 月 6 日出具了公证书。

2013 年 12 月 23 日，帝宝公司作为原告以仕宇公司为被告向上海市第一中级人民法院提起诉讼，诉称：2013 年 8 月 2 日，在上海第 107 届中国日用百货商品交易会暨中国现代家庭用品博览会 W5 馆 B26-29 展位上发现，仕宇公司正在生产、销售的折叠收纳品，是与帝宝公司享有专利权的相关产品一致的，故帝宝公司立即报警，要求仕宇公司将仿冒衣架撤离展架，但协商未果。帝宝公司认为，仕宇公司未经其许可，擅自使用折叠收纳衣架制造设备和方法，侵害了帝宝公司的专利权，故诉请确认仕宇公司擅自使用折叠收纳衣架的生产设备和制造方法是专利侵权违法行为，并要求仕宇公司停止侵权，销毁用于生产侵权产品专用设备及产品宣传资料，并支付侵权赔偿金 20 万元和赔偿因制止侵权行为所支付的调查费及法律服务费 1 万元。

当日，上海市第一中级人民法院立案受理，案号为（2013）沪一中民五（知）

初字第 218 号，案由为侵害实用新型专利权纠纷，并向仕宇公司发出于 2014 年 2 月 11 日上午 9 时开庭审理的传票等诉讼材料，后开庭时间更改为 2014 年 5 月 7 日上午 9 时，开庭地点上海市虹桥路 1200 号第三十三法庭。期间，仕宇公司提出管辖异议申请，上海市第一中级人民法院裁定驳回其对案件管辖提出的异议，管辖权异议受理费 100 元，由仕宇公司负担。

2014 年 5 月 7 日，帝宝公司向上海市第一中级人民法院提交撤诉申请书，要求撤回（2013）沪一中民五（知）初字第 218 号一案的诉讼。同日，上海市第一中级人民法院作出裁定，准许帝宝公司撤回起诉。

仕宇公司为应诉（2013）沪一中民五（知）初字第 218 号侵害实用新型专利权纠纷一案，委托浙江杭州金通专利事务所有限公司徐关寿为诉讼代理人，并支付了代理费 4 万元。

另查明，2013 年 5 月 20 日，帝宝公司与含章公司、崔凤红签订"权利转让协议书"，帝宝公司将上述专利的专利权和专利申请的优先权转让给含章公司和崔凤红，协议书同时约定"本协议签订前，转让方已经实施上述专利的，本协议签订生效后，转让方可继续实施上述专利"。协议签订后，当事人提出变更登记申请，2014 年 1 月 6 日，国家知识产权局核准登记予以变更。

含章公司、崔凤红作为原告于 2014 年 4 月 16 日以仕宇公司为被告提起诉讼，除原告诉讼主体外，起诉的案件事实和理由与（2013）沪一中民五（知）初字第 218 号一案基本相同，第一项诉讼请求相同，第二、三项诉讼请求项目相同，但金额不同，分别为 50 万元和 2600 元。当日，上海市第一中级人民法院立案受理，案号为（2014）沪一中民五（知）初字第 63 号，案由为侵害实用新型专利权纠纷，截至本院 2013 年 9 月 23 日开庭审理结束，（2014）沪一中民五（知）初字第 63 号案件尚在审理过程中。

归纳原、被告诉、辩称和质证意见，本案的争议焦点在于仕宇公司认为帝宝公司对其提起（2013）沪一中民五（知）初字第 218 号侵害实用新型专利权纠纷一案系恶意是否成立。

本院认为，因恶意提起知识产权诉讼损害责任纠纷本质上属于侵权纠纷。对于侵权纠纷，《中华人民共和国民法通则》第 106 条第 2 款规定："公民、法人由于过错侵害国家的、集体的财产、侵害他人财产、人身的，应当承担民事责任。"故一般情况下，违法行为人对侵害他人的财产权、人身权等所造成的法律后果应当承担民事法律责任，但须符合行为的违法性、行为人主观上的过错等构成要件。根据《中华人民共和国民事诉讼法》相关规定，当事人有权在法律规定的范围内处分自己的民事权利和诉讼权利，但民事诉讼应当遵循诚实信用原则，人民法院依法保障当事人行使其诉讼权利同时，当事人必须依法行使诉讼权利，不得滥用。因此，因恶意提起知识产权诉讼应承担损害责任的，根据一般侵权归责原则，需侵权行为人在客观上提起了知识产权诉讼，并由此造成被诉方损失，同时在主观上存有恶意。

本案中，帝宝公司认为仕宇公司侵犯其专利权，故提起（2013）沪一中民五（知）初字第218号诉讼，仕宇公司为应诉支出了诉讼代理费、差旅费等费用。此案为侵害实用新型专利权纠纷，系知识产权案件，故帝宝公司是否承担侵权民事责任，关键在于帝宝公司对提起（2013）沪一中民五（知）初字第218号诉讼主观上是否存在恶意。

恶意，是主观要件，客观上主要表现为行为人对提起的诉讼没有法律和事实依据。本案中，首先，帝宝公司依法享有起诉权。帝宝公司在展会上发现仕宇公司生产、销售的相关产品，侵犯了其专利权，经协商未果，故提起（2013）沪一中民五（知）初字第218号侵害实用新型专利权纠纷诉讼，提出要求仕宇公司停止侵权、赔偿损失等诉讼请求，帝宝公司依法有权提起诉讼进行维权。其次，帝宝公司对（2013）沪一中民五（知）初字第218号案件撤回起诉，不能证明其主观上有恶意。帝宝公司是可折叠收纳衣架的原专利权人，2013年5月20日，帝宝公司签约将该专利权和专利申请的优先权转让给含章公司和崔凤红，同时向国家有关行政部门提出变更登记申请。2014年1月6日，上述专利权转让获核准登记。根据《中华人民共和国专利法》第10条规定，专利权可以转让，专利权的转让自登记之日起生效。帝宝公司对仕宇公司提起（2013）沪一中民五（知）初字第218号诉讼的日期为2013年12月23日，当时该专利权还登记于帝宝公司名下，且根据帝宝公司与受让方的"权利转让协议书"，帝宝公司可继续实施相关专利，故帝宝公司于2013年12月23日起诉时，仍是专利登记权利人，也有权使用该专利，故其作为原告对仕宇公司提起诉讼，提出要求仕宇公司停止侵权和赔偿损失等诉讼请求，并无不当之处。再次，帝宝公司撤回起诉，不能等同于帝宝公司提起的诉讼在实体上缺乏事实和法律依据。帝宝公司提起（2013）沪一中民五（知）初字第218号诉讼后得知，其专利权转让已于2014年1月6日获核准登记，故登记后的专利权人含章公司和崔凤红作为原告就同一案件事实对仕宇公司提起了诉讼，同时帝宝公司撤回（2013）

沪一中民五（知）初字第 218 号一案的起诉。帝宝公司撤回诉讼仅是诉讼程序上由于专利权人变更而造成原告诉讼主体的变更，实体上仕宇公司是否侵害相关专利权，还需经由（2014）沪一中民五（知）初字第 63 号一案的审理。因此，帝宝公司撤回原诉，不能说明仕宇公司不存在侵害专利权的行为，不能说明帝宝公司原诉缺乏正当理由。最后，公民、法人有权依法维护自己的合法权益不受侵犯，并依法收集相关证据。帝宝公司认为仕宇公司在博览会展出的魔术折叠衣架，仿冒了其专利，在双方协商未果的情况下报警，警方了解情况后，告知双方通过法律途径解决纠纷。帝宝公司上述报警、取证等维权行为并无违反法律之处。

综上，帝宝公司对仕宇公司提起（2013）沪一中民五（知）初字第 218 号诉讼，帝宝公司虽嗣后因专利权人主体变更导致原告诉讼主体变更而撤回起诉，但帝宝公司提起诉讼，主观上并无恶意，故现仕宇公司以帝宝公司恶意提起知识产权诉讼为由，要求帝宝公司承担损害赔偿责任，缺乏事实和法律依据，本院难以支持。依照《中华人民共和国民法通则》第 106 条第 2 款、《中华人民共和国民事诉讼法》第 49 条第 3 款之规定，判决如下：

驳回原告浙江省永康市仕宇工贸有限公司的诉讼请求。

案件受理费 5200 元，由原告浙江省永康市仕宇工贸有限公司负担。

如不服本判决，可在判决书送达之日起 15 日内，向本院（立案庭）递交上诉状，并按对方当事人的人数提出副本，上诉于上海市第一中级人民法院。

2014 年 10 月 23 日

四、案件相关问题解析

（一）恶意诉讼

如今我国法律对"恶意诉讼"还没有具体的法律规定，直到 2003 年我国才有了首例知识产权恶意诉讼的案件。恶意诉讼是指行为人为了牟取非法利益，伪造、变造重要证据或指使、贿买、胁迫他人替其伪造、变造重要证据，向人民法院提起诉讼，将与其没有民事法律关系的相对人卷入诉讼的行为，是一种侵权行为，是滥用诉权的主要表现之一。恶意诉讼包括根本不具有诉讼权利却享有和行使的案件中伪造事实以符合权利行使要件进行诉讼的行为和虽享有诉讼权利但不法行使两种情形。① 如果说一定存在所谓的"恶意诉讼"，那么败诉与恶意诉讼之间存在最根本的区别是在于原告有无虚构的事实的恶意存在②，如果行为人提起诉讼的时候主观上不存在恶意的特质，那么即使给他人造成了损失也是不属于恶意诉讼的范畴的。③恶意诉讼一般要满足以下条件：没有事实依据且无正当理由，是故意以损害他人为目致使他人遭受到了损失而提起的民事诉讼。

根据本案事实描述可以看出，本案的争议焦点在于仕宇公司认为帝宝公司对其提起 (2013) 沪一中民五 (知) 初字第 218 号侵害实用新型专利权纠纷时是否存在"恶意"。

（二）知识产权恶意诉讼

知识产权恶意诉讼是一种恶意诉讼在知识产权诉讼中的表现形式。④ 就其违法性而言，通常是行为人为了损害对手的合法利益或名誉，在缺乏法律事实及证据的情况下提起的合法的知识产权诉讼。⑤ 我国没有明确的知识产权诉讼权滥用的相关规定，比较有权威的就是 TRIPS 协议中第 48 条第 1 项对知识产权滥用的规定，"如果一方当事人所要求的措施已经采取，但该方滥用了知识产权的执法程序，司法当局应有权责令该当事人向误受禁止或限制的另一方当事人对因滥用而造成的损害提供适当的赔偿"。⑥ 在司法实践中，有些权利人为了达到目的而滥用知识产权诉讼，在指控侵权人时具有随意性和广泛性，而且在没有得到确实合法的证据之前就提起诉讼指责他人侵权。这些权利人的行为会造成人力、财力的消耗并且浪费司法资源，也整体拉低了知识产权诉讼的价值和含金量，为司法程序带来了不便。

---

① 杜豫苏、王保民、高伟著："知识产权恶意诉讼的辨识、审判与治理"，载《法律适用》，2012 年第 4 期。

② 四川省工艺品进出口公司诉湖州迪欧勒机械链轮有限公司恶意诉讼损害纠纷案民事判决书，（2008）湖吴民二初字第 132 号。

③ 严慧冬著："浅析对恶意诉讼的界定及规制"，网址 http://court.gmw.cn/html/article/201304/23/126238.shtml，最后访问时间：2015 年 11 月 26 日。

④ 杜豫苏、王保民、高伟著："知识产权恶意诉讼的辨识、审判与治理"，载《法律适用》，2012 年第 4 期。

⑤ 徐楠轩著："论知识产权恶意诉讼的侵权责任"，载《经济与法》。

⑥ "最高人民法院民三庭关于恶意诉讼问题的研究报告"，2004 年 2 月 25 日，网址 http://www.lawtime.cn/info/zhuanli/zhuanlifalunwen/2010121148529.html，最后访问时间：2015 年 11 月 22 日。

一般的恶意诉讼案件主要是原告主观上有"恶意"而提起诉讼，比如申请价值不高的商标或专利或技术成为权利人后，为了牟利，权利人对他人提起侵权诉讼，声称他人侵犯了知识产权，在此种情况下，权利人若没有确实的证据或主观故意，那么就可以认为他提起了"恶意"知识产权诉讼。涉案恶意知识产权诉讼权利人的主观过错是否存在"恶意"，是认定知识产权恶意诉讼是否成立的关键。[①] 我国民事案件案由规定在 2011 年修改后在知识产权权属、侵权纠纷项下增加了"因恶意提起知识产权诉讼损害责任纠纷"这一新的案由[②]，由此可见，随着恶意知识产权侵权纠纷案件数目不断增加，为了更好地适应不断涌出的知识产权诉讼案件类型，我国司法部门也是对这类诉讼问题给予了高度重视。

但是，本案是需要法院来判定被告在撤诉前是否存在恶意诉讼。根据本案判决书，法院认为"因恶意提起知识产权诉讼应承担损害责任的，根据一般侵权归责原则，需侵权行为人在客观上提起了知识产权诉讼，并由此造成被诉方损失，同时在主观上存有恶意"。"帝宝公司认为仕宇公司侵犯其专利权，故提起（2013）沪一中民五（知）初字第 218 号诉讼，仕宇公司为应诉支出了诉讼代理费、差旅费等费用。此案为侵害实用新型专利权纠纷，系知识产权案件，故帝宝公司是否承担侵权民事责任，关键在于帝宝公司对提起（2013）沪一中民五（知）初字第 218 号诉讼主观上是否存在恶意。""恶意"是主观要件，从客观上应该主要看行为人提起诉讼时有没有确实的法律依据和事实证据。

关于诉讼程序上专利权人变更而造成原告诉讼主体的变更的问题，在本案中，由于帝宝公司的专利权在 2014 年 1 月 6 日转让给了含章公司和崔凤红，含章公司和崔凤红成为"魔术折叠衣架"新的专利权人，之后帝宝公司撤回了（2013）沪一中民五（知）初字第 218 号侵害实用新型专利权诉讼，故仕宇公司认为在专利权转以后，帝宝公司无权对其提起诉讼，（2013）沪一中民五（知）初字第 218 号诉讼时帝宝公司出于"恶意"提出的。但根据法院的观点，"帝宝公司撤回诉讼仅是诉讼程序上由于专利权人变更而造成原告诉讼主体的变更"，那么权利主体变更后

---

① "一起知识产权恶意诉讼反赔案件的法律分析及思考"，网址 http://www.docin.com/p-771013591.html，最后访问时间：2015 年 11 月 20 日。

② 田始凤著："福州中院立案庭受理首例因恶意提起知识产权诉讼损害责任纠纷案件"，网址 http://fzszy.chinacourt.org/public/detail.php?id=7693，最后访问时间：2015 年 11 月 24 日。

实体上仕宇公司是否侵害相关专利权，还需经由（2014）沪一中民五（知）初字第63号一案的审理。

《最高人民法院关于在专利侵权诉讼中当事人均拥有专利权应如何处理问题的批复》中指出，"对于相同或者类似产品，不同的人都拥有专利权的有以下三种情形：一是不同的发明人对该产品所作出的发明创造的发明点不同，他们的技术方案之间有本质区别；二是在后的专利技术是对在先的专利技术的改进或者改良，它比在先的专利技术更先进，但实施该技术有赖于实施前一项专利技术，因而它属于从属专利；三是因实用新型专利未经实质审查，前后两项实用新型专利的技术方案相同或者等同，后一项实用新型专利属于重复授权。人民法院在审理专利侵权纠纷案件时，根据《中华人民共和国专利法》规定的在先申请原则，只要原告先于被告提出专利申请，则应当依据原告的专利权保护范围，审查被告制造的产品主要技术特征是否完全覆盖原告的专利保护范围。在一般情况下，前述第一种情形由于被告发明的技术方案同原告发明的技术方案有本质的区别，故被告不构成侵权。后两种情形或者被告为了实施其从属专利而未经在先专利权人的许可，实施了在先的专利技术；或者由于前后两项实用新型专利的技术方案相同或者等同，被告对后一项重复授权专利技术的实施，均构成对原告专利权的侵犯。因此，人民法院不应当仅以被告拥有专利权为由，不进行是否构成专利侵权的分析判断即驳回原告的诉讼请求，而应当分析被告拥有专利权的具体情况以及与原告专利权的关系，从而判定是否构成侵权"。[①]

本案中，仕宇公司并非"魔术折叠衣架"的专利权人，并且也没有在后申请相同或类似的专利。仕宇公司认为帝宝公司提起"恶意诉讼"，主要是依据仕宇公司认为起诉时帝宝公司已经不是涉案专利的专利权人，所以帝宝公司无权对仕宇公司起诉。但根据法院的观点，帝宝公司原诉并不缺乏正当理由，帝宝公司提起的（2013）沪一中民五（知）初字第218号诉讼并非是"恶意"的。

通过司法途径予以解决知识产权侵权，正是合法行使法律所赋予的每个诉讼参与者的诉权，这一权利是受民事诉讼法保护的一项最基本的权利，当然，也谈不上

[①]《最高人民法院关于在专利侵权诉讼中当事人均拥有专利权应如何处理问题的批复》，(93)经他字第20号。

所谓的恶意诉讼了。[①]

（三）恶意知识产权诉讼的损害责任

《中华人民共和国专利法》第 47 条第 2 款对专利权人恶意行使权利作出了原则性规定，即"因专利权人的恶意给他人造成的损失，应当给予赔偿"。我国民事的赔偿制度不实行惩罚性赔偿，即恶意诉讼导致的损害予以赔偿是要全面性赔偿。[②]《中华人民共和国专利法》第 65 条对侵犯专利权的赔偿进行了规定，按照权利人因被侵权所受到的实际损失确定；实际损失难以确定的，按照侵权人因侵权所获得的利益确定；权利人的损失或者侵权人获得的利益难以确定的，参照该专利许可使用费的倍数合理确定；权利人的损失、侵权人获得的利益和专利许可使用费均难以确定的，人民法院将会根据不同的侵权情节来确定（赔偿范围是一万元至一百万元）。但是，若被诉侵权人能证明其所生产的为生产经营目的使用、许诺销售或者销售不知道是未经专利权人许可而制造并售出的专利的产品来源是合法的，那么就不需要承担赔偿责任[③]，但要承担停止侵权的责任。此外，赔礼道歉、恢复权利人名誉等人身性质的民事责任方式也是十分有效的惩罚措施，应当运用到知识产权诉讼的纠纷处理解决的方式中。

综上所述，（2013）沪一中民五（知）初字第 218 号中，帝宝公司作为专利权人根据展会现场仕宇公司展示、销售的侵权产品报警，对产品进行证据保全，法院经审查后同意采取保全措施。由此可见，在该案立案、证据保全每个环节，法院对帝宝公司的申请都依法进行审查把关，帝宝公司都是依法行使法律赋予的权利，故不存在提起恶意诉讼的"恶意"，而是合法维护自己的权利。

[①] "四川省工艺品进出口公司诉湖州迪欧勒机械链轮有限公司恶意诉讼损害纠纷案民事判决书"，（2008）湖吴民二初字第 132 号。

[②] "最高人民法院民三庭关于恶意诉讼问题的研究报告"，2004 年 2 月 25 日，网址 http://www.lawtime.cn/info/zhuanli/zhuanlifalunwen/2010121148529.html，最后访问时间：2015 年 11 月 26 日。

[③] 《中华人民共和国专利法》第 63 条第 2 款规定，为生产经营目的使用或者销售不知道是未经专利权人许可而制造并售出的专利产品或者依照专利方法直接获得的产品，能证明其产品合法来源的，不承担赔偿责任。

五、案件启示及建议

随着我国不断推进民主法制建设，知识产权诉讼成为专利权人维护自身合法权益、解决知识产权争议的有效手段，而与此同时，知识产权法律制度中的漏洞，使得一些人提起恶意诉讼，通过这些漏洞及利用司法程序来获得不正当利益。[①] 现在知识产权恶意诉讼还是一个比较小的领域，对我国知识产权诉讼来说也是一个新的领域。

2014 年中国共产党第十八届中央委员会第四次全体会议在《中共中央关于全面推进依法治国若干重大问题的决定》中指出，要加大对虚假诉讼、恶意诉讼、无理缠诉行为的惩治力度。[②] 对于所谓的恶意诉讼，要从严把握，要以充分保障诉权为主要取向，只有对于极少数恶意明显的诉讼，才可以尝试通过诉讼反制[③]，防止恶意诉讼和虚假诉讼。坚决防止和纠正以规避法律为目的，以虚构事实提起诉讼或滥用诉讼权利，故意逃避法律义务、损害国家利益或他人合法权益的行为。[④] 由此看出，我国政府、司法部门对治理恶意诉讼的案件，防止恶意诉讼的行为高度重视。该如何预防和治理恶意诉讼这个问题，是我国制定法律、普及法律的重要任务之一。随着全社会对知识产权重视程度的提高，企业及个人对知识产权运用能力比之前更加成熟，在此之下，知识产权诉讼的问题也将会更加突出。[⑤]

首先，笔者认为应当在我国民法典，《中华人民共和国民事诉讼法》《中华人民共和国专利法》及相关知识产权法律法规中明确定义"恶意诉讼"及相关词义，增加相关案由及法律解释。因为知识产权诉讼的特殊性，在赔偿的范围、方法、考虑因素方面都与别的案件有所不同，故应专门对恶意诉讼的侵权责任进行有效规范。

---

① 开永丽、徐雯夏著："'微'时代如何应对侵权？基层法官探讨热点"，载《四川法制报》，网址 qhttp://news.163.com/15/1125/23/B9AA9BPM00014AED.html，最后访问时间：2015 年 11 月 24 日。

② "中共中央关于全面推进依法治国若干重大问题的决定"，2014 年 10 月 23 日。

③ "最高人民法院知识产权审判庭关于印发孔祥俊庭长在全国法院知识产权审判工作座谈会上的总结讲话的通知"，法民三〔2010〕8 号，2010 年 5 月 14 日。

④ "最高人民法院关于深入整治'六难三案'问题加强司法为民公正司法的通知"，法〔2014〕140 号。

⑤ 陈玉峰著："知识产权保护需要重新定位"，网址 http://finance.qq.com/a/20130206/005367.htm，最后访问时间：2015 年 11 月 27 日。

应当让被侵权人及其代理人、律师及法律工作者、企业及其法务人员能在第一时间通过对接手的案件进行定性，能够有法有据地进行知识产权诉讼。法律制度规定得越详细，越贴近现实情况，律师及法律工作者解决这类知识产权纠纷的效率就越高。这样一来，也加快了诉讼频率，减少浪费诉讼资源。

在管辖权方面，知识产权案件遵循的是一般管辖原则，因为恶意知识产权诉讼也是侵权纠纷案件，所以应该按照侵权纠纷案件的地域管辖。根据《中华人民共和国民事诉讼法》第29条规定，"因侵权行为提起的诉讼，由侵权行为地或者被告住所地人民法院管辖"，侵权行为地包括侵权行为的实施地和侵权结果发生地。恶意诉讼的受理法院所在地应当是属于侵权行为地，依法应由恶意诉讼的受理法院所在地人民法院受理。[①] 结合本案，侵权行为地是在上海，故由上海的法院管辖。随着我国北京、上海、广州知识产权法院的建设，为确保知识产权恶意诉讼案件审理能顺利进行，建议一般由具有特殊知识产权案件管辖权的法院管辖会更好。[②]

其次，随着经济全球化的发展以及我国创新驱动发展战略的提出与推进，知识产权作为一种无形资产，对提升企业的竞争力的影响越来越大。虽然我国的知识产权制度已经与国际接轨，但是很多企业在知识产权保护及诉讼方面还不适应。[③] 企业应当主动地根据行业特点定期进行对企业产品可能涉及他人知识产权的情况进行监控，分析其损害，提出防范预案。

另外，提高当事人、公民、法人和其他组织的法律意识也是不容忽视的一个方面，要避免别人侵害自己的知识产权权利，也要做到不侵害他人的知识产权权益。在行使权利的措施上，比如专利权人发现有人侵犯、销售或制造其专利产品，专利权人可以申请诉前禁令，《专利法》第66条规定，专利权人或者利害关系人有证据证明他人正在实施或者即将实施侵犯专利权的行为，如不及时制止将会使其合法权益受到难以弥补的损害的，可以在起诉前向人民法院申请采取责令停止有关行为的措施。但申请人在提出时需要提供相应的担保，若不提供担保的，申

---

① 蔡杜生、曾燕媛著："浅析因恶意提起知识产权诉讼损害责任纠纷的管辖"，载《汕头特区晚报》，2013年9月7日。

② 同上。

③ "最高人民法院民三庭关于恶意诉讼问题的研究报告"，2004年2月25日，网址 http://www.lawtime.cn/info/zhuanli/zhuanlifalunwen/2010121148529.html，最后访问时间：2015年11月26日。

请可能会被法院驳回。

　　治理恶意诉讼的最好方式就是提高社会、提高公众的诚信程度。诚实信用原则作为我国法律的"帝王条款"，应当贯穿于整个诉讼中，使"诚实信用"能在知识产权诉讼中发挥切实的作用。

第十三章

确认不侵权之诉纠纷问题

主要原理： 通过确认不侵权之诉应对恶意诉讼

素材： 赵一美与四川鸿昌塑胶工业有限公司确认不侵犯专用权及侵害实用新型专利权纠纷案

一、案情简介

本案上诉人赵一美于 2010 年 9 月 19 日向国家知识产权局申请名为"清洁工具"的实用新型专利并成为涉案专利的专利权人。2013 年赵一美以鸿昌公司生产、销售的涉案手压双驱拖、涉案传奇拖侵犯其名称为"一种拖把桶及与其配套的拖把"实用新型专利权为由，先后向上海市第二中级人民法院、浙江省义乌市人民法院提起诉讼。

2014 年鸿昌公司向上海市第二中级人民法院提起诉讼，称赵一美反复向法院提起诉讼称鸿昌公司侵犯其实用新型专利权，使鸿昌公司一直处于被诉侵权的不确定状态中，严重影响了鸿昌公司的正常经营。因此鸿昌公司请求法院确认鸿昌公司生产、销售的四款涉案产品没有侵犯赵一美的专利权。在该案审理中，赵一美提起反诉，请求一审法院判令鸿昌公司立即停止生产、销售、许诺销售涉案产品，并赔偿赵一美包括合理费用在内的经济损失人民币 10 万元。本案经过一审、二审，由上海市高级人民法院最终认定，赵一美的反诉及上诉请求无事实和法律依据，应予驳回，鸿昌公司的行为不构成侵权。

二、法学原理及分析

《中华人民共和国民事诉讼法》

第一百一十九条 起诉必须符合下列条件：

（一）原告是与本案有直接利害关系的公民、法人和其他组织；

（二）有明确的被告；

（三）有具体的诉讼请求和事实、理由；

（四）属于人民法院受理民事诉讼的范围和受诉人民法院管辖。

上述规定是针对所有民商事案件的受理条件，同样适用于确认不侵权之诉。

《最高人民法院关于审理侵犯专利权纠纷案件应用法律若干问题的解释》

第七条 人民法院判定被诉侵权技术方案时候落入专利权的保护范围，应当审查权利人主张的权利要求所记载的全部技术特征。

被诉侵权技术方案包含与权利要求记载的全部技术特征相同或者等同的技术特征的，人民法院应当认定其落入专利权的保护范围；被诉侵权技术方案的技术特征与权利要求记载的全部技术特征相比，缺少权利要求记载的一个以上的技术特征，或者有一个以上技术特征不相同也不等同的，人民法院应当认定其没有落入专利权的保护范围。

《最高人民法院关于审理专利纠纷案件适用法律问题的若干规定》

第十七条　专利法第五十六条第一款所称的"发明或者实用新型专利权的保护范围以其权利要求的内容为准，说明书及附图可以用于解释权利要求"，是指专利权的保护范围应当以权利要求书中明确记载的必要技术特征所确定的范围为准，也包括与该必要技术特征相等同的特征所确定的范围。

等同特征是指与所记载的技术特征以基本相同的手段，实现基本相同的功能，达到基本相同的效果，并且本领域的普通技术人员无需经过创造性劳动就能够联想到的特征。

《最高人民法院关于审理侵犯专利权纠纷案件应用法律若干问题的解释（二）》①

第八条　功能性特征，是指对于结构、组分、步骤、条件或其之间的关系等，通过其在发明创造中所起的功能或者效果进行限定的技术特征，但本领域普通技术人员仅通过阅读权利要求即可直接、明确地确定实现上述功能或者效果的具体实施方式的除外。

与说明书及附图记载的实现前款所称功能或者效果不可缺少的技术特征相比，被诉侵权技术方案的相应技术特征是以基本相同的手段，实现相同的功能，达到相同的效果，且本领域普通技术人员在被诉侵权行为发生时无需经过创造性劳动就能够联想到的，人民法院应当认定该相应技术特征与功能性特征相同或者等同。

该条对专利功能性特征适用专利等同原则进行了补充，即被诉侵权的技术方案与实现功能性特征的技术性特征相比，是以基本相同的手段、实现基本相同的功能，达到基本相同的效果并且本领域普通技术人员在被诉侵权行为发生时无需创造性劳动即可联想到的，那么被诉侵权的技术方案与功能性特征相同或等同。

---

① 《最高人民法院关于审理侵犯专利权纠纷案件应用法律若干问题的解释（二）》在2016年1月25日由最高人民法院审判委员会第1676次会议通过，自2016年4月1日起施行。该解释在案件发生时还未生效，因此在本案例及后文案例的分析中并不适用该解释的相关规定，仅供读者学习参考。

上述法条是对如何判定专利权保护范围的认定，确定及审查侵权专利的技术特征是否落入了被侵权专利的保护范围。

《最高人民法院关于审理侵犯专利权纠纷案件应用法律若干问题的解释》

第十八条　权利人向他人发出侵犯专利权的警告，被警告人或者利害关系人经书面催告权利人行使诉权，自权利人收到该书面催告之日起一个月内或者自书面催告发出之日起二个月内，权利人不撤回警告也不提起诉讼，被警告人或者利害关系人向人民法院提起请求确认其行为不侵犯专利权的诉讼的，人民法院应当受理。

上述法条对确认不侵犯专利权诉讼案件受理的条件进行了规定，即权利人发出警告、被警告人书面催告权利人行使诉权、权利人在一定时间内既不撤回警告也不提起诉讼。

《民事案由规定》

为了正确适用法律，统一确定案由，根据《中华人民共和国民法通则》《中华人民共和国物权法》《中华人民共和国合同法》《中华人民共和国侵权责任法》和《中华人民共和国民事诉讼法》等法律规定，结合人民法院民事审判工作实际情况，对民事案件案由规定如下：

……

153. 确认不侵害知识产权纠纷：

（1）确认不侵害专利权纠纷；

（2）确认不侵害商标权纠纷；

（3）确认不侵害著作权纠纷；

……

《中华人民共和国专利法》

第二十二条第五款　本法所称现有技术，是指申请日以前在国内外为公众所知的技术。

第六十二条　在专利侵权纠纷中，被控侵权人有证据证明其实施的技术或者设计属于现有技术或者现有设计的，不构成侵犯专利权。

以上两条是《专利法》对"现有技术"规定的描述。

三、案件介绍

案由

案由：确认不侵害专利权及侵害实用新型专利纠纷之诉

案号

（2015）沪高民三（知）终字第 40 号

案件当事人

终审上诉人：赵一美

终审被上诉人：四川鸿昌塑胶工业有限公司

案件法律文书

上海市高级人民法院民事判决书

（2015）沪高民三（知）终字第 40 号

上诉人：赵一美

被上诉人：四川鸿昌塑胶工业有限公司

上诉人赵一美因与被上诉人四川鸿昌塑胶工业有限公司（以下简称鸿昌公司）确认不侵害专利权及侵害实用新型专利权纠纷一案，不服上海市第二中级人民法院（2014）沪二中民五（知）初字第 10 号民事判决，向本院提起上诉。本院受理后，依法组成合议庭，于 2015 年 7 月 28 日公开开庭进行了审理。上诉人赵一美的委托代理人×××、被上诉人鸿昌公司的委托代理人××，到庭参加诉讼。本案现已审理终结。

鸿昌公司在原审本诉中诉称：赵一美系名称为"清洁工具"实用新型专利（专利号为 ZL××××××××××××.9，以下简称涉案专利）的专利权人。2013年 4 月，赵一美以鸿昌公司生产、销售的美丽雅手压双驱旋转甩水拖（货号为 HC049017、商品条码为××××××××××××，以下简称涉案手压双驱拖）、美丽雅双涡轮地拖（货号为 HC017665、商品条码为××××××××××××，以下简称涉案涡轮拖）、美丽雅传奇旋转三驱地拖（货号为 HC017344、商品条码为××××××××××××，以下简称涉案传奇拖）、美丽雅好采头旋转地拖（货号为 HC017603、商品条码为××××××××××××，以下简称涉案好采拖），侵犯了赵一美涉案专利权为由向法院提起侵权诉讼〔案号（2013）沪二中民五（知）初字第65号，以下简称65号案件〕，在65号案件的审理过程中，赵一美突然撤回65号案件的起诉。之后，赵一美又就相同事实，于2013年9月9日向浙江省义乌市人民法院提起诉讼，并于2013年12月10日再次撤诉。鸿昌公司认为，鸿昌公司使用现有技术生产了上述四款涉案产品，且上述四款涉案产品的技术特征与涉案专利权利要求的对应技术特征不同。故鸿昌公司生产、销售的上述四款涉案产品的行为没有侵犯赵一美的涉案专利权。而赵一美重复诉讼又撤诉的行为，使鸿昌公司一直处于被诉侵权的不确定状态中，严重影响了鸿昌公司的正常经营。鸿昌公司遂诉讼来院，请求判令：确认鸿昌公司生产、销售的上述四款涉案产品没有侵犯赵一美的涉案专利权。

赵一美在原审本诉中辩称：鸿昌公司关于其使用现有技术生产涉案产品的陈述并不成立。赵一美认为，上述四款涉案产品中，涉案手压双驱拖、涉案传奇拖落入了涉案专利权利要求1、7、9、10、14、15的保护范围，涉案涡轮拖、涉案好采拖落入了权利要求1、7、9、10、15的保护范围。因此，鸿昌公司生产、销售上述四款涉案产品的行为侵害了赵一美享有的涉案专利权。赵一美请求原审法院驳回鸿昌公司的本诉诉讼请求。赵一美并以其上述理由，向原审法院提出反诉，请求原审法院判令鸿昌公司：（1）立即停止生产、销售、许诺销售上述四款涉案产品；（2）赔偿赵一美包括合理费用在内的经济损失人民币10万元。

鸿昌公司在原审反诉中辩称，其坚持本诉意见，请求原审法院驳回赵一美的反诉诉讼请求。

原审法院经审理查明以下事实。

一、关于涉案专利相关的事实

2010年9月19日，赵一美向国家知识产权局申请名称为"清洁工具"的实用新型专利。2011年5月11日，国家知产局对涉案专利予以授权公告。2013年1月23日，国家知产局因涉案专利权利要求14引用错误出版了涉案专利权利要求书、说明书及其附图的全文更正版本。2014年5月5日，国家知识产权局专利复审委员会（以下简称复审委）就鸿昌公司提起的涉案专利无效宣告请求作出第22729号无效宣告请求审查决定书，宣告维持涉案专利权有效。

上述国家知产局出版的涉案专利权利要求书、说明书及其附图的全文更正版本中涉及本案审理的涉案专利权利要求1、7、9、10、14、15的内容如下：

1.一种清洁工具，包括：甩水桶和拖把；甩水桶中设有可旋转的甩水篮；拖把杆下端铰接有带擦拭物的拖把头，拖把杆至少包括内杆和外杆，内杆、外杆其中之一的下端与拖把头相连；内、外杆间相互套接，内外杆间设有驱动机构和防拉脱机构；下压拖把杆，驱动机构将拖把杆伸缩运动转化为拖把头的旋转运动，拖把头绕拖把头旋转中心单向旋转，拖把头带动甩水篮绕旋转中心单向旋转；其特征在于，所述的甩水篮与拖把头间设有相配合的定位装置；带擦拭物的拖把头放入甩水篮时，定位装置将拖把头在甩水篮中平整定位；拖把头带动甩水篮旋转时，定位装置阻止拖把头倾斜。

7.根据权利要求1所述的清洁装置，其特征在于：所述的定位装置包括：设于甩水篮内侧中段的定位部，拖把头包括圆形拖把盘，拖把杆下压时，定位部与拖把盘相抵触。

9.根据权利要求7所述的清洁工具，其特征在于：所述的定位部包括：甩水篮内侧纵向分布至少3根定位筋，定位筋与拖把盘外缘相配合，定位筋中段设有突出部。

10.根据权利要求1所述的清洁工具，其特征在于：所述的驱动机构包括：与外杆固定的螺旋杆件，内杆与传动件相固定，转动件中设有与螺旋杆件相配合的螺牙或开孔；转动件与传动件间设有单向传动机构；所述的防拉脱机构包括：螺旋杆件上设有阻挡件，螺旋杆件与外杆的固定端和阻挡件分别设于传动件两侧，阻挡件可在内杆中灵活移动；拖把杆拉长到位时阻挡件阻止内、外杆脱离。

14.根据权利要求1所述的清洁工具，其特征在于：所述的甩水桶中设有清洗部，清洗部设有清洗支撑装置；清洗时拖把头单向旋转，清洗支撑装置支撑拖把头以减小拖把头的旋转阻力，清洗支撑装置同时阻止拖把头压紧擦拭物；清洗支撑装置设有与拖把头上支杆或开孔相配合的孔洞或支柱。

15.根据权利要求1所述的清洁工具，其特征在于：所述的内杆是与拖把头相连的杆体，拖把杆还包括：与外杆上端相连接的延长杆，握把设于延长杆顶端，内杆、外杆和延长杆均为金属杆；外杆中分别固定有螺旋杆件固定端和连接套，连接套与延长杆中的连接头配合连接，外杆上端或延长杆下端设有缩口段，外杆上端和延长杆下端通过缩口段插接。

涉案专利说明书中对于权利要求1中所述定位装置列举了5个实施例。其中实施例1中定位装置包括设于甩水篮中心和拖把头上相配合的支杆和开孔。实施例2中定位装置包括设于甩水篮中心和拖把头上相配合的支杆和开孔，其中支杆是穿出

甩水篮中心的轴杆。实施例3中,定位装置包括甩水篮中心凸起中设置的开孔以及
与该开孔相配合的设于拖把头上的支杆。实施例4中,定位装置包括设于甩水篮内
侧中段的定位部,拖把头包括圆形拖把盘,拖把杆下压时,定位部与拖把盘相抵触。
定位部包括甩水篮内侧中段设有的环形凸台和甩水篮内侧纵向分布的至少3根定位
筋,定位筋与拖把盘外缘相配合。当定位装置采用上述结构时,环形凸台和定位筋
可对拖把盘的摆放进行平整定位,当拖把杆倾斜下压时,环形凸台和定位筋可与拖
把盘配合阻止拖把头被压斜。实施例5中,定位装置包括设于甩水篮内侧中段的定
位部,拖把头包括圆形拖把盘,拖把杆下压时,定位部与拖把盘相抵触。定位部包
括甩水篮内侧纵向分布的至少3根定位筋,定位筋与拖把盘外缘相配合,定位筋中
段设有突出部。突出部和定位筋可对拖把盘的摆放进行平整定位,当拖把杆倾斜下
压时,突出部和定位筋可与拖把盘配合阻止拖把头被压斜。涉案专利说明书中并称:
定位装置包括设于甩水篮内侧中段的定位部,拖把头包括圆形拖把盘,拖把杆下压
时,定位部与拖把盘相抵触。当定位装置采用上述结构时,定位部可对拖把盘的摆
放进行平整定位,当拖把杆倾斜下压时,定位部可与拖把盘配合阻止拖把头被压斜。
该结构的定位装置要求擦拭物不能过多,以避免擦拭物将定位部和拖把盘隔离。

涉案专利说明书中图20清晰地显示了权利要求15中所称的缩口段。该图显示,
在延长杆下端设有与延长杆一体相连的直径略小于延长杆的缩口段33,延长杆下端
可通过该缩口段与外杆上端插接。

二、关于鸿昌公司现有技术抗辩的相关事实

2013年4月7日,赵一美以鸿昌公司生产、销售的涉案手压双驱拖、涉案传
奇拖侵犯其名称为"一种拖把桶及与其配套的拖把"实用新型专利权(专利号为
ZL×××××××××××××.6,以下简称3406专利)为由向原审法院提起诉讼,
原审法院予以立案受理,案号为(2013)沪二中民五(知)初字第37号(以下简
称赵一美案)。在赵一美案审理中,鸿昌公司以其使用现有技术生产涉案手压双驱拖、
涉案传奇拖为由进行抗辩,鸿昌公司在赵一美案中向原审法院提供的证据中,包括
了鸿昌公司在本案中提供的证据10~17、20~30、证据18、19中的部分技术图
纸、证据31中丘驳公司与鸿昌公司之间的合同。

2013年11月25日,原审法院对赵一美案作出(2013)沪二中民五(知)初
字第37号民事判决,上述民事判决中确认的鸿昌公司有关现有技术抗辩的事实包括:
"二、被告鸿昌公司现有技术抗辩的事实

（一）委托加工

2009 年 12 月 18 日，鸿昌公司与丘驳公司签订一份合同，约定丘驳公司为鸿昌公司生产美丽雅时来运转和美丽雅好运道拖把，合同对数量、交货时间、结算方式等作出约定。2009 年 12 月 31 日，鸿昌公司通过网上银行付款的方式向丘驳公司支付货款 20 万元。

（二）申请专利

鸿昌公司总经理李雪梅于 2009 年 12 月 24 日向国家知识产权局提出名称为'一种拖把及其专用脱水桶'的实用新型专利（专利申请号为 ZL×××××××××××.9）的申请，国家知识产权局于 2010 年 10 月 6 日作出授权公告。该实用新型专利公开了一种拖把，拖把杆中具有由螺杆、离合螺母和离合套组成的驱动机构以及由挡销和下缓冲器组成的防拉脱机构，螺杆与离合螺母螺纹配合，离合螺母位于离合套内。

（三）设计图纸

审理中，被告鸿昌公司提交了手压式地拖设计图中涉及拖把杆部分的设计图纸，该设计图纸为手压式地拖拖把杆各零部件图及总装配图，包括各零部件的名称、规格编号、材质、件数等。其中规格编号一栏标明了各部件所需模具的模号，如离合螺母 ST2574-15、离合套 ST2574-16；还有部分需要外购的零部件显示为具体的尺寸和规格，如螺杆 400×6.5×2，垫圈 14×0.7，定位销 3×12、压块 50×4×1.3 等。该份设计图显示，手压式地拖拖把杆包括内杆、外杆，外杆上端有延长杆，内杆、外杆之间设有驱动机构，驱动机构包括螺杆、离合螺母和离合套，螺杆穿过离合螺母，离合螺母中具有与螺杆相配合的开孔，离合螺母下端有棘齿。内杆、外杆之间设有由定位销、垫圈、限位环组成的防拉脱机构。

（四）订购模材

陈洁模具公司成立于 2006 年 11 月 1 日，法定代表人陈祖熄，经营范围包括生产、销售钢模具等，该公司章程中记载的股东名称是陈祖熄、方春琴。洁鑫模具公司成立于 2009 年 8 月 21 日，法定代表人陈祖熄，经营范围包括销售模具、钢材等，该公司章程中记载的股东名称亦是陈祖熄、方春琴。2010 年 4 月 2 日，洁鑫模具公司向鸿昌公司发出关于公司变更的通知，告知由陈洁模具公司变更为洁鑫模具公司并盖两公司印章。2011 年 12 月 28 日，陈洁模具公司向工商部门办理了公司注销登记。

2009 年 12 月至 2010 年 2 月，陈洁模具公司出具报价单，经鸿昌公司确认后分别签订编号为 M091230-03、M100109-02、M100109-03、M100208-06、M100209-01、M100209-02、M100209-03 的合同，经办人涂晓华、谭某某，合同约定由陈洁模具公司为鸿昌公司提供模号为 ST2574 系列和 ST2575 系列的模材、P20 精料、P20 内模件等，合同标明了具体的规格、数量，总价分别为 38 840 元、9225 元、5260 元、8425 元、56 969 元、55 350 元和 20 570 元。审理中，鸿昌公司称上述 7 份合同仅为其与陈洁模具公司签订的订购合同中的一部分，由于时间久远，仍有大量合同未找到。

2010 年 2 月 2 日，鸿昌公司与陈洁模具公司对账单显示 2010 年 1 月的交易总计金额为 223 188 元，其中包括金额为 5260 元和金额为 9225 元的两笔订单。2010 年 3 月，陈洁模具公司向鸿昌公司开具货物名称为模胚和 P20 钢材的发票共计 21 张，总计金额为 223 188 元。

2013 年 8 月 9 日，洁鑫模具公司员工梁绍先出具情况说明，证明其于 2009 年 11 月进入该公司工作，公司当时同时存在洁鑫模具公司和陈洁模具公司两个名称，2010 年 4 月后以洁鑫模具公司的名称对外经营，其本人负责模具材料的销售，2009 年 12 月至 2010 年 2 月期间曾收到鸿昌公司的订单，订购产品编号为 ST2574 和 ST2575 系列模具材料，并安排当时的员工涂晓华、谭某某起草合同，盖章后传真给鸿昌公司，之后向龙记模架加工工厂订购相应的模具材料，一般 7 日左右将有龙记钢印标记的模具材料发给鸿昌公司。同日，梁绍先向四川省成都市国力公证处申请公证，在公证员面前对上述情况说明签字并按指印，四川省成都市国力公证处出具（2013）川国公证字第 88575 号公证书。

2013 年 8 月 9 日，洁鑫模具公司员工谭某某出具情况说明，证明其于 2008 年 1 月进入陈洁模具公司工作，2010 年 4 月后公司改名为洁鑫模具公司。其本人在公司负责模具材料销售和财务。2009 年 12 月至 2010 年 2 月期间曾收到鸿昌公司的订单订购产品编号为 ST2574 和 ST2575 系列模具材料，并起草了编号为 M100208-06、M100209-01、M100209-02、M100209-03 的四份合同，盖章后传真给鸿昌公司确认。洁鑫模具公司是龙记模架在四川的总代理，在收到订单后向龙记模架订购相应的模具材料，7～10 天左右可以到货，到货后将有钢印标记的模具材料发给鸿昌公司。同日，谭某某向四川省成都市国力公证处申请公证，在公证员面前对上述情况说明签字并按指印，四川省成都市国力公证处出具（2013）川国公证字第 88574 号公证书。

2013年8月9日，鸿昌公司向四川省成都市国力公证处申请证据保全公证，公证员来到位于成都市新都区新都镇君跃路×××号鸿昌公司，对放置在厂房内的设备现状进行摄像和照相，取得6张照片和1张光盘。公证书所附光盘共包括四段视频。第一段文件名为M2U01921.MPG的视频反映了ST2574系列和ST2575系列各类模具的外观，可以看到有钢印的模号、LKM标记、2010-2。第二段文件名为M2U01922.MPG的视频反映了模具ST2574-28、ST2574-17、ST2574-19、ST2574-18分别是用于制造手压式拖把杆中延长杆管口套、手压式地拖脱水篮、延长杆膨胀螺母和膨胀螺纹、挡水板的模具。第三段文件名为M2U01923.MPG的视频反映了模具ST2575-5、ST2575-10、ST2575-11、ST2575-1打开之后的细节图。第四段文件名为M2U01924.MPG的视频反映了模具ST2574-15和ST2574-16是用于制造手压式拖把杆中驱动机构离合螺母和离合套的模具，离合螺母内有与螺杆相配合的开孔，离合螺母和离合套内均设棘齿。

审理中，证人谭某某出庭作证，确认鸿昌公司提交的订购合同是真实的。此外，证人谭某某还确认陈洁模具公司销售给鸿昌公司的是模胚，由陈洁模具公司进行粗加工，之后再由鸿昌公司进行精加工。LKM是厂商标记，2010-2是模胚的出厂日期。

（五）外购零部件

2010年2月6日，鸿昌公司与成都龙华公司模具厂签订'订购协议'，订购的货品名称为垫圈、限位销和压块，金额分别为6000元、6700元和7865.04元。2010年4月1日，鸿昌公司通过网上银行转账的方式将货款20 565元支付给成都龙华公司模具厂。

（六）包装印刷

2010年年初，鸿昌公司与尚世公司签订长期供货合同，约定由尚世公司为鸿昌公司提供包装印刷。2010年3月至7月，尚世公司为鸿昌公司印制了好运道地拖、手压式地拖以及其他地拖的包装盒及说明书等，每次印刷的数量从几百套到几千套不等，分为16次送货，每次送货均有送货单及与之对应的入库单。其中2010年3月24日送货单及与之相对应的入库单显示：'好运道甩水拖＋说明书600套，单价5.3；时来运转甩水拖＋说明书500套，单价5.2；手压式甩水拖＋说明书500套，单价6.5。'2010年3月至7月双方的对账单显示包括2010年3月24日在内的共计16次送货的交易明细，与前述送货单和入库单均一一对应，金额共计64 948元。2010年8月10日，尚世公司向鸿昌公司开具金额为64 948元的增值税专用发票一张。

2013 年 8 月 9 日，尚世公司的股东何英琼（曾用名何英群）出具情况说明，证明 2010 年 3 月 20 日，鸿昌公司向尚世公司下单，委托尚世公司生产印刷美丽雅手压式、时来运转和好运道拖把的彩盒及说明书，数量分别为 500 套、500 套和 600 套。尚世公司在 2010 年 3 月 24 日将上述三款拖把的彩盒和说明书印刷完毕并交付给了鸿昌公司。同日，何英琼向四川省成都市国力公证处申请公证，在公证员面前对上述情况说明签字并按指印，四川省成都市国力公证处出具（2013）川国公证字第 88576 号公证书。

审理中，鸿昌公司提交了一套由何英琼签字并由尚世公司盖章的好运道地拖和手压式地拖的包装印刷版式样张。其中，从好运道地拖的包装盒及说明书可见该产品的拖把桶分为脱水部和清洗部，脱水部中具有脱水篮、挡水板，清洗部中具有清洗架。产品说明书中描述了部件特性及使用方法并标明了挡水罩和清洗组件。从手压式地拖包装盒可见，该产品的拖把杆是手压式拖把杆，包括内杆、外杆，外杆上端有延长杆，内外杆间有可以旋转的标识。

（七）库存实物

审理中，鸿昌公司提交了其库存的好运道地拖实物和手压式地拖实物各一套。其中好运道地拖包装盒显示：产品名称美丽雅好运道地拖、货号 HC15333、条形码 ×××××××××××××。该产品实物的拖把桶具有清洗部和脱水部，脱水部中设有脱水篮，脱水篮能够在拖把头带动下旋转，脱水部还设有与拖把桶相固定的挡水板，清洗部中设有可以转动的清洗架。手压式地拖包装盒显示：产品名称美丽雅手压式旋转地拖、货号 HC18884、条形码 ×××××××××××。该产品实物的拖把杆包括内杆、外杆，外杆上端有延长杆，内杆、外杆之间可以相互转动，内杆下端铰接有带擦拭物的拖把头。拖把杆中设有驱动机构，驱动机构将内杆、外杆间的直线运动转化为拖把头的旋转运动，内外杆之间有防拉脱机构，防止内外杆分离。

经当庭演示，手压式地拖的拖把杆可以用在好运道地拖的拖把桶上实现手压脱水和清洗的功能。脱水时，下压拖把杆，脱水篮能够在旋转的拖把头带动下旋转；清洗时，拖把头与清洗架相抵触，清洗架阻止拖把头压紧擦拭物，拖把头绕拖把头的中心转动。

（八）超市订货及销售

成都市家乐福超市有限公司光华店编号为 ×××××××× 的家乐福验收单显

示：供应商鸿昌公司，订货日期 2010 年 3 月 2 日，收货日期 2010 年 4 月 15 日，商品名称包括美丽雅手压式，HC18884，条码 ××××××××××××，订单数量 100，收货数量 0。

2010 年 4 月 12 日，鸿昌公司向成都桂湖摩尔商贸有限公司开具金额为45 397.97 元的增值税专用发票一张，销售货物清单显示所售货物包括：美丽雅手压式旋转地拖，规格型号：HC18884，数量 5；美丽雅双涡轮地拖，规格型号：HC17665，数量 18 等。

2010 年 5 月 3 日，鸿昌公司向北京物美综合超市有限公司开具金额为 114,888 元的增值税专用发票一张，货物或应税劳务名称包括美丽雅好运道地拖，规格型号显示 1533，数量 60 等。

（九）网络销售

1. 淘宝卖家杨云的网络销售

2010 年 4 月 28 日，淘宝卖家杨云的进货单显示：品名规格美丽雅好运道地拖、条形码 ××××××××××××、数量 10 套、单价 160 元。2010 年 4 月 30日的进货单显示：品名规格手压式三节杆（不带盘），数量 20，单价 18 元。

审理中，杨云的丈夫潘强出庭作证称，其与杨云一起开设网店，在超市看到有好运道地拖等销售后，于 2010 年 4 月 28 日向鸿昌公司购进美丽雅好运道地拖并在网上销售。由于手压式拖把杆可以用在好运道地拖的拖把桶上配套使用进行手压脱水和清洗，因而在 2010 年 4 月 30 日单独进购 20 套手压式三节杆以备售后维修之用。证人潘强当庭确认其销售的好运道地拖与被告鸿昌公司提交的好运道地拖实物一致。

2. 淘宝卖家于春会的网络销售

2010 年 5 月 15 日，淘宝卖家于春会的进货单显示：名称美丽雅好运道地拖、条形码 ××××××××××××、数量 2 套等，2010 年 7 月 9 日的进货单显示名称：美丽雅好运道地拖、条形码 ××××××××××××、数量 30 套等。

2013 年 8 月 7 日，于春会向上海市静安公证处申请证据保全公证，在公证人员的监督下，于春会使用公证处已经联网的计算机进行以下操作：打开 IE 浏览器，在地址栏输入 www.taobao.com，进入淘宝网页面，点击登录，输入用户名和密码进入淘宝网卖家中心，点击已卖出的宝贝，再点击三个月前订单，在宝贝名称栏内输入'好运'，成交时间更改为'2010-05-15'到'2010-05-18'，点击搜索，进入页面。该页面显示一条交易记录，成交时间：2010-05-17，点击该交易，显示宝贝快照，所售宝贝的图片显示为美丽雅好运道地拖，卖家在商品详情中标注：货号HC15333。宝贝快照中所附照片可见，好运道地拖的拖把桶具有挡水板和清洗架。关闭该页面并返回上级页面，将成交时间更改为'2010-08-31'到'2010-08-31 23时'，点击搜索，显示一条交易记录，成交时间2010-08-31，点击该笔交易，显示宝贝快照，所售宝贝图片显示为美丽雅好运道地拖—包装样式2。卖家在商品详情中标注：货号HC15333。关闭该页面并返回上级页面，在宝贝名称栏内输入手压式的'手'，成交时间更改为'2010-08-8'到'2010-08-09'，点击搜索，进入页面。该页面显示一条交易记录，成交时间：2010-08-08，点击该交易，显示宝贝快照，所售宝贝的图片显示为美丽雅手压式旋转地拖，卖家在商品详情中标注：货号HC18884。从宝贝快照中所附的照片看，手压式地拖的拖把杆包括内杆、外杆和延长杆，宝贝快照中还附有产品解说图、部件特性及使用方法说明。根据上述公证过程，上海市静安公证处出具（2013）沪静证字第2107号公证书。

审理中，于春会出具情况说明并到庭作证，证明其从2008年年底开始在淘宝网销售鸿昌公司的产品，一般在进购新品前，会到上海地区的家乐福、沃尔玛等超市进行实地考察，确认该产品为热销产品后，再向鸿昌公司申请在网上销售该产品。同时，于春会确认鸿昌公司提交的好运道地拖和手压式地拖实物与其在网络上销售的实物一致，并称由于与好运道地拖配套出售的拖把杆不能手压，比较容易坏，为解决售后维修问题，将手压式地拖的拖把杆配给客户使用，手压式地拖的拖把杆可以与好运道地拖的拖把桶配套使用实现手压脱水和清洗的功能。"

赵一美案一审判决后，赵一美向上海高院提起上诉。在赵一美案二审期间，赵一美向上海高院提供的证据中包括了其在本案中提供的证据1、3～7、10，鸿昌公司则将其在本案中提供的证据30～36作为补充证据递交给上海高院。

2014年10月28日，上海高院作出（2014）沪高民三（知）终字第13号终审判决。在上述生效判决中，上海高院认为，赵一美在二审中提交的五份专利文件（本案赵一美证据3～7），难以证明鸿昌公司的好运道地拖系根据该些专利生产，因此其与赵一美案涉案产品的关联性，上海高院难以认定；而（2013）浙永证民字第4952号、第4953号公证书（本案赵一美证据1、10），无法证明所涉及的好运道地拖系鸿昌公司生产销售，因此难以达到赵一美关于好运道地拖拖把桶无清洗架的证明目的。上海高院对赵一美在赵一美案二审中提交的证据材料，均不予采信。

对于赵一美案二审中，鸿昌公司提交的新证据，上海高院认为，鸿昌公司提交的证据材料一（本案鸿昌公司证据 31 中武义德馨工贸有限公司、丘驳公司情况说明）属于证人证言，根据法律规定，除非存在《中华人民共和国民事诉讼法》第73条规定的例外情形，否则出具证人证言的单位负责人或知道相关情况的个人应当出庭接受质询，现有关公司相关人员未到庭作证，亦无证据证明其存在法定例外情形，且赵一美亦不认可其内容，故上海高院难以确认该组证据材料真实可信，因此不予采信。证据材料二、三、四（本案鸿昌公司证据 32 ~ 34），均产生于赵一美案一审之前，鸿昌公司理应可通过公开渠道获取并向原审法院提供，因此其不符合二审新证据条件；同时，证据材料二和证据材料四之外观设计专利难以完全反映其产品结构，而证据材料三的内容亦不与一审认定事实相矛盾。证据材料五（本案鸿昌公司证据 35）之证明内容与赵一美案无直接关联。证据材料六（本案鸿昌公司证据36）产生于赵一美案一审之前，不符合二审新证据条件；且该证据所欲证明的内容已被一审判决所认定。证据材料七（本案鸿昌公司证据 37）的有关内容在一审中已经提交，因此其属于在一审中即可提交的证据，亦不属于二审新证据；且该证据材料的内容与一审认定的事实并无矛盾。因此对上述证据材料，上海高院均未采纳。

综上，上海高院在上述生效判决中确认的与本案相关的事实包括：（1）赵一美案中原审判决认定的事实属实。（2）赵一美案二审庭审中，法院组织双方对鸿昌公司作为现有技术载体的手压式地拖拖把杆进行了当庭破拆，并将其与两款被诉侵权产品的拖把杆进行了比对：三者均具有内杆、外杆，外杆上端有延长杆，内外杆间可相互转动，并通过套接使拖把杆可作压短和拉长的直线运动，内杆下端铰接有带擦拭物的拖把头；内外杆间设有驱动机构，驱动机构包括螺杆和离合螺母，螺杆穿过离合螺母，离合螺母的中心通孔具有与螺杆外形相匹配的开孔；驱动机构将内、外杆间的直线运动转化为拖把头的旋转运动并通过离合螺母下端棘齿与离合套内棘齿相啮合来驱动拖把头单向旋转，内外杆之间有防拉脱机构。

原审法院另查明，丘驳公司企业法人营业执照显示，该公司法定代表人系陈剑。2009 年 10 月 27 日，陈剑申请了名称为"拖把桶（G）"外观设计专利（专利号：ZL×××××××××××.7）。外观设计专利公告图片显示，该拖把桶设置有清洗篮、清洗架，拖把桶侧面设置有脚踩驱动装置。2009年 11 月 9 日，陈剑申请了名称为"脱水清洗装置"实用新型专利（专利号：ZL×××××××××××.1），该实用新型专利体现了拖把桶具有清洗篮、清洗架，并在拖把桶侧面设置有脚踩驱动装置以驱动清洗篮、清洗架的结构特征。2010年2月5日，陈剑申请了名称为"拖把桶（K）"外观设计专利（专利号：ZL×××××××××××.7)，该外观设计专利公告图片显示，该拖把桶设置有清洗篮、清洗架，拖把桶侧面设置有脚踩驱动装置。

2014年1月24日，四川省成都市国力公证处出具（2014）川国公证字第52337号公证书。该公证书记载了公证处公证人员与鸿昌公司委托代理人共同至成都市新都区桂湖名都C幢桂湖摩尔一号办公区二楼财务部复印相关财务发票的过程。公证书中还随附了现场拍摄的照片及现场复印的财务发票复印件。公证书附件显示：2010年4月12日，鸿昌公司向成都桂湖摩尔商贸有限公司开具编号为×××××××增值税专用发票及销售货物清单，增值税专用发票金额共计45 397.97元，销售货物清单中包括了手压式地拖。

2013年11月15日，四川省成都市国力公证处出具（2013）川国公证字第117993号公证书。该公证书记载了何英琼在公证书所附情况说明及其5张附件上签名的过程。公证书中所附情况说明及其5张附件所显示的事实与赵一美案生效判决中查明的有关事实与（2014）沪高民三（知）终字第13号民事判决书第9页至第10页（六）包装印刷相一致。

三、关于本案中相关产品的相关技术特征

（1）涉案手压双驱拖、涉案传奇拖、涉案涡轮拖、涉案好采拖、手压式地拖对应涉案专利权利要求1、7、9、10、15的技术特征为：包括甩水桶和拖把；甩水桶中设有可旋转的甩水篮；拖把杆下端连接带擦拭物的拖把头，拖把杆包括内杆和外杆，外杆下端与拖把头相连；内、外杆间相互套接，内外杆间设有驱动机构和防拉脱机构；下压拖把杆，驱动机构将拖把杆伸缩运动转化为拖把头的旋转运动，拖把头绕拖把头旋转中心单向旋转，拖把头带动甩水篮绕旋转中心单向旋转。上述甩水篮内侧纵向分布有5根定位筋，定位筋中段较其上段略有突出。上述拖把头由连接装置、拖把盘、擦拭物组成，其中连接装置的上端与拖把杆下端插接，连接装置和拖把杆并通过套在拖把杆上的连接套螺旋连接固定。连接装置的下端通过螺母固定于拖把盘中间突出的定位孔中。连接装置下端两侧设有卡位部，在连接装置与拖把盘呈90°直角时，卡位部通过与拖把盘表面的平面接触，使连接装置及插接于其上的拖把杆与拖把盘保持垂直。将带擦拭物的拖把头放入甩水篮并将拖把杆下压时，拖把盘的外缘抵触在擦拭物上，擦拭物抵触在甩水篮上。上述内外杆间设有驱动机构包括：与外杆固定的螺旋杆件，内杆与传动件相固定，转动件中设有与螺旋杆件相配合的螺牙或开孔；转动件与传动件间设有单向传动机构；所述的防拉脱机构包括：螺旋杆件上设有阻挡件，螺旋杆件与外杆的固定端和阻挡件分别设于传动件两侧，阻挡件可在内杆中灵活移动；拖把杆拉长到位时阻挡件阻止内、外杆脱离。上述内杆是与拖把头相连的杆体，拖把杆还包括：与外杆上端相连接的延长杆，握把设于延长杆顶端，内杆、外杆和延长杆均为金属杆；外杆中分别固定有螺旋杆件固定端和连接头，连接头与延长杆中的连接套配合连接。外杆上端设有一段直径略小于外杆的部分，该部分可以插接于延长杆的下端。

（2）涉案手压双驱拖、涉案传奇拖对应涉案专利权利要求14的技术特征为：涉案手压双驱拖、涉案传奇拖除具有对应上述权利要求1的技术特征外，还具有在其的甩水桶中设有清洗部，清洗部设有清洗支撑装置；清洗时拖把头单向旋转，清洗支撑装置支撑拖把头以减小拖把头的旋转阻力，清洗支撑装置同时阻止拖把头压紧擦拭物；清洗支撑装置上设有与拖把头开孔相配合的凸起，该凸起呈粗短支柱状。

经当庭查看，好运道地拖中的拖把桶具有如下技术特征：甩水桶中设有清洗部，清洗部设有清洗支撑装置；清洗时拖把头单向旋转，清洗支撑装置支撑拖把头以减小拖把头的旋转阻力，清洗支撑装置同时阻止拖把头压紧擦拭物；清洗支撑装置上设有与拖把头开孔相配合的凸起。但好运道地拖中的配套拖把杆不能带动配套拖把桶中的脱水篮和清洗架旋转，带动好运道地拖拖把桶中的脱水篮和清洗架旋转的是安装于好运道地拖拖把桶侧面的脚踩驱动装置。

此外，上述赵一美案中查明的有关将手压式地拖的拖把杆使用于好运道地拖的拖把桶的相关事实为"经当庭演示，手压式地拖的拖把杆可以用在好运道地拖的拖把桶上实现手压脱水和清洗的功能。脱水时，下压拖把杆，脱水篮能够在旋转的拖把头带动下旋转；清洗时，拖把头与清洗架相抵触，清洗架阻止拖把头压紧擦拭物，拖把头绕拖把头的中心转动"。经当庭查看，手压式地拖拖把杆的拖把头中部孔洞不能与好运道地拖清洗架中部凸起相配合。

原审法院认为，本案中双方当事人的主要争议焦点在于：（1）四款涉案产品的技术特征是否落入了赵一美主张的涉案专利权利要求的保护范围；（2）鸿昌公司关于四款涉案产品的技术特征系根据现有技术生产的主张能否成立。

关于第一个争议焦点。

鸿昌公司认为，涉案手压双驱拖、涉案传奇拖、涉案涡轮拖、涉案好采拖在如下技术特征上与赵一美主张的权利要求保护的技术特征有区别：（1）四款涉案产品中不存在涉案专利权利要求 1、7、9 中所述的定位装置的技术特征；（2）四款涉案产品中不存在涉案专利权利要求 15 中所述的缩口段的技术特征；（3）涉案手压双驱拖、涉案传奇拖中不存在涉案专利权利要求 14 中所述的"清洗支撑装置设有与拖把头上支杆或开孔相配合的孔洞或支柱"；（4）四款涉案产品中采用的系"外杆中分别固定有螺旋杆件固定端和连接头，连接头与延长杆中的连接套配合连接"，该技术特征与涉案专利权利要求 15 中所述的"外杆中分别固定有螺旋杆件固定端和连接套，连接套与延长杆中的连接头配合连接"不同。鸿昌公司认可四款涉案产品的其余技术特征与原告主张的权利要求保护的对应技术特征相同。

赵一美认为，四款涉案产品中具有涉案专利权利要求 1、7、9 所述的定位装置、涉案专利权利要求 15 中所述的缩口段的技术特征。涉案手压双驱拖、涉案传奇拖中存在涉案专利权利要求 14 中所述的"清洗支撑装置设有与拖把头上支杆或开孔相配合的孔洞或支柱"的技术特征。赵一美认可四款涉案产品中采用的系"外杆中分别固定有螺旋杆件固定端和连接头，连接头与延长杆中的连接套配合连接"的技术特征，但赵一美认为该技术特征与涉案专利权利要求 15 中所述"外杆中分别固定有螺旋杆件固定端和连接套，连接套与延长杆中的连接头配合连接"的技术特征，构成等同特征。

原审法院认为：

1.关于涉案专利权利要求 1 所述的定位装置

涉案专利权利要求 1 对于定位装置的表述为"所述的甩水篮与拖把头间设有相配合的定位装置；带擦拭物的拖把头放入甩水篮时，定位装置将拖把头在甩水篮中平整定位；拖把头带动甩水篮旋转时，定位装置阻止拖把头倾斜"。涉案专利权利要求 7 对于定位装置的表述为"根据权利要求 1 所述的清洁装置，其特征在于：所述的定位装置包括：设于甩水篮内侧中段的定位部，拖把头包括圆形拖把盘，拖把杆下压时，定位部与拖把盘相抵触"。涉案专利权利要求 9 对于定位装置的表述为"根据权利要求 7 所述的清洁工具，其特征在于：所述的定位部包括：甩水篮内侧纵向分布至少 3 根定位筋，定位筋与拖把盘外缘相配合，定位筋中段设有突出部"。上述涉案专利权利要求 1 中对于定位装置的表述，并没有明确定位装置的具体结构特征，而是对定位装置所产生的功能或者效果的表述，属于功能性特征的表述。根据《最高人民法院关于审理侵犯专利权纠纷案件应用法律若干问题的解释》第 4 条规定，对于权利要求中以功能或者效果表述的技术特征，应当结合说明书和附图描述的该功能或者效果的具体实施方式及其等同的实施方式，确定该技术特征的内容。

在涉案专利说明书中对于定位装置列举了5个实施例，其中实施例1、2、3中的定位装置分别要求在甩水篮中心和拖把头上分别设置相配合的支杆和开孔。实施例4、5中的定位装置要求在甩水篮内侧中段设置定位部，拖把头包括圆形拖把盘，定位部须与拖把盘相抵触。定位部包括甩水篮内侧纵向分布的至少3根定位筋，以及甩水篮内侧中段设有的环形凸台或定位筋中段设置有突出部。在拖把杆下压时，定位部对拖把盘的摆放进行平整定位。当拖把杆倾斜下压时，定位部可与拖把盘配合阻止拖把头被压斜。说明书中并称在定位装置采用设于甩水篮内侧中段的定位部的结构时，要求擦拭物不能过多，以避免擦拭物将定位部和拖把盘隔离。此外，在涉案专利权利要求7中有"定位部与拖把盘相抵触"的描述，在涉案专利权利要求9中有"定位筋与拖把盘外缘相配合"的表述。原审法院认为，涉案专利权利要求7、9，说明书中的上述陈述表明涉案专利权利要求1的定位装置应当具有如下技术特征：在实施例1、2、3中的定位装置应当具有在甩水篮中心和拖把头上分别设置相配合的支杆和开孔的技术特征。实施例4的中定位装置应当具有：在甩水篮内侧中段设置定位部，拖把头包括圆形拖把盘。上述定位部包括甩水篮内侧纵向分布的至少3根定位筋以及甩水篮内侧中段设有的环形凸台。在拖把杆下压时，定位部须与拖把盘相抵触，使定位筋和环形凸台对拖把盘的摆放进行平整定位。当拖把杆倾斜下压时，环形凸台和定位筋可与拖把盘配合阻止拖把头被压斜的技术特征。实施例5中的定位装置应当具有：在甩水篮内侧中段设置定位部，拖把头包括圆形拖把盘。上述定位部包括甩水篮内侧纵向分布的至少3根定位筋，以及定位筋中段设置有突出部。在拖把杆下压时，定位部须与拖把盘相抵触，使定位筋及定位筋中段设置的突出部对拖把盘的摆放进行平整定位。当拖把杆倾斜下压时，定位筋中段设置的突出部和定位筋可与拖把盘配合阻止拖把头被压斜的技术特征。

而四款涉案产品所涉及的该技术特征为，甩水篮内侧纵向分布有5根定位筋，定位筋中段较其上段略有突出。将带擦拭物的拖把头放入甩水篮并将拖把杆下压时，拖把盘的外缘抵触在擦拭物上，擦拭物抵触在甩水篮上。经原审法院查看，当拖把杆倾斜下压时，由于擦拭物的隔离，四款涉案产品的定位筋及定位筋中段的突出处，不能与拖把盘相抵触，四款涉案产品的定位筋及定位筋中段的突出处无法配合拖把盘阻止拖把头被压斜。此外，四款涉案产品及手压式地拖在拖把杆下压前已经通过拖把杆和拖把盘之间的连接装置下端两侧设置的卡位部，保证拖把杆与拖把盘的垂直。

将四款涉案产品涉及定位装置的技术特征与上述涉案专利权利要求 1 定位装置的对应技术特征相比对。四款涉案产品缺少实施例 1～3 中定位装置关于甩水篮中心和拖把头上分别设置相配合的支杆和开孔的技术特征。缺少实施例 4 中定位装置关于甩水篮内侧中段设有环形凸台。在拖把杆下压时，定位部与拖把盘相抵触，使定位筋和环形凸台对拖把盘的摆放进行平整定位。当拖把杆倾斜下压时，环形凸台和定位筋可与拖把盘配合阻止拖把头被压斜的技术特征。缺少实施例 5 中定位装置关于，在拖把杆下压时，定位部须与拖把盘相抵触，使定位筋中段设置的突出部和定位筋对拖把盘的摆放进行平整定位。当拖把杆倾斜下压时，定位筋中段设置的突出部和定位筋可与拖把盘配合阻止拖把头被压斜的技术特征。根据《最高人民法院关于审理侵犯专利权纠纷案件应用法律若干问题的解释》第 7 条中"被诉侵权技术方案的技术特征与权利要求记载的全部技术特征相比，缺少权利要求记载的一个以上的技术特征，人民法院应当认定其没有落入专利权的保护范围"的规定，原审法院认为，因本案中四款涉案产品不具有涉案专利权利要求 1 中定位装置的技术特征，故四款涉案产品的对应技术特征，没有落入涉案专利权利要求 1、7、9 的保护范围。

2. 关于涉案专利权利要求 15 中所述的缩口段

涉案专利要求 15 对于缩口段的表述为"外杆上端或延长杆下端设有缩口段，外杆上端和延长杆下端通过缩口段插接"。原审法院认为，涉案专利说明书中图 20 显示，权利要求 15 中所称的缩口段位于延长杆的下端，且该缩口段与延长杆一体相连，直径略小于延长杆，延长杆下端可通过该缩口段与外杆上端插接。因此，符合涉案专利权利要求 15 所称的缩口段，应当具有位于外杆上端或延长杆下端，与外杆或延长杆一体相连，且直径小于外杆或延长杆，外杆下端和延长杆上端通过缩口段插接的技术特征。而四款涉案产品所涉及的该技术特征为"外杆上端设有一段直径略小于外杆的部分，该部分可以插接于延长杆的下端"。因此，原审法院认为四款涉案产品具有涉案专利权利要求 15 缩口段的技术特征，原审法院对于鸿昌公司的相关主张，不予采信。

3. 关于涉案专利权利要求 14 中所述的"清洗支撑装置设有与拖把头上支杆或开孔相配合的孔洞或支柱"的技术特征

原审法院认为，经查涉案手压双驱拖、涉案传奇拖在其清洗支撑装置上设有与拖把头开孔相配合的凸起,该凸起呈粗短支柱状。故涉案手压双驱拖、涉案传奇拖具有涉案专利权利要求14中所述的"清洗支撑装置设有与拖把头上支杆或开孔相配合的孔洞或支柱"的技术特征,原审法院对于鸿昌公司的相关主张,不予采信。

4.关于涉案专利权利要求15中所述的"外杆中分别固定有螺旋杆件固定端和连接套,连接套与延长杆中的连接头配合连接"的技术特征

本案审理中,双方当事人对于四款涉案产品中采用的系"外杆中分别固定有螺旋杆件固定端和连接头,连接头与延长杆中的连接套配合连接"的技术特征,与涉案专利权利要求15中所述的"外杆中分别固定有螺旋杆件固定端和连接套,连接套与延长杆中的连接头配合连接"技术特征不同,并无异议。争议在于上述两者是否构成等同特征。原审法院认为,《最高人民法院关于审理专利纠纷案件适用法律问题的若干规定》第17条规定,"专利法第五十九条第一款所称的'发明或者实用新型专利权的保护范围以其权利要求的内容为准,说明书及附图可以用于解释权利要求的内容',是指专利权的保护范围应当以权利要求记载的全部技术特征所确定的范围为准,也包括与该技术特征相等同的特征所确定的范围。等同特征,是指与所记载的技术特征以基本相同的手段,实现基本相同的功能,达到基本相同的效果,并且本领域普通技术人员在被诉侵权行为发生时无需经过创造性劳动就能够联想到的特征"。本案中,虽然螺旋杆件固定端、连接头、连接套的位置有所区别,但其均是使用于延长杆和外杆的连接固定。现四款涉案产品仅是将螺旋杆件固定端、连接头、连接套在延长杆和外杆上的位置进行了变化,因此其所采取的技术手段与涉案专利权利要求所描述的技术手段基本相同,所实现的功能、效果一致,并且该种位置变化属于本领域普通技术人员在被诉侵权行为发生时无需经过创造性劳动就能够联想到的技术特征。故原审法院认为,四款涉案产品具有与涉案专利权利要求15中"外杆中分别固定有螺旋杆件固定端和连接套,连接套与延长杆中的连接头配合连接"的等同特征。

综上,原审法院认为,鉴于四款涉案产品均不具有涉案专利权利要求1中定位装置的技术特征,故涉案手压双驱拖、涉案传奇拖没有落入了涉案专利权利要求1、7、9、10、14、15的保护范围。涉案涡轮拖、涉案好采拖没有落入了权利要求1、7、9、10、15的保护范围。原审法院对于鸿昌公司关于四款涉案产品不侵犯赵一美涉案专利权的主张予以采纳,对于赵一美关于四款涉案产品侵犯其涉案专利权的反诉主张,不予采信。

关于第二个争议焦点。

1. 好运道地拖、手压式地拖在涉案专利申请日前是否已经公开销售

原审法院认为，《最高人民法院关于民事诉讼证据的若干规定》第9条规定，已为人民法院发生法律效力的裁判所确认的事实，当事人无需举证证明，但当事人有相反证据足以推翻的除外。本案中，根据原审法院查明的事实，在赵一美案的生效判决中上海高院已就好运道地拖、手压式地拖公开销售的情况的相关事实进行了认定。因此，本案中需要考量的是，本案中双方当事人所提供的新证据可否推翻上述生效判决已经确认的事实。

（1）关于鸿昌公司在本案中提供的证据10～37。

鸿昌公司在本案中提供的证据10～17、20～30、证据18、19中的部分技术图纸、证据31中丘驳公司与鸿昌公司之间的合同，已为赵一美案生效判决所采纳，并成为赵一美案中认定事实的依据。鸿昌公司证据31中武义德馨工贸有限公司、丘驳公司情况说明、证据35，因不符合证据真实性、关联性的要求而未被赵一美案生效判决所采纳。鸿昌公司证据32～34、36、37因不属于赵一美案二审新证据，而未予采纳。因此，本案中仍需对鸿昌公司证据18、19中未在赵一美案中提供的图纸、证据32～34、36、37予以考量。其中鸿昌公司证据18、19中未在赵一美案中提供的图纸可以与其余已在赵一美案中提供的图纸相印证，基本体现了手压式地拖拖把杆、好运道地拖拖把桶的相关技术特征。虽然，上述证据18、19图纸中相关部件的花纹、尺寸与鸿昌公司提供的证据25手压式地拖拖把杆、好运道地拖拖把桶实物有所区别，但设计图纸与实际购买的零部件在规格、尺寸上的细微差异是由产品生产时的客观情况所决定的，上述细微差异既不影响产品的实际使用，也未改变产品生产时所实际使用的技术特征。故上述证据18、19图纸中相关部件的花纹、尺寸与鸿昌公司提供的证据25手压式地拖拖把杆、好运道地拖拖把桶实物的细微差异，并不能否定上海高院赵一美案生效判决中关于鸿昌公司现有技术抗辩的有关事实的认定。原审法院对于赵一美的相关辩称意见，不予采信。鸿昌公司证据32～34显示丘驳公司法定代表人陈剑在2009年10月至2010年2月期间申请的两项外观设计专利、一项实用新型专利中所显示的具有清洗篮、清洗架，拖把桶侧面设置有脚踩驱动装置的拖把桶结构，与好运道地拖具有清洗篮、清洗架，拖把桶侧面设置有脚踩驱动装置的拖把桶结构相一致，可以进一步印证鸿昌公司从丘驳公司处委托生产好运道地拖的事实。鸿昌公司证据36、37所反映的事实与赵一美案生效判决中查

明的鸿昌公司向成都桂湖摩尔商贸有限公司销售手压式地拖等产品，鸿昌公司委托尚世公司印制好运道地拖、手压式地拖等产品包装盒及说明书的事实相一致。因此，鸿昌公司证据32～34、36、37进一步证明了赵一美案中生效判决所确认的有关事实，原审法院予以采纳。

（2）关于赵一美在本案中提供的证据1～8、10～13。

赵一美证据1、3～7、10在赵一美案二审中已向上海高院提供，该些证据在本案中的证明目的与赵一美案中的证明目的相同，其中赵一美证据3～7与赵一美证据2相结合为证明鸿昌公司的好运道地拖系根据证据3～7所示专利生产，故好运道地拖的拖把桶中并不包含清洗架。证据1、10为证明好运道地拖存在两种不同结构的拖把桶，一种为有清洗架，一种为没有清洗架，而有清洗架的是2010年5月17日之后才开始公开销售的。对此，上海高院在赵一美案中已经对于该些证据予以了分析，认为难以达到赵一美关于好运道地拖拖把桶无清洗架的证明目的，对此原审法院予以认同不再赘述。

对于赵一美证据8、11、12、13，原审法院认为，证据8是李雪梅于2011年10月申请的一份实用新型专利，该份专利申请与好运道地拖、手压式地拖公开销售的事实并无关联，并不能否定赵一美案的生效判决中鸿昌公司现有技术抗辩的有关事实。证据11是有关网友团购名为"美丽雅好运道的拖把"谈话记录的公证书，仅凭该谈话记录中的图片、内容尚无法确认网友所谈及的物品即是本案所涉及的好运道地拖，更无法证明好运道地拖确实存在无清洗架的拖把桶。证据12是赵一美于2015年1月16日购买手压式地拖的公证书，该公证购买的手压式地拖的拖把杆部分零件材料与鸿昌公司所提供的手压式地拖的对应部分确实略有不同，但该公证购买的手压式地拖的拖把杆与鸿昌公司所提供的手压式地拖拖把杆对应技术特征相同。鉴于，鸿昌公司自2010年年初起生产手压式地拖至今已长达5年，因此，鸿昌公司对于手压式地拖部分零件材料进行升级换代符合常理。且无论是之前鸿昌公司所提供的手压式地拖，还是之后赵一美提供的手压式地拖，两者对应技术特征并无改变。因此，该份证据并不足以证明赵一美关于鸿昌公司生产的手压式地拖拖把杆具有不同技术特征的主张，也不足以否定赵一美案的生效判决中关于具有涉案相关技术特征的手压式地拖已经公开销售的事实。证据13显示了丘驳公司法定代表人陈剑于2010年2月申请的外观设计，该外观设计与好运道地拖中拖把桶的外观基本一致。且根据鸿昌公司与丘驳公司之间合同中有关有效期自2009年12月18

日至 2012 年 12 月 18 日的约定,该份专利申请的时间,恰在鸿昌公司与丘驳公司合同履行的前期。因此,该份证据不但不能证明赵一美关于好运道地拖拖把桶具有多种结构的观点,反而可以印证鸿昌公司关于其委托丘驳公司生产的好运道地拖具有清洗篮、清洗架,拖把桶侧面设置有脚踩驱动装置的拖把桶结构的事实。

综上,原审法院认为,赵一美在本案中所提供的证据均不足以推翻上海高院在赵一美案生效判决中所确认的事实,故原审法院对于赵一美在本案中所提供的证据 1 ~ 8、10 ~ 13 不予采纳。

原审法院认为,上海高院在赵一美案生效判决中所确认的事实,显示了鸿昌公司好运道地拖、手压式地拖从生产到销售的各个环节,反映了好运道地拖在 2010 年 4 月 28 日,手压式地拖在 2010 年 4 月 12 日已经公开销售的事实。赵一美对于上述事实有异议,但并无相反证据予以推翻,故原审法院对于赵一美的相关辩称意见,不予采信。原审法院认为,上述事实可以证明好运道地拖、手压式地拖在涉案专利申请日 2010 年 9 月 19 日之前已经公开销售。

2. 关于四款涉案产品是否系根据现有技术生产,有无侵犯赵一美涉案专利权的问题

原审法院认为,《中华人民共和国专利法》第 22 条第 5 款规定,现有技术是指申请日以前在国内外为公众所知的技术。第 62 条规定,在专利侵权纠纷中,被诉侵权人有证据证明其实施的技术或者设计属于现有技术或者现有设计的,不构成侵犯专利权。

(1)关于涉案涡轮拖、涉案好采拖。

原审法院认为,涉案涡轮拖、涉案好采拖、手压式地拖具有如下相同的技术特征:包括甩水桶和拖把;甩水桶中设有可旋转的甩水篮;拖把杆下端连接带擦拭物的拖把头,拖把杆包括内杆和外杆,外杆下端与拖把头相连;内、外杆间相互套接,内、外杆间设有驱动机构和防拉脱机构;下压拖把杆,驱动机构将拖把杆伸缩运动转化为拖把头的旋转运动,拖把头绕拖把头旋转中心单向旋转,拖把头带动甩水篮绕旋转中心单向旋转。上述甩水篮内侧纵向分布有 5 根定位筋,定位筋中段较其上段略有突出。上述拖把头由连接装置、拖把盘、擦拭物组成,其中连接装置的上端与拖把杆下端插接,连接装置和拖把杆并通过套在拖把杆上的连接套螺旋连接固定。连接装置的下端通过螺母固定于拖把盘中间突出的定位孔中。连接装置下端两侧设有卡位部,在连接装置与拖把盘呈 90° 直角时,卡位部通过与拖把盘表面的平面接

触，使连接装置及插接于其上的拖把杆与拖把盘保持垂直。将带擦拭物的拖把头放入甩水篮并将拖把杆下压时，拖把盘的外缘抵触在擦拭物上，擦拭物抵触在甩水篮上。上述内、外杆间设有驱动机构包括：与外杆固定的螺旋杆件，内杆与传动件相固定，转动件中设有与螺旋杆件相配合的螺牙或开孔；转动件与传动件间设有单向传动机构；所述的防拉脱机构包括：螺旋杆件上设有阻挡件，螺旋杆件与外杆的固定端和阻挡件分别设于传动件两侧，阻挡件可在内杆中灵活移动；拖把杆拉长到位时阻挡件阻止内、外杆脱离。上述内杆是与拖把头相连的杆体，拖把杆还包括：与外杆上端相连接的延长杆，握把设于延长杆顶端，内杆、外杆和延长杆均为金属杆；外杆中分别固定有螺旋杆件固定端和连接头，连接头与延长杆中的连接套配合连接。外杆上端设有一段直径略小于外杆的部分，该部分可以插接于延长杆的下端。而手压式地拖所体现的相关技术特征在涉案专利申请日前通过销售的方式已为公众所知，属于现有技术。故原审法院认为，鸿昌公司系使用现有技术生产了涉案涡轮拖、涉案好采拖。

（2）关于涉案手压双驱拖、涉案传奇拖。

原审法院认为，首先，根据上海高院在赵一美案生效判决中所确认的事实，淘宝卖家杨云曾因手压式地拖拖把杆可配套使用于好运道地拖的拖把桶上进行手压脱水和清洗，而单独购入手压式拖把杆用于好运道地拖的拖把杆的售后维修。可见，在涉案专利申请日之前手压式地拖拖把杆配合使用于好运道地拖拖把桶的技术方案，已经因使用而公开。其次，手压式地拖拖把杆配合使用于好运道地拖拖把桶除具有上述手压式地拖与涉案涡轮拖、涉案好采拖相同的技术特征外，还具有在甩水桶中设有清洗部，清洗部设有清洗支撑装置；清洗时拖把头单向旋转，清洗支撑装置支撑拖把头以减小拖把头的旋转阻力，清洗支撑装置同时阻止拖把头压紧擦拭物。上述手压式地拖拖把杆与好运道地拖拖把桶配合使用的技术特征，与涉案手压双驱拖、涉案传奇拖的对应技术特征的区别仅在于，涉案手压双驱拖、涉案传奇拖的清洗支撑装置上设有与拖把头开孔相配合的凸起。而手压式地拖拖把杆的拖把头开孔，不能与好运道地拖拖把桶清洗支撑装置上的凸起相配合。对此，原审法院认为，根据原审法院查明的事实，在涉案专利申请日之前已公开销售的好运道地拖拖把杆的拖把头中部开孔可以与清洗支撑装置上的凸起相配合。可见，在拖把杆与具有清洁架的拖把桶成套销售的产品中，在拖把杆的拖把头中部开孔可以与清洗支撑装置上的凸起相配合，属于所属技术领域的公知常识。原审法院认为，上述手压式地拖拖把杆与好运道地拖拖把桶配合使用的技术特征与拖把杆的拖把头中部设有与清洗架中部凸起相配合的定位部的技术特征相组合，系一项现有技术与所属领域公知常识的简单组合，属于现有技术。故原审法院认为，鸿昌公司系使用现有技术生产了涉案手压双驱拖、涉案传奇拖。

综上，原审法院认为，鸿昌公司系使用现有技术生产、销售了涉案涡轮拖、涉案好采拖、涉案手压双驱拖、涉案传奇拖。根据《中华人民共和国专利法》第 62 条的规定，鸿昌公司使用现有技术生产四款涉案产品的行为，不构成对赵一美涉案专利权的侵害。鸿昌公司的相关诉讼主张成立，原审法院予以支持。

综上所述，原审法院认为，鸿昌公司生产、销售涉案涡轮拖、涉案好采拖、涉案手压双驱拖、涉案传奇拖的行为，不构成对赵一美涉案专利权的侵害。鸿昌公司的相关诉讼主张成立，原审法院予以支持。赵一美关于涉案手压双驱拖、涉案传奇拖、涉案涡轮拖、涉案好采拖，侵犯其涉案专利权的反诉诉讼主张不成立，原审法院不予采纳。据此，原审法院依照《中华人民共和国专利法》第 22 条第 5 款、第 62 条，《最高人民法院关于审理侵犯专利权纠纷案件应用法律若干问题的解释》第 4 条、第 7 条，《最高人民法院关于审理专利纠纷案件适用法律问题的若干规定》第 17 条之规定判决：（1）确认鸿昌公司生产、销售的美丽雅手压双驱旋转甩水拖（货号为 HC049017、商品条码为 ×××××××××××××）、美丽雅双涡轮地拖（货号为 HC017665、商品条码为 ×××××××××××××）、美丽雅传奇旋转三驱地拖（货号为 HC017344、商品条码为 ×××××××××××××）、美丽雅好采头旋转地拖（货号为 HC017603、商品条码为 ×××××××××××××）的行为没有侵害赵一美享有的名称为“清洁工具”实用新型专利（专利号为 ZL×××××××××××××.9)的专利权;（2）驳回原审反诉原告赵一美的诉讼请求。本案本诉一审案件受理费 1000 元，反诉一审案件受理费 1150 元，由赵一美负担。

一审判决后，赵一美不服，向本院提起上诉。其上诉请求为：（1）撤销原判，改判驳回鸿昌公司诉讼请求、支持赵一美诉讼请求。其主要上诉理由为：原判事实认定错误。原判认定好运道地拖于 2010 年 4 月 28 日、手压式地拖在 2010 年 4 月 12 日已经公开销售，早于本案涉案专利申请日，但赵一美已提供相反证据证明上述事实认定错误。①库存好运道拖把与原审证据 22 进货单、第 2107 号公证书所指产品不具对应关系；②库存手压式地拖拖把不是原始产品，其公开时间无法确定，手压式地拖并非指向一特定结构，其不属于现有技术载体；③原审中证人潘强作伪证；

④鸿昌公司证据材料"手压式装配及零件图"属伪证，其提供的关于模具的证据材料不具有真实性、关联性，其提供的原审证据 20 不具有真实性、关联性，其证据 26 不具有关联性。（2）原审侵权比对错误，本案四款被诉侵权产品定位筋及定位筋中段的突出处与拖把盘相抵触，落入涉案专利权利要求 1、7、9、10、14、15 的保护范围。（3）原审现有技术抗辩认定错误。将好运道地拖、手压式地拖拖把组合成一项现有技术，于法无据；手压式地拖拖把未公开清洗部设有清洗支撑装置，清洗时拖把头单向旋转、清洗支撑装置支撑拖把头以减小拖把头旋转阻力、清洗支撑装置同时阻止拖把头压紧擦拭物，清洗支撑装置设有与拖把头上支杆或开孔相配合的孔洞或支柱等三个技术特征，而被诉侵权的手压双驱拖、传奇拖具有上述特征，因此现有技术抗辩不能成立。

鸿昌公司答辩认为，涉案被诉侵权产品系根据现有技术生产销售，不构成专利侵权，原审判决认定事实清楚、适用法律正确，应予维持。

双方当事人在二审中均未向本院提交新的证据材料。

本院经审理查明，原审查明的事实属实。

本院认为，本案争议焦点在于现有技术抗辩是否成立，以及被诉侵权产品是否落入涉案专利的保护范围。

（1）鸿昌公司主张的现有技术载体为好运道地拖、手压式地拖。而赵一美则认为好运道地拖、手压式地拖，其公开日期晚于涉案专利申请日，不构成现有技术。本院认为，本院作出的（2014）沪高民三（知）终字第 13 号民事判决，已认定上述鸿昌公司生产销售的好运道地拖、手压式地拖已分别于 2010 年 4 月 28 日、2010 年 4 月 12 日公开销售。根据有关法律规定，已为人民法院发生法律效力的裁判所确认的事实，当事人无需举证证明，但当事人有相反证据足以推翻的除外。赵一美在本案上诉中关于好运道地拖、手压式地拖公开日期晚于涉案专利申请日的意见，其在（2014）沪高民三（知）终字第 13 号案件中均已提出，本院不予采纳，此处不再赘述。关键在于赵一美在本案中提交的新证据材料是否足以推翻（2014）沪高民三（知）终字第 13 号民事判决确认的有关事实。原审法院对于赵一美在本案一审中提交而未在（2014）沪高民三（知）终字第 13 号案件中提交的证据材料 8、11、12、13 进行了分析论证，认为不足以推翻本院在（2014）沪高民三（知）终字第 13 号民事判决确认的事实，本院予以认同，不再赘述。综上，好运道地拖、手压式地拖可以成为本案中现有技术的载体。

（2）关于侵权比对的问题，原审认为四款被诉侵权产品不具有涉案专利权利要求1定位装置的技术特征，而赵一美认为四款被诉侵权产品定位筋及定位筋中段的突出处与拖把盘相抵触，落入权利要求保护范围。本院在二审庭审中进行了当庭比对，当拖把杆倾斜下压时，由于擦拭物的隔离，四款涉案产品的定位筋及定位筋中段的突出处，不能与拖把盘相抵触，四款涉案产品的定位筋及定位筋中段的突出处无法配合拖把盘阻止拖把头被压斜，其是通过拖把杆和拖把盘之间的连接装置下端两侧设置的卡位部来保证拖把杆与拖把盘的垂直，原审法院关于侵权比对的认定意见符合客观事实，因此被诉侵权产品并不具有涉案专利权利要求1定位装置的技术特征，赵一美的上诉意见本院难以认同。

（3）关于现有技术抗辩的比对问题。鸿昌公司主张好运道地拖、手压式地拖为现有技术载体。原审法院认定涉案涡轮拖、涉案好采拖的现有技术抗辩载体为手压式地拖，其相应技术特征相同；涉案手压双驱拖、涉案传奇拖的现有技术抗辩载体为手压式地拖拖把杆、好运道地拖拖把桶，其相应技术特征相同，手压式地拖拖把杆与好运道地拖拖把桶配合使用的技术特征与拖把杆的拖把头中部设有与清洗架中部凸起相配合的定位部的技术特征相组合，系一项现有技术与所属领域公知常识的简单组合，属于现有技术。本案二审中，双方当事人对原审法院关于现有技术与被诉侵权产品的比对认定意见并无异议，但赵一美认为原审法院将好运道地拖、手压式地拖组合成一项现有技术进行抗辩，于法无据。对此本院认为，鸿昌公司生产的手压式地拖和好运道地拖，现已查明均于涉案专利申请日前生产销售，可作为本案现有技术抗辩的载体。根据原审查明的事实，在涉案专利申请日之前手压式地拖拖把杆配合使用于好运道地拖拖把桶的技术方案，已经因使用而公开，好运道地拖拖把杆的拖把头中部开孔可以与清洗支撑装置上的凸起相配合，已属本领域公知常识。将现有技术与本领域公知常识简单组合后进行现有技术抗辩，于法不悖。因此，上诉人关于本案现有技术比对方式不当的意见，本院不予采纳。综上，原审法院关于涉案涡轮拖、涉案好采拖、涉案手压双驱拖、涉案传奇拖系采用现有技术生产的认定，本院予以认同。

（4）关于赵一美认为手压式地拖拖把未公开清洗部设有清洗支撑装置等三个技术特征，而被诉侵权的手压双驱拖、传奇拖具有上述特征，因此现有技术抗辩不能成立的意见。本院认为，本案中手压双驱拖、传奇拖的现有技术抗辩载体为手压式地拖拖把杆和好运道地拖拖把桶，赵一美所称的清洗部设有清洗支撑装置等三个技术特征，其相应现有技术抗辩载体应为好运道地拖的拖把桶。而根据查明的事实，好运道地拖拖把桶具有在甩水桶中设有清洗部，清洗部设有清洗支撑装置，清洗时拖把头单向旋转，清洗支撑装置支撑拖把头以减小拖把头的旋转阻力，清洗支撑装置同时阻止拖把头压紧擦拭物的技术特征；而且，原审还查明在涉案专利申请日之前已公开销售的好运道地拖拖把杆的拖把头中部开孔可以与清洗支撑装置上的凸起相配合。据此，原审法院的认定并无不当，赵一美的上诉意见不能成立。

综上所述，上诉人赵一美的上诉请求无事实和法律依据，应予驳回。依照《中华人民共和国民事诉讼法》第 170 条第 1 款第（1）项之规定，判决如下：

驳回上诉，维持原判。

本案二审案件受理费人民币 2150 元，由上诉人赵一美负担。

本判决为终审判决。

2015 年 9 月 1 日

四、案件相关问题解析

（一）专利权要求的保护范围

本案的争议焦点一就是鸿昌公司的四款产品的技术特征是否落入了赵一美主张的涉案专利权要求的保护范围。赵一美认为鸿昌公司的涉案手压双驱拖、涉案传奇拖、涉案涡轮托和涉案好采拖的技术特征和其专利权利要求书中 5 项权利要求相同，而鸿昌公司否认其观点。

在司法实践中，认定是否侵犯实用新型或发明专利权，一般涉及以下认定步骤：第一，确定原告专利权的保护范围；第二，认定被诉侵权产品或方法的技术方案；第三，判断被诉侵权的技术方案是否落入专利权的保护范围；第四，被告的抗辩是否成立。[1] 在专利侵权案件的司法实践中，鉴定范围的主要争议表现为专利权保护范围的认定。专利权的保护范围应以其权利要求书的内容为准，但不是僵硬地局限于权利要求书文字的字面含义，而是应当参照说明书及附图来解释权利要求。[2]《中

---

[1] 石必胜著："知识产权诉讼中的鉴定范围"，载《人民司法（应用）》，2013 年第 11 期。

[2] 张峰著："专利权利要求解释中的等同原则研究"，载《科技创新与知识产权》，2011 年版，第 44 页。

华人民共和国专利法》第26条第4款对权利要求书的内容及作用做了明确的规定。[①] 可以说，专利权的保护范围应当包括两个部分：一是权利要求的文字记载所确定的技术内容；二是与权利要求的文字所记载的技术特征相同的技术内容。[②]

本案中，原审法院对涉案产品的技术特征及装置特征进行了详细的分析，并当庭对涉案物品进行了拆分。通过比对每一个涉案专利的专利保护范围，原审法院认为涉案的四款产品均不具有涉案专利要求的技术特征，没有落入涉案专利权要求的保护范围，最后采纳了鸿昌公司涉案产品不侵犯赵一美的专利权。

（二）现有技术的认定

本案中原审法院通过对鸿昌公司涉案产品的分析，认定鸿昌公司的部分涉案产品的相关技术特征在赵一美申请专利之前就已经通过公开方式被公众所知，属于现有技术，另外鸿昌公司也通过现有技术生产、销售了其中涉案产品，其所提供的销售合同、证人证言等证据可以支持。

现有技术是指申请人以前在国内外为公众所知的技术，使用现有技术生产和销售产品的行为是一种合法行为。我国关于现有技术的抗辩，主要依据是《最高人民法院关于审理侵犯专利权纠纷案件应用法律若干问题的解释》第14条的规定。[③] 认定一项技术是否属于现有技术应当从几个方面考虑：（1）时间界限。现有技术的时间界限是申请日，享有优先权的，则指优先权日，但申请日当天公开的技术内容不包括在现有技术范围内；（2）公开方式。现有技术公开方式包括出版物公开、使用公开和以其他的方式公开，并且没有地域的限制；（3）一般公共所知。若需判断一项技术是否为公众所知，只要通过上述方式使有关技术内容处于公众想得知就能得知的状态，就构成公开，而不取决于是否有公众得知。[④] 被诉侵权人以公知

---

①《中华人民共和国专利法》第26条第4款规定，权利要求书应当以说明书为依据，清楚、简要地限定要求专利保护的范围。

②张峰著："专利权利要求解释中的等同原则研究"，载《科技创新与知识产权》，2011年版，第44页。

③《最高人民法院关于审理侵犯专利权纠纷案件应用法律若干问题的解释》第14条规定：被诉落入专利权保护范围的全部技术特征，与一项现有技术方案的相应技术特征相同或者无实质性差异的，人民法院应当认定被诉侵权人实施的技术属于《专利法》第62条规定的现有技术。

④沈世娟、刘海锋著："专利保护平衡机制的实现"，载《知识产权》，2012年第2期。

技术抗辩成立的，应当认可该抗辩理由；不能既认定属于公知技术，又因该技术全面覆盖专利技术，就不适用公知技术抗辩；对于更接近公知技术而与专利技术有一定差别的，应当认定不构成侵权。

五、案件启示及建议

（一）专利案件确认不侵权之诉的起诉条件

近年来，知识产权诉讼中权利人滥用权利的现象比较突出，这种现象直接损害了一些当事人的合法权利。一般认为，确认不侵权之诉本质上属于对被诉侵权者的救济，目的在于防止知识产权人滥用其权利[5]，还可以维护涉案人的投资和经营活动安全。

2008年4月1日开始施行的《民事案件案由规定》中明确规定了确认不侵权纠纷的案由。在案由释义中规范了确认不侵权纠纷的定义为：利益受到特定知识产权影响的行为人，以该知识产权权利人为被告提起的，请求确认其行为不侵犯该知识产权的诉讼。在释义中列举了三类四级案由，其中就包括确认不侵犯专利权纠纷。[6]我国依据《最高人民法院关于审理侵犯专利权纠纷案件应用法律若干问题的解释》第18条明确规定了确认不侵犯专利权纠纷的受理条件：权利人向他人发出侵犯专利权的警告，被警告人或者利害关系人经书面催告权利人行使诉权，自权利人收到该书面催告之日起一个月内或者自书面催告发出之日起两个月内，权利人不撤回警告也不提起诉讼，被警告人或者利害关系人向人民法院提起请求确认其行为不侵犯专利权的诉讼的，人民法院应当受理。这条规定细化了确认不侵权之诉的起诉条件。

（二）行使确认不侵权之诉的意义

根据《最高人民法院关于审理侵犯专利权纠纷案件应用法律若干问题的解释》第18条明确规定，要求专利人要向侵权人发出侵权警告信。现实中，侵权警告信的形式可以是信件、通知、登报声明，但注意一定是书面形式，收到警告信的当事

---

⑤ 赵蕾著："确认不侵权之诉的理论探讨及程序细化"，载《法制研究》，2011年第1期，第93页。

⑥ 同上。

人一般可以被认定为与案件有利害关系的当事人。确认不侵权之诉既要消除权利人在合理期限内警而不告给当事人带来的潜在威胁和不安，也要防止当事人滥用该项制度使知识产权人合法利益受到损害。[①] 就本案而言，原审中赵一美以相同理由分别于 2013 年 4 月、2013 年 9 月向法院提起鸿昌公司侵犯其专利权后又撤诉的行为，使鸿昌公司一直处于被诉侵权的不确定状态中，严重影响了鸿昌公司的正常经营。

知识产权不侵权确认之诉是国际上应用非常普遍的规则，它已成为知识产权侵权警告函收受方进行主动反击的一项有力武器。[②] 有些学者认为，可以通过提高诉讼费用来防止当事人滥用专利侵权诉讼，这不失为一个可借鉴的方法。笔者认为，若权利人的行为使被诉侵权人处于不安的境地，就可以启动确认不侵权之诉。个人或企业在收到侵权警告函时，应当灵活运用诉讼的预防性机能，先请求法院进行不侵权的确认以减少损失。[③] 确认不侵权之诉，一方面可以使当事人之间是否存在侵权关系尽快确定下来；另一方面可以作为一种机制，促使权利人正当行使权利，防止权利滥用。因此，在知识产权领域，确认不侵权之诉制度的建立是非常必要的。[④] 我国企业也应当增加对确认不侵权之诉的了解，并积极地合理运用。

[①] "当事人在何种情形下可以主动提起确认不侵权之诉"，网址 http://www.110.com/ziliao/article-234647.html，最后访问时间：2016 年 3 月 11 日。

[②] 邓宏光、唐文著："论知识产权不侵权确认之诉"，载《法律适用》，2006 年第 1 期，第 162 页。

[③] 徐浩著："知识产权中的确认不侵权之诉相关知识点"，网址 http://blog.sina.com.cn/s/blog_a9a8b5520101bdza.html，最后访问时间：2016 年 3 月 11 日。

[④] 张广良著："确认不侵权之诉及其完善"，网址 http://cebbank.chinalawinfo.com/newlaw2002/SLC/SLC.asp?Db=art&Gid=335594887，最后访问时间：2016 年 3 月 13 日。

后 记

　　本书是在中国知识产权培训中心资金支持下、中国知识产权培训中心软科学计划项目下的著作，与本书同期出版的还有《商标权诉讼典型案例指引》，目前笔者正在研究著作权及不正当竞争两方面诉讼的典型案例并进行评析，将来还会研究知识产权纠纷解决领域的相关议题，出版以后则与本书及本书同期出版的《商标权诉讼典型案例指引》构成了相对完整的"知识产权争议处理典型案例指引丛书"。

　　在我国"十三五"规划倡导创新驱动发展战略的背景下，加强知识产权保护力度是我国重点发展方向之一，相应的提高知识产权人才业务素质是保障我国知识产权保护力度的前提条件。然而，因为知识产权专业性极强，一些初入该领域的从业人员往往达不到该行业的要求及标准，即使是在该领域摸爬滚打多年的专业人士，也会遇到一些从未接触的问题。如何有效提高我国知识产权纠纷解决领域人才专业素质成为一项迫在眉睫的研究课题。本系列丛书便是在该背景下诞生的。

　　工欲善其事，必先利其器。本书是以全新的知识产权法学习的方法论，部分案例以"全过程案例评析"，结合"案例启示及建议"方式编写的一套关于知识产权诉讼的培训教材，这是知识产权诉讼人才专业素质培养领域的尝试。一方面，本书通过案例评析对相关问题进行讲解，引出知识产权相关知识理论及实务技巧，供读者学习；另一方面，本书部分案例采取的"全过程案例评析"方式，对案例的全过程进行讲解，包含了许多知识产权诉讼过程中涉及的诉讼文书、合同模板及思维方式，以供读者作为工具书，在遇到相关知识产权问题时参考。

　　博观而约取，厚积而薄发。纵观笔者的经历，可以说，知识产权是笔者此生的第二生命，自 2007 年以来，因为工作原因，有幸参与了新闻出版与版权领域的多项立法调研，亲历了众多的版权行政执法事务，从事知识产权领域的政策法规研究，这些工作使笔者对知识产权法律制度的了解更加深刻。此后，笔者又从事过专利申请代理以及知识产权诉讼代理等工作，处理了许多大型知识产权诉讼案件，在知识产权诉讼从业过程中遇到了很多问题，走了一些弯路，同时也在知识产权诉讼领域积攒了很多经验，生发出一些想法。穷则独善其身，达则兼济天下。笔者深知在知识产权诉讼从业道路上会遇到许多困难与艰辛，因此希望将所知晓的知识产权诉讼方面的知识与经验同所有的同行分享，旨在对促进知识产权纠纷解决领域从业人员整体专业素质提升做一些力所能及的工作。

笔者坚信，治学与人生之道，当"博学之，审问之，慎思之，明辨之，笃行之"。本书中许多观点难免会有缺陷，在此恳请师长朋友们批评教正，为本书多多提些建议，以使得本书更加完善，从而能够更好地助力我国知识产权纠纷解决人才的培养。在本书完成之际，我要特别感谢王康、江洪波、刘亮、方圆、刘宇、聂慧娟、沈海东、陈丽敏、娄积圆在本书撰写过程中给予的帮助与支持。

最后，再一次由衷感谢中国知识产权培训中心及知识产权出版社的领导及老师为本书的编写及出版所提供的帮助！

刘华俊

2016 年 5 月于上海